Wilhelm Vogt

Die bayrische Politik im Bauernkrieg

und der Kanzler Dr. Leonhard von Eck.

Wilhelm Vogt

Die bayrische Politik im Bauernkrieg
und der Kanzler Dr. Leonhard von Eck

ISBN/EAN: 9783743406483

Hergestellt in Europa, USA, Kanada, Australien, Japan

Cover: Foto ©ninafisch / pixelio.de

Weitere Bücher finden Sie auf **www.hansebooks.com**

Die bayrische Politik

im Bauernkrieg,

und der Kanzler Dr. Leonhard von Eck,

das Haupt des schwäbischen Bundes.

Von

Wilhelm Vogt.

Nördlingen.

Verlag der C. H. Beck'schen Buchhandlung.

1883.

Wilhelm von Giesebrecht

gewidmet.

Zehntes Kapitel.

Die bäurischen Unruhen an der Nordgrenze Bayerns und im Eichstättischen. Die Anschuldigungen gegen Nürnberg.

Gegen Norden hatte das Herzogthum Bayern am wenigsten natürliche Grenzen. Die Donau bildete zwar theilweise
die Grenze zwischen Oberpfalz und Bayern, aber nicht durch-
weg, da letzteres an der Altmühl über den großen Strom
hinüber reichte. Außerdem saßen im Nordwesten dicht neben
der bayrischen Bevölkerung Franken und Schwaben und ver-
schiedene Herrschaften; es waren dies die Pfalzgrafen von
Neuburg, die Grafen von Oettingen, die Markgrafen von
Brandenburg-Ansbach, bei der Enklave Wembdingen die Reichsstadt Nördlingen und der Bischof von Eichstätt. Auch in
diesen Gegenden war unter den Bauern große Unruhe aus-
gebrochen; die fränkischen gaben den schwäbischen nur insofern
etwas nach, als sie das Beispiel der letzteren nachgeahmt
hatten und erst zu der Zeit zusammenliefen, als der schwäbische
Bund sich im Stillen schon für die Lösung dieser Frage mit
Waffengewalt entschlossen hatte, nämlich Ende März.

Für die bayrische Regierung erwuchs aus der Lage
ihres Landes die Aufgabe, auch hier die Grenzen zu decken
und durch frühzeitige Vorkehrungen die Verpflanzung des
Aufstandes in ihr Gebiet zu verhindern. Am meisten der
Gefahr ausgesetzt war die Stadt Wemding, welche rings von

aufständischen Schwaben umgeben war. Nach dem Stillstande vom 25. März nahmen die Bürger der Stadt keinen Anstand, den bei Deiningen versammelten Bauern Proviant ins Lager zu schicken, in dem guten Glauben, damit kein Unrecht zu thun; dieweil die Grafen von Oettingen in gütlicher Hand= lung gegen sie stünden, sei ihnen ihre Nahrung nicht abzu= schlagen. Allein der Pfleger Konrad von Leonrod redete ihnen dies mit gütlichen Worten aus und ermahnte sie namens der Regierung zur Treue.[1]) Das genügte, die Verbindungs= fäden mit den Aufrührerischen abzuschneiden, und zwar um so leichter, als bereits am 5. April 27 Reisige aus dem Städtchen Rain eintrafen, welche in den folgenden Tagen noch verstärkt wurden, da der Pfleger, „etlichen verdorben Pöbels halben" Furcht hatte, es möchten die Wembinger sich zu den Bauern bewegen lassen. „Wir haben guter Erfahrung, wo sie wieder einen Haufen zusammenbringen, daß sie E. f. G. Stadt Wembing unangesucht nicht lassen". 7 April. Wembing blieb ohne Anfechtung.

An der Altmühl reichte das bayrische Gebiet bis zum Amte Dietfurt hinauf. Unmittelbar daran grenzte das Bis= thum Eichstätt. Den bischöflichen Stuhl nahm damals Gabriel von Eyb ein, ein Mann, der zwar nie recht Hand oder Fuß regte, aber allem, was ihm unangenehm war, den hartnäcig= sten passiven Widerstand entgegensetzte. Den bayrischen Fürsten, die sich bemühten, den Aufstand in seinem Gebiete zu dämpfen, bewies er geringes Entgegenkommen. Er protestirte z. B. gegen die Umlage, welche die Herzoge auf eichstättisches Kirchengut in ihrem Lande legten. Wenig beliebt bei den Nachbarständen lebte er auch mit seinen Unterthanen in keinem freundlichen Verhältnisse. Am 22. April 1525 berichtete der Pfleger zu

---

[1]) III. Ebd. Briefe des Pflegers zu Wembing Konrad von Leonrod vom 15. und 28. März. Zu vergl. Jörg 389.

Dietfurt, Hans von Hohenburg, nach München: „Ich wollt auch E. f. G. nicht verhalten, wie das gemein Geschrey im Bisthum Eichstätt von den Bauern ist, wo ein Fürst aus Bayern käme, und deß begehrte, würde ihm bald dasselbige zu erobern von ihnen verholfen". Die bischöflichen Bauern erhoben sich in hellen Haufen wider ihn, und er that nichts gegen sie, sondern klagte und bat nur fortwährend beim schwäbischen Bunde, dessen Mitglied er war, um Hilfe und Errettung. In Ulm aber hatte man kein so starkes Heer, daß man gleichzeitig überallhin hätte Truppen senden können. So gewannen die eichstätter Bauern einen Vortheil um den andern. Sie würden noch größere Fortschritte gemacht haben, wenn nicht die bayrische und oberpfälzische Regierung dem gefährlichen Treiben ein Ende gesetzt hätte.

In München traute man an sich den eignen Altmühlbauern nicht recht. Einzelne Vorkommnisse und die Schilderung des Kanzlers Eck, der im Altmühlgrunde begütert war und die Leute sehr gut kannte, erhöhten noch dieses Mißtrauen. Den Kehlheimern sagte er nach, daß sie grobe und hinterlistige Weinbauern seien. [1] In Dietfurt meinte man den Leuten eine freilich klug verborgene Neigung zum Aufstande aus manchen Anzeichen abzufühlen. [2] Von den Riedenburgern besorgte man, sie möchten die Burg überrumpeln und besetzen. Das Alles verlangte Vorsicht und bereite Mittel. Die bayrische Regierung ließ es auch hier an sich nicht fehlen, gestärkt und getrieben von ihrem Kanzler Eck, der wie immer rasches Dreinschlagen anrieth.

Am Ostertag schon, den 16. April, meldete der Pfleger von Dietfurt, daß die eichstätter Bauern, durch Genossen aus

---

[1] In seinem Brief vom 24. April.
[2] Erhard von Mudenthal in seinem Schreiben vom 28. April III. Sbb. Bl. 67.

andern Herrschaften verstärkt, das Schloß Obermässing (Thal=
mässing) erobert hätten und mit den bischöflichen Städten
Greding und Berching in Unterhandlung stünden, um sie auf ihre
Seite zu bringen. Glücke ihnen das, so stehe zu befürchten,
daß sie über Dietfurt herfallen würden. Auch sei ihr Be=
streben, Anhänger in der umliegenden Bauernschaft zu werben,
unentschlossene Dorfschaften im Altmühlgrunde hätten sie
gezwungen, zu ihnen zu schwören; ja selbst entfernter liegende
würden von ihnen gedrängt, ihrem Haufen beizutreten. Am
23. April erging eine Aufforderung vom Hauptmann Wolf=
gang Haggenmüller und von der zu Obermässing versammelten
Bauernschaft an die Gemeinde zu Gaimersheim und Eitens=
heim und den ganzen ingolstädter Gau „den großen Untergang
des göttlichen Worts zu retten und die göttliche Gerechtigkeit hand=
zuhaben".⁴) An einen derartigen Zuzug war freilich nicht zu
denken, denn die Streifpatrouillen an den bayrischen Grenzen
verhinderten die Rottirungen und den Abmarsch größerer
Abtheilungen. Als zum Beispiel am 26. April sich zwei
Fußknechte in dieser Gegend herumtrieben, war ungesäumt der
bayrische „Thürhuter" Wernher Muckenthaler hinter ihnen
her. Zu ihrem Glücke entwischten sie noch rechtzeitig über
die Grenze.⁵) Desgleichen versah der zuletzt genannte Be=
amte die Riedenburg mit Munition, Proviant und Mann=

---

⁴) ebenda Bl. 10. „Es ist unser ernstlich meinung und begern,
das ir zu herzen nemen wellet den großen untergang des gotlichen
wots (worts) desselbig zu retten und zu auffern, wellet euch zu uns
angesicht diser geschrift fügen auf den berg gen Obermassing und in das
schloß, so wir das innen halten und gotliche gerechtikeit hanzehaben.
wir (wirt) aber solchs bey euch zympflich angesehen sein und veracht,
wurden wir geursacht, gegen euch zu thun, darob ir kein gefallen haben
wurd".

⁵) W. Muckenthalers Schreiben vom 26. April ebenda Bl. 43
„acht dafür, so werden hart davon kummen".

schaft und übergab das Kommando dem Hans Parsberger.
Mit den Maßregeln der Regierung hielten freilich die Angst
und Furcht verbreitenden Gerüchte gleichen Schritt. Ernst
Muckenthaler berichtete am 25. April, die bayrischen Bauern
zu Gimpertshausen (Ginbhausen) und Staadorf gingen zum
Haufen; komme nicht schleunig Hilfe, so werde es noch ärger
werden, da sie von den aufrührerischen Bauern an Weib und
Kind, Gut und Blut hart bedroht würden. Seine eignen
Leute zum Stein seien „abenteurig". Am 26. April meldeten
in Pfaffenhofen einlaufende Kundschaftsberichte, daß die bayrischen Bauern an der Donau von Vohburg hinab aufrührerisch seien, aber sich noch nicht rottirt hätten. Leider wäre
das Schloß Vohburg nicht besetzt, Pfleger und Kastner seien
nicht daheim. Auch weiter unten an der Donau in Abbach
begann die Furcht vor den Bauern um sich zu greifen. Der
Rath dieses Städtchens schrieb nach München am 28. April,
daß den Nordgau herab und um Kallmünz sich das Geschrei
erhebe, die Bauern seien zusammengelaufen, besonders zu
Einzing im kehlheimer Landgericht. Viele Leute hätten sich
mit ihrer Habe nach Regensburg geflüchtet, vornehmlich die
Mönche von Pettendorf. Der Pfleger von Neustadt bat am
gleichen Tage um seine zwei Knechte, die in Landsberg stünden,
damit er dem herzoglichen Befehl gemäß die Ufer, Furthen und
Brücken der Donau wohl verwahren könne und kein „Arg-
weniger" über den Fluß komme. Das sei um so nöthiger,
als sich auch die Bauern an der Hollertau zu empören
anfingen. *)

Ju diese Nachrichten mischte sich begreiflicher Weise
manche Uebertreibung hinein. Die einen übertrieben aus Furcht
oder um ihre Bitten eindringlicher zu machen, die andern aus
wirklicher Anhänglichkeit oder aus Wichtigthuerei und Liebe-

---

*) ebenda Bl. 64.

dienerei, besonders geschah dies seitens der Beamten. Selbst an
der Altmühl stand es nicht so, wie man es darstellte. Es fiel
keiner der „Gemeinen" weder in Kehlheim noch in Riedenburg ein,
einen Aufruhr anzufangen und die wenigen, welche Lust zum
Tumult gehabt hätten, hüteten sich, zu viel zu sagen oder zu
weit zu gehen. Sie kannten die Polizei. Der Pfleger von
Ingolstadt, Johann von Leitter, legte ruhig und sachlich die
Lage dar:[7] „Ich achte, wo 200 Pferde hierher geordnet
würden, die an der Altmühl auf- und abstreifen, daß kein
Bauer hinüberzu möchte ziehen noch keiner herüberkommen,
die armen Leute zu beschädigen". Selbst die Verdächtigung, daß
die Gemeine im äußersten Grenzdistrikt zu Dietfurt umgefallen
wäre, scheint unbegründet. Erhard von Muckenthaler, welcher
dies ausspricht, wollte eben sein Verdienst, die Stadt bewahrt
zu haben, ins rechte Licht bei den Herzogen setzen: „Anheut
— schrieb er ihnen am 28. April[8] — bin ich mit dem
Rentmeister von Straubing und meinem Bruder um 4 Uhr
mit 40 Pferden, so wir in der Eil zusammengebracht, in
Dietfurt angekommen, das der Gemein in Dietfurt und
allen Umsassen eine fast hohe Freude und Vertröstung". Eben
sei auch ein „trefflicher Bürger von Beilngries von denselben
und denen von Berching" angekommen und habe ihnen die Lage
seiner Stadt geschildert. Sie hätten ihn mit der Aussicht auf
baldige Hilfe vertröstet, „wie E. f. G. meinem Bruder münd-
lich und mir schriftlich befohlen". Berching habe auch den
Pfalzgraf Friedrich um Hilfe angesucht, aber bisher noch keine
Antwort erhalten. „Darum wollen uns E. G. eilends mit
Reitern stärken, wollen wir mit der Hilf Gottes E. G. etwas
Gutes schaffen. Aber wie wir heute nicht kommen wären,
hätte eine bösen Buben-Rotte aus E. G. Fürstenthum Münster

---

[7] ebenda Bl. 60.
[8] Bl. 67 zu vergl. A. 3.

das deutsche Haus geplündert. Weiter wenn wir heut nicht
zu Dietfurt einkommen wären, wie wir durch den Pfleger
und Burger berichtet sind, hätten sie die Gemein nimmer erhalten mögen und wäre fürwahr das ganze Altmühlthal umgefallen, wenn Dietfurt umgefallen wäre." Bewiesen ist das
allerdings nicht, denn im gleichen Schreiben liest man ja,
daß dieselbe „Gemein", welche verklagt wurde, revolutionäre
Gelüste gehegt zu haben, eine große Freude über die Ankunft
der bayrischen Reisigen an den Tag legte. Auch Ecks böse
Meinung von den Altmühlbauern kann für ihren aufrührerischen Sinn nicht als Beweis angeführt werden; denn sein
Bauernhaß machte keine Ausnahme. Auch ihnen gegenüber
hatte er keine andere Ansicht und deshalb den gleichen Rath
wie sonst: „Nun habe ich E. f. G. gleichermaß, und was
hierinnen vorzunehmen sei, vormals meine Thorheit auch angezeigt. Und ist noch mein Grund und die beste Salbe, daß
man ernstlich strafe. Wenn auch die Sachen mein und ich
Herr wäre, wollte ich die Schreier von Dietfurt, Riedenburg
und andern Orten von Stund an Leib und Gut strafen, in
Gefängniß werfen, darinnen behalten, und welche zu den
Bauern gelaufen, in ewig Zeiten nicht mehr einkommen und,
wo sie betreten, mit dem Henker strafen lassen". Nur insofern
dachte er von den Altmühlbauern anders, als von andern,
daß er sie für feig hielt: „Der Aufruhr halben gegen den
Eichstättischen und dem Junthal trag ich nit große Sorge.
Es sind elend Bauern, wenn man nur einmal etwas gegen
sie handelt".[*) Ferner: „An der Altmühl und Stift Eichstätt trag ich ganz wenig Sorg, sofern man dagegen handeln
will. Ich weiß auch wahrlich, welcher in derselben Ort zehn
Pferd hat und will Tag und Nacht Arbeit haben, ob den
Bauern halten, zu seinem Vortheil aus den Höhlen, die es

---

*) Brief vom 29. April.

viel und gut hat, unverschlich ansprengen, daß er damit 100
und 200 Bauern schlägt". [10])

Indem nun Herzog Wilhelm gleichwohl mit stattlicher
Rüstung auch in dieser Gegend auftrat, war er nicht einzig
von der Absicht geleitet, dem Abfalle seiner eignen Bauern vor=
zubeugen und den Aufruhr aus prinzipiellen Gründen, wo
und wie er konnte, zu bekämpfen.

Wie es aussah, schien es in Deutschland um die welt=
liche Herrschaft der geistlichen Würdenträger geschehen zu sein.
Sie erfreute sich weder im Volke noch bei den Fürsten großer
Sympathieen. Vielmehr dachten gar manche der letzteren daran,
wie sie eintretenden Falls die herrenlos gewordenen Territorien
an sich bringen könnten. „Das war der Geistlichen Glück
(daß nämlich die Bauern auch gegen die weltlichen Herrschaften
sich erhoben), sonst hätte Jeglicher durch die Finger gesehen,
bis die Geistlichen gar verderbt wären worden". [11])   Auch in
München trug man sich bezüglich des Bisthums Eichstätt seit
geraumer Zeit und bald nachher auch wegen des Erzbisthums
Salzburg mit solchen Erwägungen.   Schon 1520 hatte Herzog
Wilhelm seine Augen auf Eichstätt gerichtet, indem er vorerst
seinem Bruder Ernst die Koadjutur verschaffen wollte. Ge=
rade Eck wies damals, noch weiter gehend, auf die Noth=
wendigkeit einer bleibenden Erwerbung dieses Bisthums hin.
„Wollen E. f. G. ihren Land und Leuten e i n e g u t e M a u e r
m a c h e n, so lassen E. f. G. den Stift nicht von E. f. G." [12])
Aehnliche Gedanken tauchten auch jetzt wieder auf. Wilhelm
schrieb am 29. April selbst seinem Kanzler, daß die zwei
„Städte Beilngries und Berching sich zu uns von ihrem
Herrn schlagen" wollten; würde man sie nicht annehmen, so

---

[10]) Brief vom 30. April.

[11]) schreibt der kaisheimer Mönch Johannes Kuebel, Baumann,
Quellen z. B. in Oberschwaben 270.

[12]) Jörg 331 A. 14.

gingen sie zu den Bauern. „Wenn wir aber unsere Bauern
mit Annehmung der Eichstättischen bei Frieden und unabge=
fallen behalten möchten, bedäucht uns nicht übel gehandelt zu
sein, denn die Bauern sind nicht gern des Bischofs". Ed
möge darüber den Bund befragen. Es bestehe nicht die Absicht,
die bischöflichen Bauern und Flecken erblich anzunehmen, man
wolle nur eine Erstattung der Kosten erlangen.¹³) Dies waren
nur schüchterne Andeutungen, welche aber dennoch die Ab=
sicht des Herzogs bekundeten, daß er sich für alle Fälle vor=
sehen wolle. Daher beeilte sich die bayrische Regierung, dort=
hin rechtzeitig Truppen zu schicken, um sich so den nöthigen
Einfluß zu sichern. Das gelang um so leichter, als Herzog
Friedrich nur über geringe Streitkräfte verfügte, eine Noth=
lage, für die Ed sofort sein Urtheil bei der Hand hatte:
„Pfalz und Eichstätt sind auch wie andere. Es ist aber eine
gewisse Straf von Gott". 3. Mai. Natürlich, hatte doch
der Herzog am 25. April nebst der Bitte um 100 Pferde
nach München geschrieben, er habe den Bauernhaufen ange=
boten, „allen Fleiß bei ihren Obrigkeiten anzukehren, ihnen
ihre Beschwerden, wiewohl sie deren einige hätten, gar oder
zum Theil abzuthun, zu mildern und auf leiblich, träglich
und gebührlich Maß zu stellen". Aber die Bauern hätten ihm
erwidert, „daß sie sich zur Handhabung der göttlichen Ge=
rechtigkeit zusammengethan, sollte es ihnen nicht verargen".
Er wolle noch einmal einen Versuch wagen, erwarte aber nicht

---

¹³) Es ist gar kein Grund vorhanden, wie Jörg 331 A. 14 thut,
anzunehmen, daß dieser Brief d. H. Wilhelm im Entwurf geblieben
sei, weil sonst ohne Zweifel des Kanzlers Promemoria vom 7. Juni um
einige Wochen früher erfolgt wäre. Denn erstens enthalten die bayri=
schen Bauernkriegsakten begreiflicherweise nur die Konzepte und zweitens
traf das herzogliche Schreiben den Kanzler nicht mehr in Ulm. Bis es
aber in seine Hände kam, war die Sachlage im Eichstättischen schon
wesentlich verändert.

viel davon. [14]) Solche Gedanken erregten in München mehr Mißtrauen, als der Pfalzgraf ahnen mochte.

Herzog Wilhelm wollte die noch „ungenöthigten" bischöflichen Städte besetzen, nachdem die Bauern am 22. April sich auf den obermässinger Berg versammelt und Greding nebst andern Flecken und Klöstern eingenommen hatten. [15]) Deßhalb warf er hinreichende Truppen dorthin, ließ seinen Städten schon vorher die Versicherung geben, daß er sie retten und nicht verlassen werde, und forderte genauen Bericht über den Stand der Verhältnisse. Erhard von Muckenthaler, der am 28. April Tietfurt besetzt hatte, lieferte ihn ganz getreu, denn jener genannte Bürger aus Berching kam ja unmittelbar vom Schauplatze des Tumults. Die Bauern, meldete er, liegen zu Obermässing 5000 Mann und in dem Kloster Blankstetten, das sie eingenommen hatten, 1100 Mann hoch). Gestern (am 27. April) haben sie Berching erfordert und verlangt, man solle den Adel, der in die Stadt geflohen, sammt den Gütern herausgeben, dergleichen die Priester und ihre Güter. Da man ihnen nicht zu Willen gewesen, seien sie wieder abgezogen. Beide Haufen, schreibt Muckenthal, sind „ein unnütz, heillos Gesind". Er achte dafür, wenn man 400 Pferde bei einander habe, würden sie alle verlaufen und sich zertrennen. Darum „stärken uns E. G. in Eil, und ob uns ein Trompeter zu den Reitern verordnet würde, ist dem gemeinen Mann fast erschrecklich". Sogar den Versuch werde er dem herzoglichen Befehle gemäß anstellen, im Bauernlager eine Meuterei anzuzetteln.

Am 1. Mai rückten Reisige und böhmische Knechte unter Veit Auerberger und Hans Ratz mit zwei Schlangen und vier Falconeten aus dem landshuter Zeughaus in Tietfurt ein.

---

[14]) III. Ebb. Bl. 25.
[15]) Baumann, Quellen z. G. in Oberschwaben 713, 784.

Nun war man Allem gewachsen, was auch kommen mochte. Muckenthaler und Ratz sollten vorerst zum Herzog Friedrich ziehen, Auerberger Dietfurt besetzt halten und in den Grenz= dörfern die Aufruhrakte verlesen lassen. Wer zu den Bauern laufe oder sich schon bei ihnen befinde und nicht innerhalb drei bis vier Tagen zurückkehre, der verliere Leib und Leben, Ehr und Gut, dessen Weib und Kinder sollten verjagt werden, er selbst noch die Seinen dürften jemals heimkehren. Wo man sie beträte, würden sie erstochen und erwürgt werden.

Nebenbem empfing am 29. April Auerberger noch einen andern Auftrag. Er sollte, wenn möglich, ins Eichstättische einbringen und Berching und Beilngries einnehmen. Die Grenzverletzung könne er gegebenen Falls mit der Noth ent= schuldigen. Zu diesem Behufe schickte man ihm zugleich eine solche Entschuldigung.[16]) Auch Muckenthaler feierte nicht. Ihm war offenbar die Aufgabe zugewiesen, auf die Politik des Herzogs Friedrich Obacht zu geben. Er meldete,[17]) daß pfalz= gräfische Hauptleute in das Schloß Hirschberg gekommen seien und mit den Bauern einen Vertrag geschlossen hätten. Auf dies Gerücht hin habe er, die Wahrheit zu erfahren, alsbald Kundschafter ins bäurische Lager gesandt und „vermeint einen ihrer Hauptleute zu uns zu bringen“. Allein die Bauern seien unter sich selbst aufrührerisch gewesen. Der eine habe den Anstand annehmen wollen, der andere wieder nicht. Be= sonders unzufrieden wären die Bauern mit ihren Hauptleuten. Herzog Friedrich aber wandte sich nun von seinem fried= lichen Gedanken entschieden zur Gewalt. Am zweiten Mai rückten er, die bayrischen Reisigen und der pfalzneuburger Hauptmann Reinhard von Neuneck mit etlichen hundert Pferden in der Gegend von Freistadt, Berching und Beiln=

---

16) IIL. Ebd. Bl. 72.
17) ebenda Bl. 76 vom 29. April.

gries zusammen, weil nicht allein die eichstättischen Bauern, sondern auch die um Heideck, Hilpoltstein und Holnstein, um Amberg und auf dem Nordgau aufgestanden wären.

Es kam nun darauf an, den unentschlossenen und saumseligen Bischof aufzurütteln und zum Widerstand zu bewegen. Bayern und Oberpfalz wollten das Heer stellen, er aber sollte zu den Kriegskosten beitragen. In einem Schreiben verlangte Wilhelm von Bayern 12000 fl. Darstreckung für diese Kriegshändel von ihm. Seit 3 Monaten hätte die bayrische Regierung Kosten aufgewandt, auch das Land des Bischofs zu retten. Aber er habe sich bis jetzt nicht gerührt. Nicht durch einen gewöhnlichen Boten, sondern durch den ingolstädter Pfleger Johann von Leitter, dem ans Herz gelegt wurde, er solle sich nicht, durch „seine sanften, guten Worte" abspeisen lassen, wurde dem Bischof diese Forderung überreicht. Trotzdem gelang dem Pfleger seine Mission nicht. Es war beim Bischof nichts auszurichten. Als Leitter zu ihm kam, „da erschrak er — berichtete Leitter nach München am 6. Mai[18]) — und entfärbte sich gar und gab die Antwort, ob E. G. ihn um Schaden anzusprechen hätten, so wollt er sich den Bund entscheiden lassen nach der Einigung".

Unterdessen hatten bayrische Reiter bereits am 1. Mai Beilngries und Berching besetzt und von München den Befehl am 3. Mai erhalten, die Rädelsführer peinlich zu strafen, den Bauern Wehr und Harnisch zu nehmen und die eichstätter Bauern förderlich zu brandschatzen.[19]) Herzog Friedrich schickte sich an, was die Bauern genommen, zurückzuerobern. Bevor letzteres geschah, hatte schon Wilhelm die Frage seinem Vetter vorgelegt, ob es gut sei, dem Bischof die Schlösser und Städte Hirschberg, Berching und Beilngries wieder einzu-

---

[18]) ebenda Bl. 139.
[19]) ebenda Bl. 127.

räumen, oder sie solange besetzt zu halten, bis sie wegen der
Kosten „auf die Sachlage vom Bisthum vergnügt oder ergötzt
wären". [20])

Ehe Friedrich sich über die angeregte Frage entschied,
nahm er das Schloß auf dem obermässinger Berg ein. Am
3. Mai zog er mit einem Zug Reisiger, etlichen Feldgeschützen
und einer geringen Anzahl Fußvolk von Freistadt aus gegen
den genannten Berg. [21]) Die Bauern, die dort gelagert
waren, traf er nicht mehr. In der Nacht vorher waren sie
gewichen. Im Schlosse überraschte er noch etliche Hauptleute
und den Bösewicht der das Schloß erstiegen, den Pfleger ge=
plündert und ihn hatte tödten wollen. Fünf ließ er enthaupten
und dann das Lager ausbrennen. Dann zog er vor die
Stadt Greding, die man der Anstiftung des Aufruhrs be=
schuldigte, „da die Bauern ihres bösen Samens von der Ge=
mein haben gehabt", mit der Aufforderung, sich auf Gnade
und Ungnade zu ergeben. Sie versuchten nicht den geringsten
Widerstand, sondern öffneten bedingungslos die Thore. Friedrich
ließ zwei Hauptleute öffentlich auf dem Platze vor Rath und
Gemeinde richten, den andern Allen Harnisch, Wehr und Ge=
schütz nehmen und dasselbe nach Berching führen. Zur be=
sonderen Strafe der Stadt verfügte er noch, daß die Thürme
und Thore derselben abgebrochen werden müßten. Damit war der
Aufruhr im Eichstättischen eigentlich gedämpft. Der bayrische
Hauptmann Auerberger erhielt von seiner Regierung den Be=
fehl, mit den böhmischen Knechten, die man wieder los zu
werden suchte, zu Markgraf Kasimir gegen die Bauern in der
dinkelsbühler Gegend zu stoßen, falls er sie auf seine oder
des Bundes Kosten für einen Monat in Sold nehme. [22]) Dem

---

[20]) ebenda Bl. 126.
[21]) Brief des H. Friedrich an Wilhelm vom 4. Mai.
[22]) Brief H. Wilhelm vom 4. Mai.

pfalzneuburgischen Hauptmanne Ritter von Nenneck und dem bayrischen Hauptmann Raz begegnet man schon wenige Tage darnach im Ries, wo sie die Grafen von Oettingen aus ihrer Bedrängniß befreien. [12])

Indessen fehlte es nicht an einem Nachspiele, in welchem die bayrische und pfälzische Politik sehr weit auseinander ging. Friedrich, welcher die Hauptarbeit gethan hatte, nahm das Ansinnen, eichstättische Güter, wenn auch nur pfandweise, zu behalten, nicht an. Nicht einmal damit war er einverstanden, sich an den Unterthanen des Bischofs, wie sich zeigen wird, für die Auslagen schadlos zu halten. Als nämlich die Nachrichten von den raschen und leichten Erfolgen Friedrichs in München eintrafen, war Herzog Wilhelm sehr erfreut darüber. Er zweifle nicht, schrieb er ihm am 4. Mai, daß sein Vetter ferner mit derselben Strafe gegen diese Bauern fortfahren werde. Allein Friedrich war anderer Ansicht. Er strafe, erwiderte er, [14]) nur die Schuldigen, die Anfänger und Ursächer mit aller Strenge und bitte den Herzog Wilhelm, er möge seinen Hauptleuten Befehl geben, die Unschuldigen glimpflich, ohne Plünderung auch Brand durchzulassen, damit ihnen nicht Ursache gegeben werde, sich wieder zusammenzuthun, und die Sache zum letzten schlimmer denn zum ersten werde. Diese Maßnahmen fanden den Beifall des Herzogs Wilhelm nicht, vielmehr gab er zur Antwort, [15]) er könne sich nur schwer entschließen, die Bauern mild zu behandeln und ihrer Herrschaft zur Strafe zu überlassen, denn sie hätten den ingolstädter Gau und die Bauern an der Altmühl und am Schambach mit Drohung zum Abfall von ihrer Pflicht und Herrschaft gebracht. Friedrich blieb aber nichtsdestoweniger be-

---

[12]) Vogt, Correspondenz Ulr. Artzt Nr. 379.
[14]) III. Sbb. Bl. 144.
[15]) Brief vom 6. Mai.

hartlich auf der Bundeseinigung bestehen und forderte, daß
die bayrischen Hauptleute von der Bestrafung der Unterthanen
abließen, denn es sei zwischen ihm, den neuburger Pfalzgrafen,
dem Markgrafen von Brandenburg, dem Bischof von Eichstätt
und den bayrischen Hauptleuten ausgemacht worden, daß jede
Herrschaft ihre Bauern selbst strafe. Auch der Bischof Gabriel
ermannte sich jetzt aus seiner Lethargie, indem er dem Haupt=
mann Ratz ernstlich verwies, daß er seine Bauern strafe und
durch die böhmischen Knechte ihnen Vieh wegnehmen lasse.
So wurde die bayrische Regierung wohl oder übel durch den
Widerstand, dem sie begegnete, zur Nachgiebigkeit in diesem
Punkte gezwungen. In dem andern, ein Faustpfand vorläufig
in den Händen zu behalten, gab sie nicht nach. Es war
nämlich nach München gemeldet worden, daß Gabriel dem
Herzog Friedrich Geld dargestreckt und zugestellt habe, und
daß die Bauern im Solzgäu um 2000 fl. sich mit ihm ver=
tragen hätten. Da Herzog Wilhelm von Eichstätt keinen
Pfennig hatte erlangen können, so beanspruchte er, das Land=
gericht Hirschberg als Landesfürst und Schirmherr mit Acht
und Bann „mit gebührlicher Straf ohne weitere Plünderung
und Brand" heimsuchen zu dürfen. Das gestand Herzog
Friedrich nach einigen Verhandlungen zu. Dieser Ausgang
erfüllte freilich die Hoffnung der bayrischen Fürsten, im Eich=
stättischen „etwas Gutes zu schaffen", nur in sehr geringem
Grade. Die Umstände erwiesen sich auch hier mächtiger als
der Wille. Das Bisthum Eichstätt, obwohl es sich in den
Händen eines schlaffen und nirgends beliebten Mannes
befand, ging unzerbröckelt aus dem Sturm hervor, ja der
Bischof haberte hinterher mit aller Welt, nicht nur mit seinen
eignen Unterthanen,[20]) gegen die er, — insonderheit gegen den
Rath seiner eignen Residenz — auf dem Bundestag zu Augs-

---

20) Klüpfel 297.

burg Klage erhob. Selbst seinen Rettern wußte er wenig
Dank. Wider die Pfalzgrafen Ottheinrich und Philipp reichte
er auf dem nämlichen Tage eine Klagschrift ein, und mit dem
Herzog Wilhelm von Bayern haderte er bis zum Jahr 1527.[37])

Nach der raschen Bewältigung des eichstättischen Aufstandes hatte Herzog Wilhelm noch ein hohes Interesse zu erfahren, „von wannen doch der rechte anfängliche Ursprung
dieser Empörung ausgehe".[38]) Eck hatte schon längst und
wiederholt den Städten, hauptsächlich den Reichsstädten, die
ganze Schuld in die Schuhe geschoben. Um der Sache
auf den Grund zu gehen, bat Wilhelm den Herzog Friedrich:
„Wiewohl viele Leute etliche Reichsstädte in Verdacht haben,
so wollen doch E. L. Fleiß haben, ob sich solches bei dem
Fändlführer oder andern Gefangenen, darinnen dann etliche
Geistliche und Laienpriester auch vermengt sind, erfahren
mögen". Mit den Reichsstädten zielte man, von kleineren
abgesehen, zumeist auf Nürnberg, von dem Eck z. B. in
seinem Briefe vom 22. Mai mit Haß und Aerger sprach.
Herzog Friedrich gab zur Antwort, daß er von den Hinge-
richteten trotz peinlicher Frage nichts erfahren habe.[39]) Dagegen sei er durch einen Kundschafter, den er nach Nürnberg
geschickt habe, berichtet worden, daß diejenigen, welche das
Schloß Mässing erstiegen und die Empörung angestiftet hätten,
— er nennt fünf mit Namen — in Nürnberg sich aufhielten,
wo sie „ohne alle Scheu öffentlich wider des heiligen römischen
Reichs Landfrieden und die Bundeseinigung enthalten werden".[40])

---

[37]) Ebenda. Am 25. November 1525 schon wird auf dem Bundestag, wie Ulrich Arzt meldet, der Bischof von Eichstätt beschuldigt, „daß
er die Fürsten von Bayern zu Türken gleichet".

[38]) So fragte er schon am 4. Mai den H. Friedrich.

[39]) III. Ebd. Bl. 146.

[40]) Die Beschuldigung gegen die Reichsstadt wurde mit den nämlichen fünf Bauernnamen auch nach Ulm berichtet, ein Zeichen, daß dies

Auch habe ihm ein Eisenkrämer, der in Nürnberg Waaren
einkaufte, erzählt, es seien ihm zwölf von den Bauern, die
auf dem mässinger Berg gewesen, begegnet und einer derselben habe auf der offenen Gasse gegen ihn den Spieß gerückt mit der Absicht ihn, der auch wider die Bauern gehandelt habe, zu tödten. Es sei ein Auflauf von Männern und
Weibern entstanden, die ruhig zugesehen hätten. Auf ihn,
den Herzog Friedrich, seien die nürnberger Bürger schlecht zu
sprechen. Sie ließen sich öffentlich vernehmen, es sei Schad,
daß den Herzog noch der Erdboden trage, denn er habe den
Bauern weder Treue noch Glauben gehalten, sondern sie ver-
führt — „und noch viel mehr Schmachwort". Er sehe daher
für gut an, fuhr der Herzog fort, daß mit den Reichsstädten,
welche den Bauernschaften Büchsen, Pulver, Harnisch und andre
Wehr verkauften, gehandelt werde, und halte es für angezeigt,
daß sie beide, Friedrich und Wilhelm, mit dem Markgrafen
Kasimir und dem Bischof Gabriel von Eichstätt an einer
Malstatt zusammenkämen und über diese Angelegenheit sich
beriethen. Herzog Wilhelm war diesem Vorschlage nicht abgeneigt. Am 9. Mai schrieb er vertraulich,[31]) sobald der Aufruhr der Bauern bewältigt sei, sollten die Fürsten sich in eigner
Person versammeln und Raths über die Mittel pflegen,
welche ein für allemal solchen Empörungen vorbeugen würden.
Dabei könne man sich auch besprechen wegen etlicher Reichsstädte, welche an vielen Orten den Bauern Hilfe und Vor-

---

entweder von Amberg oder von München aus geschah. Der Bund säumte
nicht, dem Rath der Stadt am 11. Mai darüber Vorstellungen zu
machen und die Gefangennahme dieser Aufrührerischen, welche wider Pflicht,
Ehre und Eid gegen ihre Obrigkeiten gehandelt, wie ihre Bestrafung zu
verlangen. Ferner sei man berichtet, daß die Bauern sich Wehr und
Harnisch in Nürnberg zu kaufen pflegen; das solle der Rath abstellen.
Vogt Correspondenz Ulr. Artzts Nro. 368.

[31]) III. Gb. Bl. 160.

schub geleistet hätten, und darauf denken, wie solche Vorkommnisse mit gutem Fug abzustellen seien. Für diese Fürsten-
konferenz bestimmte man den 12. Juni als Termin und
Ingolstadt als Malstatt.[17])

Man sieht, es brach auch hier der alte Fürstenhaß gegen
die Reichsstädte wieder hervor. Der Rath der Stadt Nürnberg war weit entfernt, den Aufruhr der Bauern zu billigen
oder ihn zu unterstützen. In seinem wichtigen und merk-
würdigen Erlaß vom 20. April verurtheilte er ihn als ein
Vornehmen, „so ganz ungeschickt, auch wider das göttliche
Wort, heilige Evangelium und brüderliche Liebe, so sie sich
doch durch solche Handlungen zu suchen und zu erlangen, anmassen". Nichtsdestoweniger sprach er aber auch mit
offenem Freimuthe aus, daß die Obrigkeiten vielfach den Aufstand durch die Verweigerung der evangelischen Predigt
verschuldet sowie dadurch, daß sie ihre Unterthanen „mit
etlichen unchristlichen, un(er)träglichen und zuviel beschwerlichen
Bürden belästigt" hätten.[18]) So urtheilte der Rath, obwohl ihm der Bauernkrieg vielfache Verlegenheiten bereitete.
Allein gerade der Takt, den das Stadtregiment zu Nürnberg
an den Tag legte, sein unabhängiges Urtheil und der unaus-
gesetzte Versuch, in Güte den Aufstand beizulegen, zog ihm
die Vorwürfe der Fürsten zu, denen er übrigens mit Würde
und ohne seine Grundsätze zu verläugnen entgegentrat. Als
die Anschuldigungen des Herzogs Friedrich von der Pfalz in
Nürnberg bekannt wurden, schrieb man ihm umgehend am 5.

---

[17]) Es mahnte schon am 25. Mai seinen Herzog, diesen Tag
wegen des „verdorbenen" Markgrafen nicht zu beschicken. „Das e. f.
g., die Oberpfalz und markgraf zu Ingolstat ire rät zusammenschicken
wellen, darinnen wellene. f. g. des gewarnet sein, das sich e. f. g. in khainen weg in ainich sonderhauffen außerhalb der pundischen einlaß und
das auß nachvolgenden ursachen. der markgraf ist verdorben."

[18]) Ramann, Nürnberg im Bauernkrieg. 41.

Mai: „Nie ist uns die Unschicklichkeit und Aufruhren der Bauern lieb oder gefällig geweßt. Denn welcher Obrigkeit wollte doch dergleichen Fürnehmen der Unterthanen gefallen? Wir haben ihnen auch zu solchen nit allein kein Hilf, Rath oder Belegung gethan, sondern auch die unsern außerhalb etlicher Muthwiller mit Gottes Hilf erhalten. So steht unser Gemüth gar nicht, unsre gnädige Herrn, die Fürsten, zu vertreiben, oder wo das durch andere beschehe, hierinn einigen Gefallen zu tragen.“[31]) Das anfänglich flüchtigen Bauern gewährte Asylrecht beschränkte er später, als der Zulauf zu stark wurde. Wenn außerdem die Fürsten und mit ihnen der Bund wegen des Waffenverkaufs in Nürnberg Beschwerden erhoben, so stand der Rath nicht an, wahrheitsgetreu die Verhältnisse durch seine Gesandten Kreß und Volkamer der gemeinen Versammlung darlegen zu lassen. „Ein jeder Vernünftige, schrieb er mit gerechtem Stolz,[32]) der Gelegenheit dieser Läufte und unsers Wesens Bericht hat, wird uns eigentlich in dem, so wir bisher gehandelt, gewißlich mit keinem Grund beschuldigen oder verunglimpfen.“ Der Rath habe für sich selbst den Bauern weder heimlich noch öffentlich Geschütz, Pulver, Wehr, Harnisch oder Proviant zugeschickt. „Daß ihnen aber in unser Stadt zu kaufen oder durch unsre Bürger zuführen zu lassen, durch die Finger gesehen ist, das hat uns der Markt und die Noth gelernt!“ Es sei meist heimlich geschehen und das nämliche auch den Fürsten und dem Adel gestattet worden. Hätte man es den Bauern gegenüber verboten, so würde man „den größten, schädlichsten Krieg im Haus“ gehabt haben. Darum „achten wir dafür, (es) lasse sich unser Handlung an allen Orten mit Glimpf und Ehre verantworten, zuvor weil wir uns beim

---

31) Ebenda 30.
32) Brief vom 6. Juni, ebenda 37.

Bund so einer langsamen Hilf zu versehen gehabt haben“. So verantwortete sich die Stadt gegen ihre Feinde, denen die Reichsstädte überhaupt verhaßt waren. Neben den Fürsten war es in erster Linie Eck, der nur mit Ingrimm von ihnen zu sprechen pflegte. Obwohl sie große Leistungen an Geld und Truppen dem Bund entrichteten, [36]) konnten sie sich doch keinen Dank erwerben. Nürnberg ließ sich aber durch nichts abhalten, Recht und Billigkeit der Gewalt vorzuziehen.

---

[36]) Vogt, Correspondenz Ulr. Arzts Nro. 5, 70.

19*

Elftes Kapitel.

Bayern im ersten und zweiten salzburgischen Aufruhr.

Im salzburgischen Aufstande sollte es sich erst ganz zeigen, ob die bayrische Regierung wirklich selbstlos die Sache der Legitimität gegen die Revolution vertrat und ob ihre Partei= nahme für die alte Kirche sie bewog, unter allen Umständen die durch die Zeitströmung besonders gefährdete weltliche Herr= schaft der Geistlichkeit in Schutz zu nehmen und zu verthei= digen, oder ob sie am Ende doch nicht unentwegt fest stand. Im Westen grenzte das Bisthum Augsburg an Bayern. Die Feindseligkeit, mit der hier von Anfang an die bayrische Re= gierung gegen die in den drei Haufen geeinigte schwäbische Bauernschaft auftrat, schnitt jede Aussicht auf eine Erwerbung aus. Zudem hatte Ferdinand hier rasch zugegriffen; selbst die Besetzung der Stadt Füssen hatte man sich entgehen lassen. Bedenklicher erschienen schon die Absichten des Herzogs Wil= helm in Bezug auf das Bisthum Eichstätt. Am guten Willen, sich auf Kosten desselben einen Vortheil zu verschaffen, mangelte es nicht, aber die Einigung des schwäbischen Bundes, zu welchem auch Bischof Gabriel gehörte, stellte einem solchen Versuche fast unüberwindliche Hindernisse entgegen.

Anders lagen die Verhältnisse in Betreff des Erzbis= thums Salzburg. Der Kardinal Matthäus Lang, welcher auf dem salzburgischen Stuhle saß, war nicht Mitglied des schwä=

bischen Bundes und konnte somit nicht zuversichtlich auf den Schutz desselben rechnen. Dieser Umstand fiel sehr schwer in's Gewicht in dem Augenblick, wo etwa die bayrische Regierung die Neigung besaß, sich bischöfliches Gebiet anzueignen. Allerdings war im Jahre 1524 zu Regensburg ein Bündniß süddeutscher Fürsten, zu denen auch Bayern und Salzburg gehörten, geschlossen worden. In demselben hatten sich die Kontrahenten gegenseitig verpflichtet, „ob unser Einem oder mehr von wegen dieses unsers christlichen Fürnehmens (gegen das lutherische und anderes irrige und aufrührige Wesen) etwas Widerwärtiges oder einig Ungehorsam und Empörung von seinen Unterthanen, oder die uns mit geistlicher und weltlicher Obrigkeit sammtlich und ohn Mittel unterworfen sein, zustünde, alsdann wollten wir, die andern, aneinander hilflich und räthlich sein",[1] — allein wer hatte denn die Macht, die Mitglieder zu zwingen, diesen Vertrag nach seinem ganzen Wortlaut zu halten? In der That schien Herzog Wilhelm schon im Jahre 1525 diese Abmachung vergessen zu haben, ja er achtete sie auch da nicht, als ihn der von seinen Bauern und Bürgern bedrängte Erzbischof von Salzburg mit eindringlichen Worten daran erinnerte. Insoferne der salzburgische Handel für die Tüchtigkeit der Gesinnung des bayrischen Fürsten zum Prüfstein wurde, bestand Wilhelm diese Probe schlecht. Denn trotz seiner Kirchlichkeit, und obwohl er, wie nicht leicht einer, auf das unantastbare Fürstenrecht pochte, widerstand er keineswegs der Verlockung, begierige Blicke nach dem salzburgischen Bisthum zu werfen, ja er hätte in diesem Falle sogar seine Abneigung gegen die Bauern überwunden und sich mit ihnen vertragen. Wenn der Ausgang schließlich doch anders ausfiel, so ändert das durchaus nichts an der Absicht, die vorhanden war, noch an dem Urtheile darüber.

---

[1] Winter I 159. Jörg 570.

Ganz dieselbe Politik nämlich, welche Erzherzog Ferdinand im Algäu einschlug und die am münchner Hof so sehr
beargwöhnt und verdammt wurde, verfolgte jetzt Herzog Wilhelm gegen Salzburg. Der einzige Unterschied bestand darin, daß
hier die bayrischen Absichten offener und nackter hervortraten,
während dort Ferdinand mit schlauer, „wälscher" Kunst sie zu
verdecken und zu beschönigen wußte. Kardinal Lang lebte
schon seit mehreren Jahren mit seinen Unterthanen in Unfrieden. Im Jahre 1523 faßten die Bürger von Salzburg
in Folge von Streitigkeiten mit ihrem Bischofe den heimlichen
Entschluß, sich von der Herrschaft desselben loszureißen.
Aber Ferdinand unterwarf ihm mit 6 Fähnlein die Stadt
und er selbst züchtigte sie durch Entziehung ihrer Freiheiten.[1]
Bald kamen neue Klagen. Der Kardinal wurde beschuldigt,[2]
daß er nicht nur die Predigt des Evangeliums verhindert und
fromme wohlgelehrte Priester vergewaltigt, einem ewiges
Gefängniß zuerkannt und zwei „ohne all gesprochen Urtheil,
wider Recht, seines eignen Fürnehmens mit dem Schwert hab
abthun lassen", sondern es „sei eine Verschreibung vor etlichen
Jahren zwischen ihm, Bischof, und der Landschaft aufgerichtet,
und dieselbe von päpstlicher Heiligkeit, auch kaiserlicher Majestät
confirmirt, aber in mehreren Artikeln von ihm, Bischof, nicht
gehalten worden". In einem Schreiben[3] der Landschaft Salzburg an den Rath zu Augsburg vom 9. Juli 1525 ist das
ganze Sündenregister des Kardinals enthalten. Er habe ihnen,
klagen die Boten der Landschaft, seine von Kaiser und Papst
bestätigte Verschreibung nicht gehalten, obwohl sie „nie kein
Uebels begangen", ferner die Stadt Salzburg „mit Kriegsvolk und Macht überzogen" und „die ganz Landschaft ber-

---

[1] Buchholz II 195 f.
[2] Schreiben H. Ludwigs an seinen Bruder Wilhelm vom 14.
Juni 1525. IX Ebb.
[3] Original im augsburger Archiv.

maßen bedrangt, daß wir in einen schweren Ungelt wider
Recht und Billigkeit und wider die . . . Verschreibung haben
bewilligen müssen." „Darzu hat der Kardinal einer ganzen
Gemein der Hauptstadt Salzburg unehrliche Schmachwort zu=
gemessen, uns an unsern Treuen und Ehren gröblich ohn all
unser Verschulden verletzt" und bedrängt, „daß wir aller unser
Freiheiten, städtlicher Polizei, auch die Handwerk ihrer Hand=
werks Gebräuch und Ordnungen abstehen und Verschreibung
über uns haben müssen geben, was sein Gnad verner mit
uns fürnehmb, das sol wir uns Alles wohlgefallen lassen."
Von den Kirchen habe er das Geld „gehebt", die Prälaten
und Edelleute zu Darlehen gezwungen, die städtischen und
Handwerksordnungen, welche seit langem im Gebrauche ge=
wesen, „zerrissen, geändert", in Städten und Märkten, bei
den Gerichten und Bergwerken „viel trefflicher Neuerung und
Beschwerung aufbracht, dadurch der arme Mann fast erjaygert
worden". Trotzdem sei das Stift „bei seiner Gn. Regierung
durch das überflüßig Verschwenden gewachsen, groß Schulden
gemacht ohn alle redliche Ursach und Noth." Diejenigen,
welche das heilige Evangelium ohne menschlichen Zusatz ge=
predigt, habe er „mit schwerer Fängnuß und in andere Wege
betrübt". „So hat auch sein Gn. zwo Personen, die sambt
andern einen armen Priester, der sie von des heiligen Evan=
geli wegen angeruft, der in ewige Gefängnus soll geführt
sein worden, auf der Straßen entlebigt, außer aller rechtlicher
Erkenntniß an einem Morgen zwischen 6 und 7 Uhr an einer
ungewöhnlichen Richtstatt hinter dem Schloß heimlich enthaupten
lassen." Man sieht, der geistliche Herr war zu Gewaltthaten geneigt
und gar leicht zum Zorn gereizt. Dies bekundeten auch allgemein
verbreitete Aeußerungen, die er öffentlich hören ließ, z. B. die⁵),
„er wolle derselben (der Erhebung gegen ihn) Ursacher und

---

⁵) im Briefe Ludwigs vom 14. Juni.

Anhänger sieden, braten und schinden lassen". Es konnte
also nicht auffallen, wenn seine Unterthanen schlecht auf ihn
zu sprechen waren. Aber auch die bayrischen Herzoge, die ihren
geistlichen Nachbarn recht gut kannten, vermochten kein günstiges
Urtheil über ihn zu fällen. Herzog Wilhelm schrieb am 22. Juli
seinem Bruder Ludwig: „Wir finden bei demselben Kardinal
jetzt in seiner Noth keine Treue noch Glauben, wie er denn
hievor allweg zu thun auch gewohnt war"; ferner
warf er dem „leidigen Pfaffen" „Undankbarkeit" vor, ja sogar
Eck schalt den Erzbischof einen „Narren".⁶)

Bei solchen Eigenschaften war es sehr begreiflich, daß die
salzburgische Landschaft den Erzbischof absetzen und, wie es
Bürger und Bauer offen aussprach, aus dem Erzbisthum ein
weltliches Fürstenthum machen wollte. Sobald dieser Plan
in München bekannt wurde, bemächtigte sich des Hofes eine
große Aufregung. Herzog Wilhelm wollte die günstige Gelegenheit, welche sich bot, nicht unbenützt vorüberziehen
lassen. Vielmehr betrachtete es die bayrische Staatskunst alsbald als ihre dringlichste Aufgabe, alle Hebel in Bewegung
zu setzen, um sich das reiche und ausgedehnte Bisthum nicht
entgehen zu lassen. Da sich, wie wir sehen werden, manche
Elemente nicht dem Gedanken abgeneigt zeigten, einen
bayrischen Fürsten als ihren Herrn anzunehmen, so schien der
Erfolg ziemlich sicher, falls nicht auch der Erzherzog Ferdinand
von Oesterreich, dessen Länder vielfach an Salzburg grenzten,
das geistliche Gut begehrte. Ländergierig und stets bereit,
einen guten Fang zu machen, war auch dieser Habsburger.
Es fragte sich nur, ob ihm die vielen Verwickelungen, mit
denen er gerade jetzt vollauf zu schaffen hatte, in Tirol, im
Algäu, in Vorderösterreich und im Land Würtemberg, noch
soviel Zeit übrig ließen, sich auch in den salzburgischen Handel

---

⁶) Ecks Brief vom 1. Mai 1526.

zu mischen. Er und sein Staatsmann Granvella fanden sie.
Und so entwickelte sich der salzburgische Aufstand zu einem
Kampfspiel der bayrischen und österreichischen Politik, in
welchem von beiden Seiten alle diplomatischen Kniffe der
Hinterlist, Unaufrichtigkeit und Unlauterkeit zu reichlicher Ver-
wendung kamen, bis schließlich aus dem Eigennutz und der
Eifersucht der beiden streitenden Mächte der gefährdete Kardinal allein Nutzen zog und, was man für fast unmöglich gehalten hätte, im Besitze seines Stuhles und seines Amtes blieb.

Hauptsächlich wird man nun darauf zu achten haben,
wie Eck, der bayrische Kanzler und zugleich das Haupt des
schwäbischen Bundes, sich in dieser Frage benahm. Mit den
Annexionsgelüsten seiner Herzoge war er nicht einverstanden,
vielmehr bekämpfte er sie immerdar, obschon nicht stets mit
Erfolg. Wenn auch seine ernsten, warnenden Worte z. B. der
Brief vom 7. Juni, auf den Herzog einen tiefen Eindruck machten,
so war doch die Verlockung so groß, daß derselbe diesmal stärker
als je auf seinem Sinn beharrte. Andrerseits schien auch die
Gefahr einer Vergrößerung Oesterreichs den ganzen Eifer der
bayrischen Regierung herauszufordern. Dem unsichern Tasten
und den wechselnden Versuchen seines Herzogs setzte aber Eck sein
unabänderliches Prinzip entgegen, daß es ein Fehler wäre,
der sich schwer rächen würde, wenn man mit den Bauern sich
vertrüge oder gar aus ihren Händen etwas annähme. Kon-
sequent stritt er dem Aufstande und den Bauern jedes Recht
ab und verfolgte auch hier in Salzburg, wie er es im Algäu
that, mit leidenschaftlichem Hasse die Politik Ferdinands, auf
friedlichem Wege durch Vertrag mit den Bauern eine Lösung
herbeizuführen. Sein Werkzeug war der Bund, den er
gerade im salzburgischen Handel völlig unabhängig als Herr
und Meister gebrauchte; er ließ nicht ab, bis er der habsburgischen Politik auch hier eine Niederlage beibrachte und
sogar gegen seine eigenen Herren Recht behielt.

Unsere Aufgabe ist es nicht, den Aufstand selbst zu be=
schreiben,[1] sondern die Wege aufzusuchen, auf denen die
bayrische Regierung zu ihrem Ziele zu kommen suchte. Am
25. Mai 1525 erhob sich fast das ganze salzburger Land in
den Gebirgsthälern bis heraus an die bayrische Grenze bei
Reichenhall. Der Kardinal wurde beinahe ganz waffenlos von
dem Aufstande überrascht. Noch am 18. Mai bekannte er
selbst den bayrischen Fürsten: „Wir sind mit keinem wehrhaften
Volk, darauf wir uns getrösten möchten, verfaßt." So gab
es in dieser Noth für ihn vorerst keine andere Rettung, als diejenige,
welche die Nachbarfürsten ihm gewährten. Deshalb bat er
am 27. Mai den Herzog Wilhelm mit Bezug auf dessen Trost
und Versprechen, das er dem salzburgischen Hofmarschall Wi=
guleus Turner gegeben hatte, um stattliche Hilfe, denn etliche
tausend Bauern und Knappen zögen heran, ihn in seiner
Burg zu belagern. Der Erzbischof übertrieb damit seine Lage
nicht, denn schon am gleichen Tage besetzten die Aufständischen
die Stadt Hallein und ließen dem Kardinal auf seine Anfrage
nach ihrem Vorhaben entbieten, er habe viel wider sie ge=
handelt; sie wollten das Evangelium beschirmen und hand=
haben. Nicht mit ihnen, nur mit dem großen Haufen könne
der Bischof unterhandeln.[2] Die Noth wuchs in den nächsten
Tagen immer mehr, das Feuer des Aufruhrs verbreitete sich
weiter und weiter, und am 1. Juni forderten die Obersten der
Bauern die Gemeinde von Salzburg auf, ihnen das Wort
Gottes retten zu helfen, nachdem „gemeine Landschaft des Stifts
lange Jahre mit Verhaltung des Wortes Gottes merkliche
Beschwer gehabt."

---

[1] Vergl. Baumann, Quellen z. B.K. in Oberschwaben 708, 715,
796. Zimmermann, Gesch. d. B.K. II 551, Jörg 548.
[2] Schreiben des Hans Gober zu Reichenhall, Thomas Schmuck
zu Karlstein und der Stadt Reichenhall vom 26. und 27. Mai, Brief
des Kardinals vom 27. Mai an H. Wilhelm. IX. Bbb.

Der Erzbischof, schon in seiner Hauptstadt nicht mehr sicher, schickte eine neue und einbringlichere Bitte durch einen eignen Gesandten nach München. Aber vergebens. Herzog Wilhelm war nicht gewillt, gegen die Bauern zu ziehen. Diese selbst hatten den bayrischen Beamten wiederholt die Versicherung gegeben, daß sie nichts Feindseliges gegen das bayrische Herzog= thum vornehmen würden. Zudem war aber nach den Be= richten sämmtlicher Beamten an der salzburgischen Grenze zu befürchten, daß im Falle einer Parteinahme für den Erzbischof die Aufständischen den Versuch machen würden, den Salzbau in und um Reichenhall zu stören. Eine solche Gefahr um des Kardinals willen herauf zu beschwören, war Herzog Wil= helm vollends nicht gesonnen. Darum ließ er nicht nur die Stadt Reichenhall unbesetzt, sondern entbot auch den Bauern, um allen bösen Gerüchten zuvorzukommen, durch seine Beamte, daß „sein Gemüth, Meinung und Wille gar nicht sei, dem Kardinal einigen Zusatz, Hilfe oder Rettung mit seinem Kriegs= volk wider sie zu thun", während dem belagerten Bischofe nur mit= getheilt wurde, daß an den Rath von Salzburg, um ihn zu trösten und die revolutionären Elemente der Bürgerschaft ein= zuschüchtern, eine bayrische Botschaft abgehen werde. Sehr schnell ging es damit freilich nicht. Die aus fünf Köpfen bestehende Gesandtschaft wurde vorerst nach Reichenhall geschickt und hatte den Befehl, den aufständischen Unterthanen des Kardinals überall den Trost zu geben, daß bayrische Truppen nicht nach Salzburg marschiren würden. Man er= kennt daraus, daß sich die bayrische Regierung alle erdenkliche Mühe gab, ein gutes Einvernehmen zwischen sich und den Bauern herzustellen, daß dagegen der Erzbischof mit einer kaum mißverständlichen Zurückhaltung behandelt wurde.

Erst am 2. Juni trafen die bayrischen Gesandten in Salzburg ein. Der Kardinal ließ sie sogleich zu sich auf sein Schloß laden, aber sie lehnten dies ab, um nicht bei den

Bauern Verdacht zu erregen; dagegen hielten sie am gleichen Tage noch eine Zusammenkunft mit dem Bauernausschuß, der zu Verhandlungen mit der Gemeine von Salzburg in die Stadt gekommen war, und zwar in der Herberge desselben. Ebenso zogen die bayrischen Gesandten auf das Rathhaus, wo sie, wie im Wirthshause vorher, es als ihre Mission bezeichneten, zwischen dem Karbinal und seinen Unterthanen zu unterhandeln.

Die Gemeinde von Salzburg wies aber Tags darauf, den 3. Juni, die bayrische Vermittlung ab. Sie hätte keine Empörung — hieß es — gegen ihren Landesfürsten, deshalb sei es ohne Noth, zwischen ihnen und dem Erzbischof zu unterhandeln. Die Bauern ihrerseits ließen den Gesandten melden, sie könnten für sich allein ihre Vermittlung nicht annehmen, sondern müßten erst ihre Mitverwandten und vornämlich etliche Gerichte der Grafschaft Tirol hören. Den Entscheid berselben wolle man nach Reichenhall berichten. So hatten die bayrischen Abgeordneten also von keiner Seite eine befriedigende Antwort erhalten, was auch nicht zu verwundern war. Die Aufständischen, welchen die kriegerische und strenge Haltung der bayrischen Regierung während der ganzen bäuerischen Erhebung und die entschiedene Parteinahme derselben gegen die kirchliche Reform nicht unbekannt geblieben war, fühlten vorerst keine Neigung, die Leitung ihrer Angelegenheiten andern Händen, auch nicht denen des bayrischen Herzogs, anzuvertrauen. Noch des andern Tags sprachen sie bestimmt diesen Entschluß aus. Sie hätten vernommen, daß der Herzog Willens sei, zu Salzburg Fried zu machen; er möge davon abstehen und sich nicht weiter damit bemühen, denn sie seien der Meinung nicht, die Fürsten von Bayern oder ihre Unterthanen zu beschädigen, aber den Bischof wollten sie keineswegs mehr zu einem Fürsten haben.

Erst unmittelbar vor ihrer Rückkehr und nachdem die Aufständischen in Stadt und Land die allzu aufdringliche Ver

mittlung abgewiesen hatten, entschlossen sich die bayrischen Bot=
schafter dem Kardinal auf seine wiederholte Einladung hin
endlich einen Besuch abzustatten. Sie berichteten ihm die
Schritte, welche sie bei der Gemeinde von Salzburg und den
Bauernhauptleuten freilich erfolglos gethan hätten, und nahmen
das Ansuchen des Erzbischofs, ihren Versöhnungsversuch zu
wiederholen, entgegen. Gleichwohl bat er flehentlich auch um
Hilfe, die ihm die Gesandten aber beharrlich mit der Begründung
verweigerten, daß ihr Herzog sein ganzes Kriegsvolk selbst nöthig
habe. Nicht einmal darauf, daß die bayrische Regierung ihm auf
seine Kosten Truppen senden möchte, erhielt der bedrängte
Kardinal eine befriedigende Zusage. Ohne etwas erreicht, aber
auch ohne sich irgendwie gebunden zu haben, zog sich die Bot=
schaft wieder nach Bayern zurück.

Günstig für die bayrische Regierung erschien die Be=
merkung, welche die Bauern einem der Gesandten vertraulicher
Weise gemacht hatten: „den Bischof wollten sie keineswegs mehr
zu einem Fürsten haben, allein einen weltlichen Fürsten, darin
sie auch nicht widersprechen, in der Gemein zu reden, einen
Fürsten von Bayern anzunehmen."*) Bei dieser Aussicht mußte
man mit doppelter Klugheit gegen die Bauern verfahren, die
ihrerseits auf halbem Wege den kühnen Hoffnungen entgegenzu=
gehen sich anschickten, welche in der münchner Hofburg gehegt
wurden. Herzog Wilhelm war Feuer und Flamme, als er
die Aeußerung der Bauern hörte, so daß in ihm ein Gedanke
von geradezu unerhörter Tragweite aufstieg. Er hielt es für
möglich, nicht nur in Salzburg, sondern auch in Tirol den
Friedensbringer spielen und zwei Mücken mit einem Schlage
treffen zu können. Sofort gab er darum seinen Gesandten in
Reichenhall den Befehl, sie sollten die Bauern auf die enge

---

*) Bericht der bayrischen Gesandten an H. Wilhelm vom 3. und
4. Juni.

Verbindung und Verwandtschaft der Fürstenthümer Bayern, Salzburg und Tirol hinweisen und versuchen, ob es denselben gefällig und annehmbar sei, wenn Bayern „einen schriftlichen beständigen friedlichen Anstand mit ihnen sammt allen ihren Bundesverwandten mache". Es war dem Herzog mit diesem gefährlichen Plane durchaus Ernst. Denn bedenkt man, daß er für die Tiroler das gleiche Anerbieten sofort niederschreiben ließ, daß der salzburger Kanzler Dr. Ribeisen neuerdings für seinen Herrn umsonst in München um Unterstützung warb, daß der Erzherzog Ferdinand durch ein nichtssagendes Schreiben hingehalten und getäuscht wurde, daß man sich in München kurz entschloß, Mühldorf zu besetzen, ohne den Kardinal mit einer Silbe davon zu verständigen, dagegen der salzburgischen Landschaft wissen lassen wollte, ihre Hauptleute möchten sich diesen Schritt gefallen lassen, da er „ihnen nicht zuwider" sei und die „nachbarliche Einigkeit" fördern und nur bis zum Austrag der Sache daure, so erkennt man, daß es sich um eine ernst gemeinte Absicht handelte. Wilhelm plante nichts anderes als durch sein Friedenswerk Salzburg und Tirol ihren Herren abspenstig zu machen und mit Bayern zu vereinigen. Durch ihn sollten die Bauern Frieden und eine beständige Erledigung aller ihrer Beschwerden finden. Es ist die ganz gleiche Rechnung, wie sie Ferdinand im Algäu gemacht hatte. An die Konsequenzen dieses Schrittes, wenn er ausführbar war, ja nur des Versuches dazu, scheint der Herzog in der ersten Hitze der Leidenschaft freilich nicht gedacht zu haben: vielleicht nicht einmal daran, was sein Kanzler zu solchen Absichten sagen würde.

Er hätte sich selbst verläugnen, mit seiner ganzen Haltung brechen und seine Stellung im Bunde aufgeben müssen, wenn er seinem Herzoge zugestimmt hätte. Bisher hatte sich letzterer immer wieder seinem Kanzler, wenn auch nach einigem Widerstreben, untergeordnet und seiner Führung anvertraut.

Jetzt, wo so viel auf dem Spiele stand, wo Herzog Wilhelm
daran war, durch seine Politik vor ganz Teutschland den
Vorwurf der Inkonsequenz, ja der größten Treulosigkeit und
des bedenklichsten Eigennutzes auf sich zu laden und dadurch
den Ruhm und das Ansehen des bayrischen Fürstenhauses in
unberechenbarer Weise zu schädigen, konnte und durfte Eck
keineswegs ruhig zusehen noch geschehen lassen, was ihm un-
verantwortlich schien. Mit anerkennenswerthem Freimuthe trat
er in einem ausführlichen Briefe vom 7. Juni der Politik
entgegen, welche bisher sein Herr in dem salzburgischen Handel
eingeschlagen hatte: „Ich verstehe aus E. f. G. Schreiben,
daß E. f. G. in Uebung steht, einen beständigen Verstand
mit den Bauern zu machen, daß auch E. f. G. Gemüth
stünde, nach Mühldorf zu trachten ꝛc.; darauf E. f. G. meine
Thorheit zu hören begehren. . . . Ich hab mit dem Weissenfelder allerlei geredet, was mit dem Erzbischof zu Salzburg
in diesen Läuften zu handeln, und wie sich E. f. G. an demselben
Ort mit gutem Willen und Ehren bessern und ihrem Fürstenthum
einen Nutzen schaffen möchten . . . und gedenke noch, E. f. G.
wäre nützer, dem Bischof auf seine Kosten ein Kriegsvolk (zu
schicken) und mit Macht zuzuziehen, denn ihn zu verlassen.“
Dieses Heer habe der Herzog dann auch gleich bei der Hand,
wenn er selbst in Gefahr käme. „So bedünkt mich je, dieser
Handel sei nicht anderst, denn wenn seines nächsten Nachbarn
Haus brennt, und wer nicht retten und verschlafen will, daß
derselb auch nicht sicher sei.“ Auch ihm dem Kanzler wäre
es angenehm, im Frieden zu sitzen, wenn nur aus diesem
Frieden nicht größerer Unfrieden entstünde. „Wiewohl E. f. G.
vermeinen, mit den salzburgischen und tirolischen Bauern einen
beständigen Verstand zu friedlicher Beiwohnung zu machen,
so werden doch E. f. G. darin keinen Glauben finden, und
ist noch bei keinem Haufen Bauern Trau, Glaub, Zusagen
oder Verbündnis nie gehalten worden. Der Pöbel thut das,

ist auch seine Art nit trauen, glauben und Ehre fürkommen.
Und so sie stark den Bischof ihres Gefallens gedrungen, wer=
den sie E. f. G. nicht verschonen. Wer weiß, was (für)
Praktika aus Innsbruck dahinter auch stecken." Aus einem
solchen „Verstand" mit den Bauern müsse üble Nachrede ent=
stehen. „Ich besorge aber immer E. f. G. Leute, die vielleicht
müde sind und das Ende nicht bedenken, oder auch die Bauern
geben E. f. G. zu verstehen, daß das Stift Salzburg zu
einem weltlichen Fürstenthum gemacht und E. f. G. sobald
als Jemand anders dazu genommen werde, und solchs E. f. G.
zu gut kommen möchte. In dem, wollen mir E. f. G. ver=
zeihen, ist Affenwerk. Gott lebt noch und wird gewißlich und
endlich nicht beschehen." Die Herrlichkeit der Bauern habe,
wie jetzt am Tag sei, nirgends, weder in Bamberg noch in
Würzburg, lange gedauert. „Ob es gleich auf diese Stunde
dazu käme, daß der Bischof zu Salzburg und alle Pfaffheit
erschlagen (würde) und der ganze Stift in der Bauern Händen
stünde, die dasselbe E. f. G. zustellen wollten, auch dann wer=
den E. f. G. im Rath bei christlichen, frommen Leuten nicht
finden, dasselbe dergestalt anzunehmen. E. f. G. Vorvordern,
so bisher vor allen Geschlechtern der Welt in Reichthum und
langem adeligen Herkommen regiert, haben dergleichen Ver=
nehmen in sie nit bringen lassen, sondern Stift und große
Gotteshäuser erbaut und gestiftet. Ob ihre gute Meinung vor
Gott angenehm oder nicht, das sieht man aus ihrem Her=
kommen, und ist wahr, wie ich jetzt gemeldet hab, daß kein
Geschlecht in der ganzen Welt aufgezeigt werden mag, das
sein fürstlich alt Herkommen, und in solchen und mächtigen
königlichen Reichen steht, anzeigen mag als Bayern. Solches
kommt nit aus ihrer Vernunft, sondern von dem Allmächtigen.
Und aus diesen Ursachen glaube ich nit, daß E. f. G. einen
beständigen Verstand mit der Bauerschaft machen, noch daß
E. f. G. darob einigen Nutzen empfahen mögen. Und hat

mich noch kein Schreiben von E. f. G. in diesen sorglichen
Läuften so hoch und sehr erschreckt. . . . Mühldorf halben,
so es dem Bischof nit wider, desgleichen das Vogtgericht
und noch mehr Städte, so an E. f. G. grenzen, anzunehmen,
damit E. f. G. Fürstenthum desto besser entschüttet und ihre
Unterthanen vor diesem elenden Gebrechen verhütet würde,
hab ich dem Weissenfelder (gesagt), daß es nicht arg oder zu
unterlassen sei, wo solches zum Besten mit der Bauern Vorwissen oder ohne dasselbe beschehen soll." Jedenfalls müsse
der Bischof davon unterrichtet sein. Zum Schlusse mahnt der
Kanzler wiederholt, weder kleinmüthig zu sein, noch den Bauern
zu trauen. „Ihr Vorhaben ist, alle Fürsten und Obrigkeit
abzuthun."

Das waren entschiedene Worte, die Eck nach München
schrieb. Wenn die Behauptung auch übertrieben ist, daß dieser
Brief „wie ein Blitz durch die Rechnung H. Wilhelms fuhr,"[10]
so erreichte er doch wenigstens so viel, daß man sich in München die jüngsten Pläne noch einmal überlegte und nicht so
zuversichtlich auf der abschüssigen Bahn fortfuhr. Zu einem
vollständigen Einverständniß gelangten freilich der Herzog und
sein Kanzler nicht. Jenem wurde es zu schwer, seinen Gelüsten
gänzlich zu entsagen, und dieser verfocht ohne Wanken die
bündische Politik. Eck widersprach wenigstens dem Herzog
Wilhelm darin nicht, daß er die salzburgische Enklave am
Inn und noch andere bischöfliche Städte unter der Bedingung,
daß der Kardinal es zugestehe, für das Herzogthum Bayern
besetze und, falls Lang freiwillig seine Würden niederlegen
würde, den erzbischöflichen Stuhl für seinen dritten Bruder
den Administrator des Bisthums Passau, Namens Ernst
zu gewinnen trachte — aber mehr und weiter sollte die
bayrische Politik sich nicht einlassen, sich auch nicht vom Bunde

---

[10] Jörg 558.

Vogt. Bauernkrieg. 20

trennen und nach keiner Seite hin Verpflichtungen eingehen. Da sich aber der Erzbischof keineswegs beeilte, freigebig mit seinem Besitz zu sein, so mußte man zunächst schon den Anschlag auf Mühldorf aufgeben. Die Truppen, welche ihn auszuführen von Herzog Ludwig bereits über Burghausen hinaus vorgeschoben waren, mußten wieder zurückgezogen werden nicht blos auf Ecks Rath hin, sondern freilich auch der Bauern wegen, die wegen dieser Maßregel Verdacht schöpften und sich bei den bayrischen Beamten beschwert hatten.

Das, wornach in diesem Augenblicke Herzog Wilhelm mit mehr Hast als Ueberlegung jagte, lag nicht im Bereich der Möglichkeit. Es war sogar fraglich, ob sich das näher stehende Ziel Ecks erreichen ließ. Man hatte keinen Stützpunkt für die Hoffnung, daß der kluge und in den Weltdingen trotz einem erfahrene Kardinal ohne die höchste Noth etwas herschenken oder gar sein Amt aufgeben würde. Herzog Wilhelm tappte also, genau genommen, mit seiner ganzen Politik im Finstern herum. Erscheint der Gedanke, sich mit Hilfe der Bauern nicht nur Salzburg, sondern auch Tirol anzueignen, geradezu lächerlich, so übersah der bayrische Herzog schon in Bezug auf das Erzbisthum, daß der Erzherzog Ferdinand wahrlich nicht gewillt sein konnte, ruhig zuzusehen, wie Bayern dies geistliche Fürstenthum in seine Taschen steckte. Der Habsburger war vielmehr entschlossen, in die salzburgischen Angelegenheiten auch ein Wort dreinzureden. Und der Erzbischof, der schon 1523 einmal in ähnlicher Lage wie jetzt sich befunden und damals in Innsbruck Schutz gesucht hatte,[11]) war weit entfernt davon, sich einzig den Händen der bayrischen Regierung, deren Begehrlichkeit ihm längst kein Geheimniß mehr war, anzuvertrauen. Gerade deshalb hatte er sich durch seinen Kanzler Ribeisen, da er von München nur schlechten

---

11) Buchholz II 198.

Trost empfangen hatte, auch an den Erzherzog mit der Bitte gewendet, zwei Räthe nach Salzburg abzuordnen.[11]

Am 8. Juni ordnete Ferdinand den Pfleger Wilhelm Schurf von Ambras und Hans Friedrich von Landeck nach Salzburg ab. In ihrer Instruktion[12] wurde ihnen aufgetragen, sich zuerst zu den bayrischen Räthen zu begeben und von ihnen den Stand der Unterhandlungen zu erkunden. Falls die Bayern aber schon verritten wären, sollten sie „für sich selbs handeln" und es besonders darauf absehen, „ihre (der Bauern) Beschwerd, dergleichen des Bischofs oder seiner Rät Einred und Erbieten in Schrift oder sonst (zu) übernehmen, und samt gedachten unsrer Vetter Rät, wenn die anders noch vorhanden wären, darin (zu) handeln, Weg und und Mittel für(zu)nehmen, und darin kein Fleiß, Mühe noch Arbeit zu unterlassen, ob sie kunten und möchten, die mit einander, damit die Aufrur, Empörung und Widerwärtigkeit hingelegt und abgestelt, auch viel Übels, so daraus erwachsen, verhüt werden, gütlich und entlich vertragen, auch beßhalben genugsame Vertragsbriefe in unsern und unsrer Vettern, der Fürsten von Bayern, Namen aufrichten. Würden aber die Aufständischen in keinen Vertrag willigen, so sollten die Räthe dahin wirken, daß sie (die Bauern) „uns in solchen ihren Spänen, Obliegen und Beschwerden möchten zu einem Spruchmann oder Unterhandler leyden". Wo aber die „Gütigkeit nicht verfangen wollte, alsbann unpartheyisch Zusätz zu uns erfordern und rechtlichen, wie es fürter gehandelt und gehalten werden solt, erkennen, welches wir uns, solches auch bey dem Kardinal zu erlangen, ungezweifelt vertrösten". Wenn das „erhebt" würde, so möge bis zum rechtlichen oder gütlichen Austrag ein Still-

---

[11] Schreiben Ferdinands an Ribeisen vom 8. Juni: „haben wir zwey ret auf dein ansinnen und begern, wiewol wir die in disen läusen übl enpern, abgefertiget." Buchholz, Urkundenband 620.

[12] Buchholz a. a. O. 618.

stand geschlossen werden. Wir sehen, Ferdinand versuchte hier
die gleiche Vermittelung, wie im Algäu. Indem er auf diese
Weise in den salzburger Aufruhr eingriff, nahm für die bayrischen Pläne die Aussicht auf Erfolg bedeutend ab. Für den
Herzog Wilhelm erwuchs jetzt die Aufgabe, sich mit der österreichischen Politik auseinander zu setzen. Da er aber mit
voller Aufrichtigkeit weder seinem Kanzler Eck und dem schwäbischen Bunde folgte, noch sich rückhaltlos an Ferdinand an-
schloß, sondern vielmehr immer noch hoffte, für sich selbst den
höchsten Trumpf ausspielen zu können, so trieb er wieder jene
Schaukelpolitik, welche ohne sichern Standpunkt heute dies und
morgen jenes unternahm und am Ende Fiasko machte.

Leicht begreift man, daß die bayrischen Herzoge ebenso,
wie ihre Gesandten durch die Einmischung Ferdinands und das
Erscheinen seiner Räthe, „die ferdinandisch Post“, wie es in
den bayrischen Berichten hieß, außerordentlich überrascht wurden.
Daran hatte am Hof zu München niemand gedacht, daß der
Erzherzog auch dazu noch Zeit fände, sich mit Salzburg zu be-
fassen, während er sonst genug zu thun hatte, die „Bauerschaft“
am Land der Enns ganz aufrührig war und zu Pöcklstorf
und Penborf die Bauern in großer Anzahl sich sammelten.[14]
Am 10. Juni waren die beiden österreichischen Räthe in
Salzburg angemeldet worden, sie selbst folgten am 12. in der
Morgenstunde und sofort geriethen die Verhandlungen in Bewegung, ein Zeichen, daß die Gesandten aus Innsbruck mit
ihren bestimmten Anträgen in dem Maaße Vertrauen fanden,
als die Bayern es durch ihr Benehmen, das weder dem
Kardinal noch den Bauern aufrichtig erscheinen konnte,
verloren hatten. Schon am Nachmittag des 11. Juni hatten
die Bauernhauptleute erklärt, daß sie in gütliche Handlung
willigen wollten, und am 12. Mittags fand eine Unterredung

---

[14] Schreiben des H. Ludwig an Wilhelm vom 14. Juni.

der österreichischen und bayrischen Räthe mit der „Landschaft"
auf dem Rathhaus zu Salzburg statt.[15] Die Landschaft trug
drei Beschwerden gegen ihren Erzbischof vor, erstens wegen
seines Verbotes der evangelischen Predigt und Bestrafung der
Prediger, zweitens daß er mehrere Artikel der zwischen ihm
und der Landschaft vor mehreren Jahren geschlossenen Ver=
schreibung nicht gehalten, und drittens, daß er öffentlich sich
habe hören lassen, er wolle die Ursacher und Anfänger der
jetzigen Versammlung sieden, braten und schinden lassen. Die
Landschaft hätte noch mehr Beschwerung, aber es sei unnöthig,
diese jetzt anzuzeigen, ihre Bitte gehe dahin, zu bewirken, daß
der Bischof „des Stifts Negierung allhie, auch des Schlosses
und aller derselben Zugehörung frei ledig abstehe, mit Er=
bietung ihm sein Leben lang ziemlich Unterhaltung zu geben."

Die Landschaft, welche schon bisher den bayrischen Gesandten
den ungehinderten Verkehr mit der Hohensalzburg, auf der der
Kardinal Lang sich eng eingeschlossen befand, nicht gestattet
hatte, bewilligte nun zwar vier erzbischöflichen Räthen, vor
ihr mit freiem Geleit zu erscheinen, verwehrte aber den Unter=
händlern des Herzogs Wilhelm, was sie sehnlichst wünschten,
den gesonderten Umgang mit ihnen. Man hege zwar kein
Mißtrauen gegen Bayern, erklärte die Landschaft, doch
müßten die Verhandlungen zwischen ihr und den Abgesandten
des Erzbischofs in Gegenwart von vier Bauernräthen statt=
finden. Gleichzeitig gaben die beiden Oesterreicher ihren Auf=
trag bekannt, „mit und neben den Bayrischen zu handeln."
Dieser Schlag kam für die letzteren ganz unverhofft und war
sehr empfindlich. Mit großer Bitterkeit spricht sich darüber
Weissenfelder in einem Schreiben vom 15. Juni an den Herzog
Ludwig aus. Es sei unmöglich gewesen, klagt er, die öster=
reichischen Räthe von der Handlung auszuschließen, ihre An=

---

[15] Bericht der bayrischen Gesandten vom 12. Juni, vgl. Jörg 561.

wesenheit bringe Nachtheil und Verhinderung in „E. f. G. und unser Fürnehmen". Es fehle ihm die Gelegenheit „auf den Berg (die Hohensalzburg) zu kommen", aber er habe von den erzbischöflichen „Räthen den endlichen Verstand, daß es der Coadjuterei halben, es werde gerichtet oder nicht, gar keine Noth hat". Dem Schenk, der zu den bayrischen Gesandten gehörte, sei anzuzeigen befohlen worden, wenn Herzog Ludwig hier wäre oder mit Fug zu dem geistlichen Herrn kommen möchte, wäre dieser willig, „E. f. G. alle Regierung abzu= treten und dieselbe zu übergeben". Könnte man mit dem Erzbischofe allein verhandeln, so würde er nichts abschlagen. Die Oesterreichischen aber würden es zu verhindern suchen, „daß wir unseres Gefallens einen Coadjutor machten." Es ist mehr als zweifelhaft, ob der Kardinal wirklich den guten Willen besaß, auf die bayrischen Vorschläge und Wünsche einzugehen: jedenfalls aber würde Oesterreich auch ein gewich= tiges Wort darein gesprochen haben.

Herzog Ludwig, der durch die ungehoffte Wendung der Dinge in den größten Zorn gerieth, schlug alsbald [16]) seinem Bruder vor, die Gesandtschaft zurückzuberufen und einen Bundes= befehl an die Salzburger zu bewirken, daß sie „den Bischof als einen geachteten Fürsten des Reichs bei seinem Erbieten der Billigkeit gemäß bleiben" lassen sollten. Wilhelm aber, immer noch bedächtiger als sein aufbrausender Bruder, wollte doch nicht sofort mit dem Schwerte den Knoten zerhauen. Seine Meinung ging dahin, mit und neben den Oesterreichischen gütliche Handlung vorzunehmen. [17]) Doch solle man durch einen oder zwei Salzburgische vom Adel es bei der Landschaft zu erreichen streben, daß die Oesterreicher von der Verhandlung ausge= schlossen würden. Gelinge das nicht, so müsse man sich die

---

[16]) Brief vom 15. Juni.
[17]) Brief Wilhelms an H. Ludwig vom 15. Juni.

Theilnahme derselben wohl oder übel gefallen lassen. Keines=
falls dürften die bayrischen Gesandten den Antrag auf ihren
Ausschluß stellen, „denn dadurch alle unsre Handlung zurück=
gestoßen würde."

Unterdessen erklärte die Landschaft am 14. Juni wieder
auf dem Rathhaus in Gegenwart der bayrischen und öster=
reichischen Gesandten den erschienenen Räthen des Kardinals,
daß sie auf der Abdankung desselben bestehen müsse. Da=
gegen übergaben die Deputirten des Erzbischofs in seinem
Namen zwei Vergleichsvorschläge. Ihnen zufolge wollte der=
selbe sich einem gerichtlichen Urtheil der Fürsten von Oester=
reich und Bayern oder ihrer Räthe, oder des schwäbischen
Bundes, oder eines andern Reichsfürsten hinsichtlich der Frage
unterstellen, ob gegründete Ursachen ihn der Regierung zu
entsetzen vorhanden wären. Selbst wenn ein Nichtschuldig
ausgesprochen würde, wolle der Kardinal die Beschwerde der
Landschaft abstellen und im Einvernehmen mit dem Ausschuß
derselben „gute Ordnung vornehmen, wie der Erzbischof hin=
füran regieren solle und mit waserlei Personen". Diese
beiden Artikel, zu denen die bayrischen Gesandten noch einen
dritten [18]) ziemlich dunkeln, „als für sich selbst, gleichwohl
aus Anzeigen und Anhalten der salzburger Räthe", hinzuge=
fügt hatten, sowie die Mittel, „so ihnen durch des Erzherzogs
und die bayrischen Räthe fürgeschlagen" — also den dritten
Artikel — lehnte die Landschaft am 16. Juni ab und ver=

---

[18]) „Und wo sie des auch nicht ersättigt wären, möchte dabei von
einem regiment geredt werden, zugleich von seiner f. g. (des Kardinals)
räthen und von landleuten aus allen ständen, darüber seine f. gn. als
der fürst das haupt wär, und daß dasselb regiment seiner f. gn. dem
stift und gemeiner landschaft geschworen werde, auch ein stat gemacht
würd, und was über die notdurft des stats bliebe, damit seine f. gn.
unbedingt und frei zu lassen und manniglich bei verschreibung zu
halten".

langte, „daß er das Schloß Salzburg abtrete, und die Landschaft besetzen laß: so wollten sie ihm den Ab- und Zugang
gestatten, daß auch der Bischof das Regiment besetz. Wenn
er einen fürnehme, wollen sie zween dagegen ersetzen und
nachmals von ihren Beschwerden weiter handeln lassen“.
Diese Abweisung war noch mit der Drohung verbunden, daß
die Landschaft „mit der That handeln“ werde, falls dem Bischof „solches nicht annehmlich sei.“   Es verlautete zugleich,
daß sie beschlossen habe, die tirolische Landschaft um Hilfe an
Kriegsvolk und Geschütz zu ersuchen.

Herzog Ludwig, der in Burghausen saß und in seiner
hastigen Ungeduld hier noch weniger am Platze war, als
vorher in Landsberg, wurde durch diese Nachrichten aus aller
Fassung gebracht.   Abermals mahnte er seinen Bruder, das
Einschreiten des schwäbischen Bundes zu veranlassen; zugleich
aber verlangte er, da ihm die falsche Nachricht zugekommen
war, die Salzburger hätten sich an Ferdinand selbst, nicht,
wie es wirklich der Fall war, an die tirolische Landschaft um
Hilfe gewendet, es möchten die bayrischen Räthe dem Erzherzog ernstliche Vorstellungen deswegen machen und dagegen
Einsprache erheben.   Herzog Ludwig fürchtete [1] nämlich nichts
Geringeres, als daß sich die Salzburger an Ferdinand „ergeben und ihn zu einem Herrn annehmen würden“.   Wilhelm aber wollte von einer Anrufung des schwäbischen Bundes nicht viel wissen, weil er noch immer an seinen eigen-
nützigen Hoffnungen festhielt.   Aus dieser Ursache wies er
seinen Bruder Ludwig an, [20] mit „etlichen vom Abel und
der Bürgerschaft für sich selbst zu reden, was doch gemeiner
Landschaft Fürnehmen wäre, ob sie keinen regierenden Fürsten
haben wollten, sondern für sich selbst regieren“.   Zu gleicher

---

[1]) Brief Ludwigs an Wilhelm vom 17. Juni.
[20]) Brief Wilhelms an Ludwig vom 18. Juni. Jörg 566 A. 24.

Zeit müsse man insgeheim, sonderlich durch Dr. Nibeisen, bei dem Bischof und dem Kapitel um die Coadjuterei für „unsern lieben Bruder Herzog Ernst" handeln lassen. Dazu bedürfe man die Zustimmung der Landschaft nicht, die übrigens in diese „Administration" zu dieser Zeit nicht willigen würde. Offenbar dachte jetzt Wilhelm vorerst an die Erwerbung der Koadjutur für seinen jüngsten Bruder, nicht ohne die weitere Rechnung, auf diese Weise zu gelegener Zeit die fürstliche Gewalt und den Besitz des Erzbisthums mit dem Hause Bayern vereinigen zu können. In diesem Gedankenbanne war er naiv genug, schon den Umstand, daß Ferdinand Gesandte nach Salzburg geschickt hatte, als eine „Anmaßung" zu bezeichnen. In seinem Schreiben vom 18. Juni an[1]) den schwäbischen Bund sprach er sich bitter über Ferdinand aus. Die Landschaft habe dem Karbinal zwei Artikel — es sind die vom 16. Juni — gestellt und sich merken lassen, daß sie im Falle der Nichtannahme derselben mit der That handeln wolle, zugleich auch dem Erzherzog geschrieben, sie mit Geschütz und Kriegsvolk zu unterstützen. Daraufhin seien die bayrischen Gesandten in Innsbruck von ihm, dem Herzog, angewiesen worden, das „Gemüth" Ferdinands zu erfahren und zu verhindern, „wie sich die Salzburgischen für gewis berühmen, dem wir doch keinen Glauben geben", daß ihnen vom Erzherzog mit Geschütz und Leuten Vorschub geleistet werde, denn dieser habe als Statthalter des Reichs vielmehr die Pflicht, die aufrührigen Unterthanen von ihrem freventlichen Vornehmen abzuweisen, „damit der Karbinal als ein belehnter Fürst des heiligen Reichs dermassen nit entsetzt oder vergewaltigt werde". Die Bundesstände möchten bedenken, „ob guet wäre, daß ihr der salzburgischen Landschaft geschrieben hättet, damit sie den Karbinal nit mit Gewalt ent-

---

[1]) Orginal im augsburger Archiv.

setzen und ihrer Beschwerden halben ziemlich Mittel und Wege nit abschlagen und darauf ihrs thatlichen Fürnehmens gegen ihren Herrn abstehen und zufrieden sein wollten". Man sieht, Herzog Wilhelm wollte eine Einmischung des Bundes nicht, am wenigsten mit den Waffen. Derselbe sollte nur durch sein Ermahnungsschreiben für die bayrische Politik — denn nichts anderes bedeutet die Stelle, „ziemlich Mittel und Wege nicht abschlagen" — seine Autorität in die Wagschale werfen. Unablässig Entwürfe zu schmieden wurde Wilhelm nicht müde; allein man vermißt in der Wahl der Mittel die Sicherheit und die Entschiedenheit. Dieses heimliche Praktiziren mit beiden Parteien war eine Achselträgerei, die für die Dauer keiner derselben verborgen blieb und überall gerechten Unwillen gegen Bayern hervorrufen mußte. Es mag sein, daß sich Wilhelm von diesem doppelzüngigen System viel Erfolg versprach, in der That aber täuschte er sich damit aufs Aergste.

So lange übrigens die Landschaft keinen andern Druck von außen verspürte, als daß in Salzburg einige bayrische und österreichische Räthe ihr geschäftiges und leicht durchsichtiges Wesen trieben, brauchte sie sich nicht veranlaßt zu sehen, von ihren Forderungen irgendwie abzustehen. Sie besaß die Gewalt, der Erzbischof war in ihre Hände gegeben. Von allen Seiten verlassen faßte derselbe nothgedrungen den Entschluß, die von der Landschaft bewilligten zwei Forderungen vom 16. Juni zuzugestehen; nur das Schloß abzutreten ging ihm wider den Mann. Wieder machten die bayrischen Gesandten,[12]) welche für den Kardinal mit dem Landschaftsausschuß verhandelten, einen vermittelnden Vorschlag, es solle der Bischof einen und die Landschaft zwei Hauptleute auf das Schloß verordnen und allen dreien auferlegt werden, sowohl dem Bischof als der Landschaft zu schwören. Weissenfelder

---

gab sich im bayrischen Interesse alle Mühe, einen Vertrag zu
Stande zu bringen, denn er befürchtete, „daß sich das Land
mit Schuß oder sonst an den Erzherzog schlüge, denn die
Botschaft, so das zu Innsbruck handeln soll, ist anheut früh
schon weg." Er habe erfolglos dies zu verhindern versucht,
in Salzburg gebe es eine starke österreichische Partei, während
das Landvolk mehr bayrische Neigungen hege. Wenn Herzog
Wilhelm den bedrängten Kardinal vertrösten und retten werde,
so thue dieser zweifellos, was Bayern wolle; besonders werde
man „des Schlosses und anderes mächtig; Mühldorf und der
andern Städt halben bedarf es nicht viel Handlung." That=
sächlich versuchten nun die bayrischen Herzoge bei der Land=
schaft durchzusetzen, daß ihnen „als den Vogtherren das Schloß
bis zum Austrag" zugestellt würde; schlimmsten Falles wollten
sie sich sogar mit Ferdinand in die Besetzung theilen, um „die
gütliche Handlung in die Harr zu ziehen". Dann könne
schließlich das bündische Heer die Angelegenheit ins Reine
bringen, so meinte Herzog Wilhelm. Allein die vielen und
immer wieder neuen Kunststücke der bayrischen Diplomatie
waren ein Schlag ins Wasser, wie vorher, so auch dies Mal.
Sie scheiterten in diesem Falle an dem Entschlusse des Erz=
bischofs, unter keiner Bedingung sein Schloß abzutreten oder
mit Jemand zu theilen. Die bayrischen Fürsten ersuchte er
am 19. Juni um eine eilende Hilfe auf Grund der regens=
burger Einigung von 1524, nachdem er erfolglos versucht
habe, in Güte sich mit seinen Unterthanen zu vergleichen.
Sein Kanzler Ribeisen aber warb in Ulm um die bündische
Hilfe. Dr. Ribeisen, schreibt Ulrich Artzt[13]) am 21. Juni
nach Augsburg, habe der gemeinen Versammlung die Noth
seines Herrn geschildert und um Hilfe gebeten. „Seind allerlei
Reden zwischen ihm und uns beschehen, und doch im Beschluß

---

[13]) Korrespondenz Ulrich Artzts im augsburger Archiv.

dahin kommen, daß wir sein f. G. 2000 Knechte in Bunds
Namen bestellen, doch soll sein G. das Geld darstrecken und
dieselben unterhalten, auch bewilligt, daß ihm die Fürsten
von Bayern mit den 600 Pferden und 4000 Knechten, so
wir ihren f. Gn. bewilligt haben, zugestellt sollen werden,
seiner f. Gn. damit Hilf und Rettung zu thun." „Um Ergötzlichkeit werd sein f. Gn., so er erledigt wurd, gemeinem
Bund 20000 fl. reichen und 25000 fl. lehenweis fürstrecken
und alles Kriegsvolk in seiner f. Gn. Liberung und Bezahlung halten". „Meins Achtens, fügt der augsburger Alt-
bürgermeister noch bei, wo wir noch strenger angehalten hätten,
er hätt sich noch mehr zu geben bewilligt. Es sein aber
etlich unter uns, seien etwas barmherzig, und wird doch uns,
wo wir zu schaffen haben, wenig Barmherzigkeit mitgetheilt".
Am 21. Juni gab der Kardinal infolge dessen seinen Entschluß, keinen Schritt weiter der Landschaft entgegenkommen zu
wollen, den bayrischen und österreichischen Gesandten kund. Er
könne das Schloß nicht in andere Hände ohne Wissen und
Willen von Kaiser und Reich geben. Als aber von dieser
Weigerung auch die Landschaft in Kenntniß gesetzt wurde,
brach ein gewaltiger Unwille in der Stadt aus. Mit Recht
glaubte man, daß die veränderte Haltung des eingeschlossenen
Fürsten von Vertröstungen herrührten, welche die Gesandten
demselben heimlich zugeflüstert hätten. Treubeck, die Mittels-
person des Kardinals, der wieder vom Schlosse herabgekommen
war, wurde trotz des ihm bewilligten freien Geleites gefangen
genommen. Selbst die österreichischen und bayrischen Gesandten
hielten sich keinen Augenblick mehr für sicher. Nachdem
Weissenfelder aus gutem Grunde seine Papiere und die
Chiffern zerrissen hatte, flohen sie alle voll Schrecken nach
Reichenhall. Laubeck und Weissenfelder kehrten jedoch des
andern Tags nach Salzburg zurück, nachdem auf ihre Forderung hin Treubeck seiner Haft wieder entlassen war. Nun

begann das unfruchtbare Vermittlungsspiel wieder. Es ist nicht bekannt, ob die beiden Gesandten zu dem Vorschlag, den sie machten, durch den Kardinal ermächtigt waren, nach der entschlossenen Weigerung desselben vom 21. Juni scheint dies sehr fraglich. Ihr „Mittel" lautete dahin, das Schloß solle bis zu einem Austrag dem Erzherzog und den bayrischen Fürsten überantwortet, zur Beseitigung der Beschwerden ein Schiedsgericht unter dem Vorsitze der drei genannten Fürsten eingesetzt und die Landschaft mit Ausnahme des Ausschusses in die Heimath entlassen werden.

Es ist offenbar, wie inkonsequent die bayrische Politik verfuhr. Im Algäu wollte sie von einer Theilnahme am Vergleichstag nichts wissen, weil Bayern in Schwaben keine Unterthanen habe; obwohl letzteres auch bezüglich des Erzbisthums Salzburg galt, so ließ man sich dadurch nicht abhalten, hier das entgegengesetzte Verfahren einzuschlagen. Als Ribeisen, wie wir oben sahen, mit der Zusicherung der bündischen Hilfe nach München eilte, um dem Herzog Wilhelm den Bundesschluß zu überbringen, wurde er dort sehr kühl aufgenommen, da der Fürst nicht gesonnen war, darauf einzugehen. Derselbe schrieb vielmehr am 23. Juni**) nach Ulm, der Bund möge sein Heer baldigst ins Algäu schicken, dann wolle er und sein Bruder sich gegen den Bund seines „Vermögens und dermaßen halten", wie sie bisher gethan. Davon aber, daß er das auf bündische Kosten geworbene Kriegsvolk jetzt nach Salzburg ziehen lasse, spricht er keine Silbe. Wenn sein Bruder nicht in Burghausen mit Reisigen und Fußvolk liegen würde und sonst „alle Fürsehung beschehen", „so wären unser Bauerschaften, in unser Rentamt Burghausen gehörig, etwo viel tausend, auch abfällig worden und sich zu den Salzburgischen und Oesterreichischen

---

**) Orginal im augsburger Archiv.

verbunden". Das half dem Kardinal nichts. Um so mehr
sah sich also der salzburgische Gesandte gezwungen, den guten
Willen des Bundes zu erhalten. Am 26. war er schon
wieder in Ulm und sagte die ganze Leistung — 20000 fl.
als Ergötzlichkeit und 25000 fl. als Anlehen — im Namen
seines Herrn zu.

Dem nach Reichenhall zurückgekehrten Weissenfelder bereitete es große Sorgen, daß in diesen Tagen Ferdinand
seine Gesandtschaft durch drei neue Räthe verstärkte; sie werden,
fürchtete er, „ohne Zweifel sonder Praktiken machen" und
Bayern zu verdrängen suchen, obwohl „bei dem Bischof im
Schloß und im Land E. f. G. Partei die bessere wäre", „sofern uns die Oesterreichischen nicht neu Irrung machten", ein
Bekenntniß, aus dem deutlich hervorgeht, daß die österreichischen und bayrischen Vermittler trotz des äußern Anscheins
gemeinsamer Thätigkeit fortwährend gegen einander arbeiteten
und daß hauptsächlich bayrischerseits ein starkes Mißtrauen
gegen den Erzherzog Ferdinand herrschte.

Um der Sache auf den Grund zu kommen, schickte
Herzog Wilhelm seinen Kanzler Lösch nach Innsbruck und
ließ seinen Vetter über seine Absichten befragen. Dieser gab
offene und ehrliche Antwort.[15]) Wie mit Füssen, wolle er
es auch mit Salzburg machen und darum etliche Städte,
Schlösser und besonders das Schloß Salzburg mit des Bischofs
Verwilligung, „doch nicht für eigen oder erblich", besetzen.
Herzog Wilhelm möge ebenfalls „etliche Städte, Schlösser und
Flecken an seinen Grenzen einnehmen.[16]) Wie unbegründet
also der stete Argwohn war, den man gegen den Habsburger

---

[15]) Brief des Kanzlers Lösch vom 26. Juni

[16]) Fast gleichzeitig (3. Juli) ermahnte die tirolische Landschaft,
zu welcher die salzburgische um Hilfe geschickt hatte, dieselbe durch sechs
Deputirte, sich in gütliche Handlung zu begeben, wie die Tiroler, welche
„nicht Willens seien zu kriegen". Jörg 573.

hegte, läßt sich gerade bei dieser Gelegenheit genau nachweisen. Die Instruktion,[27] welche Ferdinand seinen Gesandten in Salzburg gab, enthält keine Silbe, die dem widerspräche, was Ferdinand dem Kanzler Lösch ausgesprochen hatte. Ja es erhellt daraus, daß Ferdinand, weit entfernt eigene und weitaussehende Entschlüsse zu hegen, auf die bayrischen Vorschläge einzugehen volle Lust zeigte. Die Sequestirung des Stifts war ja von Bayern geplant, das dem Erzherzog zwei „Bedenken" unterbreiten ließ; nämlich, schreibt Ferdinand seinen Gesandten in Salzburg „daß wir, als kais. Maj. im h. Reich Statthalter, sambt ihren L. als Vogt und Stiftherr den Stift allen eintzügen und innen behielten bis zu Austrag der Sachen, oder aber daß ihr L. (die Fürsten) die Stedt, Schlösser und Flecken dem Stift zugehörig und an den Confinien ihr L. Fürstenthumbs Bayern stoßend einzügen und wir mit dem Schloß und Stadt Salzburg auch andern Städt, Schlösser und Fleckhen, so an unsre Erblande auch grenzen, gleicherweise auch handelten". Er werde sich erst nächster Tage entscheiden, „welcher aus den zweyen fürgeschlagen Wegen am besten fürzunehmen sei". Sie sollten daher samt den bayrischen Räthen „doch mit Vorwissen des Kardinals mit den Bauerschaften" handeln, „damit sie bemelten Stift in unser und gedachter Fürsten von Bayern Handen überantworten und ergeben". Mit welchem Rechte durfte also der Herzog Wilhelm glauben, daß „man jetzt das Allerärgst in den Händeln besorgen müsse" und Ferdinand mit den aufständigen Bauern allein paktiren werde?[28] Die Leidenschaft machte ihn blind und die Geschäftigkeit seiner Diplomaten verdarb in Salzburg Alles.

---

[27] Buchholz, Urkundenland 621. Nur ist die Instruktion nicht auf den Anfang Juli, sondern Ende Juni zu datiren, was der N. 25 angeführte Brief des Kanzlers Lösch beweist.

[28] Brief desselben an Ludwig vom 25. Juni.

Denn die letzteren suchten ihrerseits die Landschaft, in der ein Schwager Weissenfelders saß, dahin zu bringen, daß sie mit einer vorübergehenden Sequestrirung des Stifts sich nicht einverstanden erkläre, sondern „sobald die Gesandten den Kardinal zur Abbankung bewogen hätten, zum förderlichsten zur Erwählung eines andern Bischofs und Landesfürsten greife". Persider konnte man nicht vorgehen. Während man mit Ferdinand und dem Erzbischofe Verhandlungen pflog, die zu einem Abschlusse führen konnten, hintertrieben die Gesandten absichtlich vermittelst eines Anhanges der Landschaft die Ausführung ihrer eigenen Vorschläge. Man wollte eben für Bayern allein das ganze salzburgische Land erwerben. Ein Parteigänger der Landschaft schrieb an Weissenfelder am 26. Juni das bedeutsame Wort: „Allhie versehen wir uns mit Hilf Etlicher viel auszurichten" und letzterer triumphirte in seinem Briefe an Herzog Ludwig vom nämlichen Tage: „Nun verstehe ich (das) dermassen, daß die Salzburgischen geneigt wären, E. f. G. Bruder anzunehmen".

Allein dieser Jubel war sehr verfrüht. Am allerersten kam es doch auf den Kardinal an, der keine Eile hatte, sich widerstandslos auszuliefern. Den plumpen Mitteln, die man gegen ihn gebrauchte, setzte er mit kluger Berechnung Aufschub und Verzögerung entgegen. Eine Mitregierung anzunehmen, ließ er der Landschaft sagen, sei für ihn schimpflich. Die Abbankung aber wolle er sich erst überlegen und darüber mit den österreichischen und bayrischen Gesandten Raths pflegen. Bereits durfte er auf den bessern Beistand des schwäbischen Bundes rechnen. Der in diesen Tagen auffallend schweigsame Ed[20]) schrieb kurz am 22. Juni seinem Herzog: „dem von

***

[20]) Er schwieg nicht blos, weil er in Franken bei dem bündischen Heer sich befand, sondern auch noch aus andern Gründen, wie sich weiter unten zeigen wird.

Salzburg soll Hilf beschehen, wie E. f. G. on Zweifel zuge=
schrieben ist, und derhalben wissen sich E. f. G. darein zu
schicken". Allein Herzog Wilhelm wollte noch immer nichts
von einem Eingreifen des Bundes hören und ließ alle Mahn=
ungen, die von Ulm kamen, unberücksichtigt. Am 27. Juni
ward wieder ein bündisches Schreiben nach München geschickt,
worin die Herzoge gebeten werden, dem Kardinal gegen seine
Unterthanen beizustehen und der Werbung seiner Botschaft um
Darleihung des Geschützes zu willfahren.[30]) Stand nun auch
die bündische Hilfe nicht augenblicklich bereit, so gewährte sie
doch dem bedrängten Kardinal eine trostreiche Aussicht, auf
Grund deren er seine dilatorische Politik fortsetzen konnte.
Und sein Kanzler setzte Alles daran, den schwäbischen Bund,
in welchem er allein das Heil, nicht blos gegen die Feinde,
sondern auch gegen die nicht minder bedenklichen Freunde sei=
nes Herrn sah, flott zu machen. Am 27. Juni händigte er
laut Verschreibung[31]) dem Bürgermeister Sorbian Sauter von
Kempten 4000 fl. für 2000 Kriegsknechte ein.

Mittlerweile war es freilich auch den fremden Ge=
sandten und besonders den bayrischen vergönnt, falls man
in München die Warnung Ed's: „derhalben wissen sich E. f.
G. darein zu schicken", nicht beherzigte, ihr aussichtsloses Intri=
guenspiel weiterzuführen. Das geschah ausgiebig und führte
zunächst zum Bruche zwischen Bayern und Oesterreich. An=
fangs Juli gaben sich die bayrischen Gesandten wieder starken
Hoffnungen hin, wenigstens die Coadjutur zu erwirken, welche
man dem jüngsten Bayernfürsten Ernst, Administrator von
Passau, zugedacht hatte, allerdings ohne daß dieser Willens
war, sie anzunehmen.[32]) Aber Ferdinand, der über die bay=

---

[30]) Konzept im augsburger Archiv.
[31]) Original im augsburger Archiv.
[32]) Ernst hatte damals keine Lust, sich „weiter mit geistlichen

rischen Praktiken mit Fug und Recht erbittert war, stemmte
sich dagegen und brachte es durch die abermalige Verstärkung
seiner Räthe, deren Instruktion leider unbekannt ist, dahin,
daß zwischen dem belagerten Erzbischof und den Aufständischen
am 7. Juli ein sechstägiger Waffenstillstand abgeschlossen
wurde. [33]) Ebenso erwirkten seine Gesandten bei der Landschaft
den förmlichen Beschluß, „daß man Herzog Ernsten zu dem
Stift nicht sollt kommen lassen, denn — so schreiben die
bayrischen Räthe klagend nach München — weder s. Dt. noch
die Landschaft mögen nicht leiden, daß ein Herr von Bayern
oder sonst ein Bayer zur Regierung des Stifts komm".

Das war eine demüthigende Niederlage, welche die
bayrische Regierung dem Erzherzoge Ferdinand, der sich nicht
länger täuschen ließ, und ihrer eignen unwürdigen Politik zu
verdanken hatte. Sie trieb ihr Spiel mit dem Erzbischof,
mit der Landschaft, mit den Bauern und dem Erzherzog, und
glaubte, niemand durchschaue ihr ränkevolles Treiben. Es fehlte
viel daran, daß Herzog Wilhelm oder gar sein Bruder Ludwig
dem Habsburger und seinen Rathgebern an Erfahrung, Kennt-
nissen und Geriebenheit gewachsen gewesen wäre. Bayern
hatte nur einen einzigen Mann aufzuweisen, welcher es mit
dem österreichischen Hofe hätte aufnehmen können, den Kanzler
Eck, und gerade auf seinen Rath hörte in dieser wichtigen
Angelegenheit Herzog Wilhem nicht. Wider seine Gewohnheit
und mit vollem Bewußtsein wählte der Fürst das Gegentheil

Regierungen zu beladen", vielmehr wollte er jetzt, wie früher sein Bruder
Ludwig, das Primogeniturgesetz seines Vaters anfechten. Jörg 577.

[33]) Bericht der bayrischen Gesandten vom 7. Juli. Die Aufständischen blieben in dem Abschied, der von beiden Seiten in Bedacht genommen wurde, auf ihrer Forderung, den Kardinal abzusetzen:
ferner sollten Oesterreich und Bayern gemeinsam das Stift in Schirm und
Schutz nehmen, und das Fürstenthum „unzertrennt und unzertheilt bei
einander bleiben".

von dem, was sein Kanzler vorschlug und als die einzig zum
Ziele führende Politik bezeichnete. So mußte das Fehlschlagen
seiner selbständigen Thätigkeit den Herzog auch in dieser Hin=
sicht sehr verstimmen.

Eck hatte vorausgesehen, was kommen würde, und ge=
schwiegen. Seit dem Briefe vom 7. Juni, in welchem er
seine Ansichten in Betreff Salzburgs darlegte, war er auf=
fallend wortkarg gewesen. Wenn er auch während des ganzen
Monats Juni das bündische Heer begleitete und dadurch
weniger Zeit zum Schreiben fand, so erklärt dies sein Schwei=
gen noch nicht. Er hatte doch sonst im Feldlager noch Muße
genug zum brieflichen Verkehre mit seinem Herrn gehabt, aber
jetzt wollte er nicht aus Aerger über die Thorheiten, die man
in München und Salzburg beging. Erst als Herzog Wilhelm
gleichsam reumüthig zu seinem Kanzler und seinen Rath=
schlägen zurückkehrte, ließ dieser sich wieder vernehmen und
ergriff mit sicherer Hand die Zügel, die man ihm übergab.

Seit dem 6. Juli war der Bruch zwischen Oesterreich
und Bayern eine vollendete Thatsache: „die salzburgisch Hand=
lung (hatte) sich zerstoßen“, — durch die Schuld der bayrischen
Regierung. Wenn auch Herzog Wilhelm und sein Bruder
wiederholt den Verdacht aussprachen: „der Erzherzog und
seine Landschaft zu Tirol vermeinten, in das Stift allein ein=
zubringen, Bayern insbesondere auszuschließen“,[14]) so führte
Ferdinand das bis zum 6. Juli nicht im Schilde. Dagegen
hatte Bayern Alles daran gesetzt, sich allein den Besitz des
Stifts anzueignen, und durch diese Hinterlist war der Erz=
herzog, nachdem er sie erkannt hatte, veranlaßt worden, sich
von den bayrischen Fürsten zu trennen, offen gegen sie auf=
zutreten und sie wo möglich völlig auszuschließen. Ohne daher
noch in München anzufragen, gab er seinen Beamten, dem

---

[14]) Wilhelm in seinem Brief an Eck vom 9. Juli.

Pfleger Wolfgang von Lichtenstein und Hans Stöckel, den
Auftrag, den salzburgischen Unterthanen in Kropfsberg und
Zillerthal ihrer Bitte gemäß, „sie mittler Zeit in gnädigen
Schutz und Schirm zu haben" anzuzeigen, „sofern sich ein
Nachbarschaft in solchem unterthäniglich erzeigt, daß wir sie
ihrer Pflichten halber, damit sie dem Stift Salzburg verwandt
sein, entheben und ohn Schaden halten wollen".[35]) Auch
Kitzbüchel und Matrai nahm er in Verpflichtung.[36]) Das konnte
man ihm nicht übel nehmen.   Herzog Wilhelm aber sah sich
nun gezwungen, nicht nur Ferdinands Benehmen in ein falsches
Licht zu stellen, sondern auch durch Eck den lange verschmähten
Rückhalt beim schwäbischen Bunde zu suchen.   Am 9. Juli
gab er daher seinem Kanzler den Befehl, vom Bunde den
Beschluß zu erwirken, daß Bayern mit seinem Kriegsvolke im
Namen des Bundes gegen Salzburg ziehen und mit der That
handeln solle.   Der Erzherzog und die Landschaft hätten die
Absicht, Bayern vom salzburgischen Schutze auszuschließen.
Daher müsse der Bund für sich selbst oder mitsammt Bayern
sich dessen unterfangen oder Bayern allein damit beauftragen.
Das herzogliche Schreiben ist in mehr als einer Beziehung
merkwürdig, vornehmlich aber wegen des verbissenen Hasses
gegen Ferdinand.   So groß war dieser, daß man es nicht ver=
schmähte, zu den schlechtesten Mitteln zu greifen: „Ob auch
zu thun wär, schreibt Herzog Wilhelm, daß der Bündischen
und unsere Gesandten zu Innsbruck dem Erzherzog in seiner
Landschaft auch eine Zerrüttung (und also seinen geneigten
Willen und groß freundlich Erbieten wieder vergelten) und
doch ihrenthalben bei der Landschaft mit gutem Willen einen
Abschied machten?   Dem wollest auch nachgedacht sein, wie
das practicirt werden möcht".   Fast scheint es nach diesen

[35]) Buchholz IX. 630.
[36]) Jörg 606.

Worten, als sei in der Seele des Herzogs noch einmal der alte thörichte Traum von einer Erwerbung Tirols aufgetaucht.

Sobald sich sein Herr wieder an ihn wandte, gab Eck seinen Groll auf und setzte alle Hebel in Bewegung, die Verlegenheiten aus dem Wege zu räumen. Trieb ihn doch dazu ebenso gut sein Diensteifer, wie sein Haß gegen Oesterreich und den Erzherzog. Jetzt vermochte er dem Gegner auf zwei Seiten Schwierigkeiten zu bereiten, im Algäu und in Salzburg. Wie freute ihn das!

Am 10. Juli konnte er bereits den Bundesbeschluß in Aussicht stellen, „daß E. f. G. einer in eigner Person oder, wo es denselben nicht gelegen sei, durch ihre Hauptleute mit ihrem Kriegsvolk den Bischof zu Salzburg retten sollen". Der Erzherzog habe dem Feldhauptmann des Bundes geschrieben, er solle mit seinem Zug gegen das Algäu stille stehen, aber demselben sei sein Begehren abgeschlagen worden. Am 11. Juli schickte Eck neue Nachrichten. Man habe sowohl an Ferdinand geschrieben, er möge sich der salzburgischen Landschaft nicht annehmen, da der Bund den Kardinal retten werde, als auch an die Landschaft zu Salzburg, daß die Bundesstände sie in Schutz und Schirm annehmen würden; „wo sie aber solches nicht thun, wolle man von Stund an anziehen". Bayern empfange zu seinem auf Bundeskosten geworbenen Heere noch 1500 Knechte, und Jörg von Frundsberg, dem Eck und sein Anhang nicht traute, weil er im Dienste Ferdinands stand, werde „allhie behalten werden". Das war der erste Trost, den Eck schicken konnte. In einem zweiten Briefe vom 11. Juli sprach er nun offen seine Meinung über die salzburgische Angelegenheit aus. Nachdem sein Herzog sein Gutbedünken zu wissen begehre, wolle er nach seinen Kräften „Gutes rathen und helfen". Vor Allem hätte man die „Coadjuterei heimlich und still gehalten, so wäre die Unlust nimmer entstanden". Herzog Wilhelm möge sich jetzt öffentlich hören und merken lassen, daß er „die Coabjuterei nit nachfrage oder sonderlich darnach stelle". Er möge keine Sorge deshalb tragen; wenn der Erzbischof sein Wort halten und Herzog Ernst die Coabjutur annehmen wolle, so werde schon die rechte „Finanz" gemacht werden. Weder der Erzherzog noch die Grafschaft Tirol noch die salzburgische Landschaft habe etwas darein zu reden. Daß Ferdinand Bayern vom Schutze des Stifts auszuschließen beabsichtige, glaube er (der Kanzler) nicht; deshalb möge man die Beziehungen zu den österreichischen Räthen wieder anknüpfen. Zugleich gab er eine Anweisung über die Art, wie man sich mit Oesterreich wegen des Schutzes auseinander zu setzen habe. Gerade dieser Brief ist wieder ein Meisterstück des schlauen Eck, worin er es als Hauptauf= gabe der bayrischen Diplomatie hinstellt, kluge Fühlung mit allen Parteien zu behalten und, indem man schwierige Fragen aufwerfe, die Verhandlungen so lange hinauszuziehen, bis der schwäbische Bund völlig freie Hand habe. Nur so könne man der österreichischen Politik eine Niederlage bereiten, oder, wie er sich selbst ausdrückt, „so mag dem Erzherzog Eintrag und Zerrüttung in seinem Fürnehmen beschehen". Mit besonderer Aufmerksamkeit faßt Eck dabei immer die Eventualität einer Abdankung des Kardinals ins Auge. Mit Gewalt werde dieser, das war dem bayrischen Kanzler klar, sich nicht ver= drängen lassen, vielleicht aber gegen eine Entschädigung zur Niederlegung seines Amtes verstehen, da ihm der Widerwillen und Ungehorsam seiner Unterthanen die Herrschaft verleidet hatten: „dieweil sie die Regierung dieses Bischof nit haben wollen, wäre erstlich mit dem Bischof zu handeln, ob er gütlich abstehen, und wie und mit was Summa Gelds er sich vergnügen lassen wollte". Viel feiner und praktischer, das erhellt aus Allem, packte Eck die verwickelte Angelegenheit an, als sein Herzog mitsammt seinen Rathgebern, welche nach

Ecks Anschauung alle mit viel zu großem Lärm auftraten, statt eine geräuschlose Thätigkeit zu entfalten. In erster Linie müsse man den Erzherzog durch erheuchelte Freundschaft dazu verleiten, sich in die Karten blicken zu lassen, um ihn desto sicherer in die Falle zu locken, oder nach den Worten des Kanzlers, „damit er nit auskäme". Was in Salzburg zwischen Oesterreich und Bayern geschah, waren also nur Scheinmanöver unter der Maske der Freundschaft, in weiter Entfernung davon, am Sitz des schwäbischen Bundes, sollte die Hauptaktion stattfinden und zwar in feindlichem Sinne. Eck und Ribeisen hatten sich verbunden, um mit Hilfe des schwäbischen Bundes die salzburgische Angelegenheit in anti-habsburgischem Sinne zu ordnen. In allen Punkten waren auch diese zwei Staatsmänner nicht einig, aber doch in der Hauptsache; sonst hatte jeder noch seine Hintergedanken. Die Entscheidung durch den Bund hatten sie bereits durchgesetzt; weil derselbe aber im Algäu noch nicht fertig war, mußte man die Sache verschleppen. Ein Schreiben, welches durch die Hand des Herzogs Wilhelm lief und der Landschaft „durch einen reitenden Boten unter der bündischen Büchse, wie ich E. f. G. zuschicke, überantwortet werden muß" (Ecks Brief vom 13. Juli) theilte den Salzburgern mit, daß der Bund sie bis zum Austrage in Schutz und Schirm nehmen werde. Sobald die Antwort erfolgt sei, werde man anziehen; wenn es Herzog Wilhelm wünsche, geschehe dies „von Stund an". Zugleich könne aus diesem Schreiben der Erzherzog, dem es auch zugeschickt worden sei, herauslesen, daß der Bund seine Einmischung ablehne. (Brief vom 15. Juli). Ribeisen und Eck hielten die Fäden in der Hand. Ersterer war am 15. Nachts wieder bei dem bayrischen Kanzler ein-getroffen. Da der alte Feldhauptmann Jörg von Frunds-berg sich nicht wollte „abschieben" lassen, so hatte Eck bewirkt, daß derselbe und alles Kriegsvolk in die Hand des zum Obersten

des Bundesheeres ernannten bayrischen Herzogs den Eid der
Treue schwören sollten.

Der salzburgische Kanzler Ribeisen, der unermüdlich thätig war und, bald mit dem Bunde, bald mit dem bayrischen
Herzog verhandelnd, fortwährend hin und her eilte, hatte es
dahin gebracht, daß seinem bedrängten Herrn die Stunde der
Erlösung in sicherer Aussicht stand. Eck hatte dazu treulich
geholfen, aber durchaus nicht als ehrlicher Makler. Ribeisen sollte
noch vorher im Namen seines Fürsten dem bayrischen Hause
den Lohn für den Rettungsdienst mit Brief und Siegel verschreiben und deshalb in München mit dem Hofe verhandeln.
Um hiefür eine sichere Basis zu schaffen, theilte Eck am 18. Juli
die Punkte mit, die nach seiner Meinung in die Verschreibung
aufgenommen werden sollten, nämlich: „Die alten Spän und
Irrung des Vogtsgerichts und Schwarzwaldes, Aufschlag auf
das Salz zu vertragen und nach E. f. G. Gefallen zu stellen;
doch auch hierin, was unbillig wäre, nit zu begehren. Item
die Coadjuterei auf das heimlichst zu practiciren und in Gang
zu bringen. Item ob der Bischof zu Salzburg in den Bund
kommen wollte, mit ihm einen Austrag aufzurichten, und daß
also E. f. G. ausgenommen und in die bündische Ordnung
oder Gericht nicht mit gezogen werde. Item E. f. G. ein
namliche Summe Gelds zu geben und mittlerzeit einen Flecken,
es sei Titmoning, Lauf oder Mühldorf, einzugeben. Item so
der Bischof nicht zu Salzburg und doch im Stift bleiben und
wohnen wollte, daß er solch Hofhaltung gegen dem bayrischen
haben solle. Item die Fürsten von Bayern zu Vogtherrn anzunehmen. Item der alten Originalia und Briefe, was von
Bayern an den Stift kommen sei, copien mitzutheilen".

Es war also zu erwarten, daß jetzt der letzte Akt des
salzburgischen Dramas beginnen werde, da das bündische Heer
im Algäu sich rasch seiner Aufgabe entledigte. Eck hatte
seinem Versprechen vom 16. Juli gemäß, nicht gefeiert.   Da

stellten sich dem von ihm mit schlauer Ueberlegung vorbereiteten Abschlusse seines Werkes noch einmal Hindernisse entgegen. Daß der Erzherzog Alles aufbot, wie im Algäu, so in Salzburg die bündische Einmischung hintanzuhalten, war zwar begreiflich, aber, solange Eck den Bund beherrschte, ohne alle Aussicht. Ferdinand bittet, schreibt er am 19. Juli, „sich Salzburg nicht zu beladen noch zu retten aus Ursachen, daß er und E. f. G. in gütlicher Handlung stehen".[37] Auf solche Worte von dieser Seite hörte der schwäbische Bund schon seit geraumer Zeit nicht mehr. Aber in diesem entscheidenden Augenblicke wurde wieder der bayrische Herzog Wilhelm schwankend und bedenklich. Es erschien ihm als ein gefährliches Wagestück, sich von dem Erzherzoge zu sondern[38] und durch den „Hauptkrieg", d. h. den bündischen Zug, nicht nur die Feindschaft Oesterreichs, der Salzburger und Tiroler auf Bayern zu laden, sondern auch dem allgemeinen Tadel, und „sonderlich von unsern Landsassen"[39] sich auszusetzen. Er wollte deshalb im Vereine mit Ferdinand die „gütliche Handlung" erneuern und den Bund durch Eck bewegen, seinen Anzug aufzuschieben. In der That erhielten die bayrischen Räthe entsprechende Verhaltungsbefehle, und die nutzlose Komödie der Vermittlung auf Grund des Abschieds vom 22. Juni begann aufs Neue. Herzog Ludwig schöpfte neue Hoffnung „die Sachen zu Gutem zu bringen", und sein Bruder

---

[37] Der Bund ging darauf nicht ein, sondern schrieb ihm, der Beschluß, Salzburg zu retten, sei mit Zustimmung der österreichischen Räthe gefaßt worden. Deshalb möge sich der Erzherzog der ungehorsamen salzburgischen Bauern nicht annehmen, noch sie gegen den Bund schützen. Man hoffe, mit Gottes Hilfe auch die Salzburger zum Gehorsam zu bringen.

[38] Brief des Herzogs Wilhelm an Ludwig vom 17. Juli. Jörg 585 A. 14.

[39] Brief des Herzogs Wilhelm an Eck vom 22. Juli.

bildete sich ohne jeden Grund ein, „damit des Erzherzogs und seiner Räthe Praktik gelöchert" zu haben. Wie immer, weigerte sich auch jetzt der Kardinal, den Abschied anzunehmen, trotz seiner Noth, „darin er bisher gewesen und noch ist",[10] was Wilhelm als eine große „Undankbarkeit ungeschickt und un- getreue Handlung" bezeichnete. Darum müsse jetzt Bayern und Oesterreich die Landschaft, „es sei'dem Kardinal gefällig oder nicht", in Schutz und Schirm annehmen und „darin hand- haben und der Coadjuterei ganz zu schweigen". Verwarf schon der von der Welt abgeschlossene Kardinal den ihm von der bayrischen Staatskunst unermüdlich angebotenen Vergleich, so mußte dies sein Kanzler Nibeisen, der die Vorgänge im Al- gäu genau kannte, vollends thun. Daß man „den Pflicht- brüchigen und Unehrlichen (untern den Aufrührern) die Strafe" gänzlich nachlassen wollte, schien ihm unleiblich, wie er dem Herzog Ludwig erklärte. Ferner müsse doch auch darüber eine Bestimmung getroffen werden, wer die schweren Unkosten zu tragen habe, desgleichen daß den frommen und getreuen Dienern des Kardinals mit ihren Familien völlige Sicherheit gewährleistet und endlich daß die Ehre seines Herrn, die durch Schmähungen und Beleidigungen schwer verletzt worden sei, wieder hergestellt werde. Geschehe das nicht, so müsse er fortfahren, die Hilfe des schwäbischen Bundes anzurufen, der sie leisten werde, auch ohne Oesterreich und Bayern.

Unterdessen bot sich den bayrischen Gesandten noch ein= mal Gelegenheit, einen Triumph in ihrem Sinne zu feiern. Am 21. Juli hatte nämlich der Kardinal ihrem unaufhör= lichen Drängen scheinbar ein Zugeständniß gemacht, thatsächlich aber die immer höher steigende Fluth etwas von sich abge= leitet. Abermals bewilligte er jenen Vermittlern, wie sie nach München meldeten, „auf unsern beschehenen Fürschlag gütliche

---

[10] Brief des Herzogs Wilhelm an Ludwig vom 21. Juli.

Unterhandlung"; [41]) die Ordnung der Regierung die Abstel=
lung der Beschwerden stelle er dem Erzherzog, den bayrischen
Fürsten und dem Bunde anheim, die Amnestie aller Aufstän=
dischen wolle er zugestehen. Der Kardinal wußte wohl, warum
er gerade dem schwäbischen Bunde seine Sache anheim stellte,
und nicht minder erklärlich war es, daß „die Oesterreichischen
den Bund gern ausgeschlossen hätten". Die bündische und
die habsburgische Politik, das hatte sich ja in den letzten
Tagen in Schwaben gezeigt, liefen schnurrstracks gegen ein=
ander. Auf diese Uneinigkeit baute der Kardinal schlau seine
Pläne, aber die bayrischen Räthe hatten davon keine Ahnung;
denn sonst hätte Weissenfelder den guten Willen des Erz=
bischofs nicht preisen und jubelnd nach München berichten
können: „(Er) ist heut gut bayrisch gewesen". [42])

Die Landschaft, in der es nicht an friedfertigen Ele=
menten fehlte, verlangte, beeinflußt von den Gesandten
Ferdinands und der tiroler Stände, in erster Linie den Aus=
schluß des Bundes von der „gütlichen Handlung". Auch sie
wußte, was von demselben zu erwarten war, falls er seine
Hand im Spiel habe. Ferner solle der Kardinal dem Kriegs=
volk der Landschaft „den Abzug geben"; nicht von ihm, son=
dern von den Untertheidigungsräthen seien aus den durch die
Landschaft vorgeschlagenen Männern die Beisitzer des fürstlichen

----

[41]) Bericht der bayrischen Gesandten vom 21. Juli.

[42]) Weissenfelder sagte das, weil ihm der Erzbischof selbst 1000
Dukaten übergeben hatte. Ob dies schon ein Zeichen von hervor=
ragend bayrischer Gesinnung war, erscheint gewiß zweifelhaft, wenn man
bedenkt, daß der bayrische Hauptmann Kaspar Wingerer Geld zum Unter=
halt seiner Knechte verlangt hatte. Verweigerte dies der Erzbischof, so
konnte man ihm mit Entlassung dieser einzigen Truppenmacht drohen,
die allenfalls zu seiner Rettung in der Nähe von Salzburg vorhanden
war. Daß er den Oesterreichern kein Geld gab, darf nicht Wunder
nehmen, sie hatten ja auch keine Truppen zur Hand. cf. Jörg 591.

Rathes zu wählen; endlich müsse zur Aufrechthaltung der Amnestie „auch im Land Salzburg eine ehrbare Verbündniß gemacht werden". Aussicht zu einer Verständigung eröffneten
in diesen Tagen die neuen Vorschläge weniger als je vorher.
Der Kardinal empfand keine Neigung, dem Bund zu entsagen,
die Landschaft aber wollte nicht diesem, sondern nur dem Erzherzog von Oesterreich und den bayrischen Fürsten die zeit-
weilige Schirmherrschaft übertragen, und die „Gemeine" endlich
d. h. die Bürgerschaft und Bauerschaft fing zu murren an
und drängte im richtigen Gefühle, wie verderblich die Ver-
schleppung sei, auf einen schleunigen Abschluß. Besonderen
Unwillen bei den letzteren rief der geschäftige Verkehr der
bayrischen Räthe mit dem Kardinal hervor, er war „der Gemein nicht gefällig". Die radikalen Elemente aber gewannen
durch den Hinweis auf die nutzlosen Verhandlungen, welche
seit Wochen die Landschaft geführt habe, größeren Anhang.
Laut verlangten sie, daß die Landschaft nicht mehr allein,
sondern nur mit Vorwissen der Gemeine unterhandeln, und
daß der Waffenstillstand bis zum 30. Juli erstreckt werden
solle. Dieser Zwiespalt in den Reihen der Aufständischen
vermehrte die Verwirrung. Der radikale Theil derselben warf
voll Aerger seinen ganzen Haß auf Bayern, so daß die Gesandten nicht nur für ihre Sicherheit fürchteten und Salzburg
verließen, sondern Weissenfelder sogar von einer geplanten
Ueberrumpelung der Stadt Reichenhall träumte. Aber die
Nachrichten, welche aus Schwaben über den vollständigen Sieg
des schwäbischen Bundes einliefen, und die Erkenntniß, daß
man von den Tirolern keine bewaffnete Unterstützung zu ge-
wärtigen habe, ernüchterten die hitzigsten Köpfe. Die Landschaft gewann wieder die Oberhand und mit ihr die einem
Vertrage geneigte Gesinnung. „Die Bürger von Salzburg
aus der Gemein — schreibt am 29. Juli Weissenfelder —
die bisher den Vertrag gesperrt, laufen nun fast, und sähen

gern, daß der Fried und Vertrag gemacht würd; fürchten ihnen fast. Möcht gleichwohl ein Ursach sein, daß ihre Botschaft aus Tirol wieder gekommen und nichts ausgerichtet hat". Die Landschaft ging trotzdem von ihren Vorschlägen nicht ab, nur hoffte sie, daß jetzt sogar die radikale Partei den schwäbischen Bund zulassen werde. Dagegen verwehrte sie entschieden den bischöflichen Räthen, mit freiem Geleite die bayrischen Gesandten noch ferner zu besuchen, weil „der Bischof seine Räthe am meisten darum herausschicke, daß er Erfahrung möchte haben, wie es des Bundes und seiner Hilf halben stehe, damit er sich mit dem Beschluß desto baß wüßte zu halten". Aus diesem Labyrinthe fruchtlosen Hin= und Her= redens konnte nur dann der Ausweg zu einem Vertrage ge= funden werden, wenn sich die streitenden Parteien einen Schritt entgegengekommen wären. Davon war aber keine Rede, am wenigsten von Seiten des Kardinals. Die bayrischen Gesandten baten deshalb den Herzog, er möge dem Erzbischof den bringenden Rath geben, den Vertrag zu schließen, ferner den Anzug der bündischen Truppen verhindern und die bis Traunstein vor= geschobenen bayrischen Truppen zurückziehen. Herzog Ludwig schloß sich diesem Vorschlage an, indem er die Schuld an der Scheiterung der Verhandlungen dem Kardinal zuschrieb, der wahrscheinlich durch Ribeisen von der nahenden Hilfe des Bundes verständigt sei und auf diesem Wege „einen bessern Verstand zu erlangen meine". Den Kanzler Eck, äußerte Ludwig, solle ihm sein Bruder schicken zu bereden, „ob's noch ungekriegt blieb, wie man einen Weg fänd. Denn ich kann nicht anders merken, denn die Ehrbarkeit von der Landschaft wär ja gern mit uns und unserer Partei, darum ich sie auch gern, wo es sein könnt, mit Gnaden bedenken wollt".

Aus diesen Worten spricht nur die alte Verblendung, in der man glaubte, was man wünschte. Die bayrische Politik hatte von Anfang an den Irrthum begangen, daß sie

sich nicht einmal das Ziel recht klar machte, das sie in diesem
Handel erreichen wollte. Bald schmeichelte sie sich mit der Hoff=
nung, das Stift in ein weltliches Fürstenthum verwandelt und
im Besitze eines ihrer Herzoge zu sehen, bald feilschte sie nur
um die Koadjutur und etwa noch um ein paar Grenzstädte.
Schlimmer noch stand es mit den Mitteln, die man anwandte.
Heute hielt man es mit der Landschaft und dem Kardinal,
morgen mit der Bauernschaft und der Gemeinde. So mußte
es kommen, daß weder die beiden Herzoge noch ihre Räthe
das Geringste erreichten, und daß ihre Thätigkeit mit einer
zweifellosen Niederlage endete.

Den Kanzler Eck traf an diesem schmählichen Ausgange
keine Schuld. Was in Salzburg geschah, thaten seine Fürsten
ohne seinen Rath und Willen. Er blieb auf seiner Ansicht be=
stehen und machte die unklaren Wandlungen der in Salzburg
eingeschlagenen Politik nicht mit, sondern bekämpfte sie ohne
Unterlaß. Nach seiner Meinung hätte man sich begnügen
sollen, die Koadjutur zu erlangen, und zwar durch rückhalt=
losen Anschluß an die Sache des Kardinals, gegen dessen frei=
williges Zugeständniß auch der schwäbische Bund keine Ein=
wendungen gemacht hätte; alles Andere hielt er für verkehrt.
Schon einmal war es ihm gelungen gewesen, den Herzog
Wilhelm durch sein Mahnwort vom 7. Juni für seine An=
schauungen zu gewinnen, aber seit dem 17. Juli war derselbe
in das alte Geleis zurückgekehrt und hatte das Eingreifen des
schwäbischen Bundes abgewiesen. Sobald Eck dies wahrnahm,
erhob er auf's Neue seine warnende Stimme, vornehmlich
dagegen, daß sich sein Herr vom Erzherzog in eine gegen=
bündische Richtung hineinziehen lasse und dadurch unabsehbare
Gefahren über sich, sein Haus und sein Land heraufbeschwöre.
Geschehe dies, hob er am 19. Juli hervor, so werde daraus
erfolgen, „daß sich S. f. G. mit der Zeit in das Haus Oester=
reich ergeben und vielleicht etliche ihrer Städte verlassen müsse.

Nehme Bayern im Vereine mit Ferdinand das Stift in Schirm und Schutz, so werde letzterer „doch des Betts drei Zipfel haben. Und so ihm deßhalben Widerwärtigkeit zustünde, müßten E. f. G. halben oder ganzen Kosten tragen und leiden, und sobald die Sach richtig gemacht, ihm in die Hand setzen. Zudem wer weiß, was Praktika er auch jetzt der Zeit unter E. f. G. Landvolk machen möchte; dann hat er seinen Unter-thanen viel nachgelassen, als man sagt, und sonderlich mit Wildpret und Fischen, so wissen E. f. G., was sich in diesem Fall E. f. G. Unterthanen beschweren würden, vielleicht solchs von E. f. G. auch haben oder auch einen Unlust erheben und an den Erzherzogen ergeben wollen. Das würde er nicht ab-schlagen".[43]) Aus jeder Verlegenheit helfe nur der Bund; an den und nicht an Oesterreich müsse Bayern sich eng anschließen. Geschehe dies nicht, „so kann ich nicht gedenken, daß E. f. G. und derselben Erben bei Oesterreich wohl sitzen werden". Es sei von letzterem nichts Gutes zu erwarten; darum könne er seinem Herzog, wenn er das „beschwerlich erwäge" d. h. nicht einsehe, keinen Rath mehr geben. Man erkennt auch hier, wie schnell in den Julitagen infolge der Vorgänge im Algäu Eds Haß gegen den Erzherzog Ferdinand gewachsen war. Es ist dies zugleich der einzige Punkt, in welchem Ed während des schweren Krieges seine Ansichten änderte. Als eine fast unvermeidliche Gefahr stellte er es hin, daß Bayern mit den Habsburgern einen Kampf auf Leben und Tod be-stehen müsse. „E. f. G. wolle den Handel bei ihr selbst er-(wägen), was ihrem Erben Land und Leuten daraus erstehe, und so sich je E. f. G. einsmals erwehren oder ihre Städte

---

[43]) Ed taucht seinen Pinsel nach seiner Gewohnheit in die dunkelsten Farben. Die Verdächtigung Ferdinands geschah ohne jeden nachweisbaren Grund. Und selbst wenn etwas Wahres an diesen An-schuldigungen gewesen wäre, hätte der Erzherzog nur dieselben eigen-nützigen Absichten gehegt, wie seine bayrischen Vettern.

und Land verlassen müßten, ob es nicht besser sei, jetzt, denn zu einer ungelegenen Zeit". Der schwäbische Bund gewann für ihn jetzt eine noch höhere Bedeutung. Hatte er ihn bisher als den Hort der Legitimität betrachtet, so erschien er ihm jetzt auch als die einzige Schutzmacht in Deutschland, welche den habsburgischen Eroberungsgelüsten zu steuern vermöge. Auf seiner Seite habe Bayern unentwegt zu stehen und die reicheren Hülfsmittel desselben in seinem Interesse zu gebrauchen. "An dem bündischen Volk wird kein Mangel sein. Ich acht auch, wollen E. f. G. mehr denn 3000 Mann haben, Ribeisen sei zufrieden, mehr anzunehmen und zu bezahlen. Sparen E. f. G. nichts in eines andern Säckel. Es sein viel guter Weg, daß E. f. G. sich mit anderer Leut Geld und Darlegen sicher machen". Rechnet man auch die Uebertreibungen Ecks ab, so bleibt doch so viel übrig, daß er nun jede Annäherung an Ferdinand verurtheilte. Freilich war es nicht ganz richtig, daß Wilhelm sich blindlings an den Erzherzog ergeben hatte. Nur zum Scheine war er eine Zeit lang mit dem Habsburger gegangen in der Hoffnung, ihn überlisten zu können. Allein dies war nicht gelungen und dadurch eine Lage geschaffen worden, welche Bayern in ernstliche Konflikte mit Oesterreich zu bringen drohte. Eck sah dies voraus und bezeichnete aus diesem Grunde mit zürnendem Eifer als einzigen Ausweg aus dieser Gefahr die vollständige Rückkehr zum Bunde.

Gleichwohl hörte Herzog Wilhelm nicht. Sein Kanzler war dadurch schmerzlich berührt. "Dieweil sich E. f. G. Räthe — schreibt er am 22. Juli — ferner mit den österreichischen Räthen eingelassen haben", so möge er wenigstens dem Erzbischof seinen guten Willen fühlen lassen. Gehe es nicht anders, "so lassen E. f. G. das letzt sein, daß der Erzherzog mit dem Schutz und Schirm allein nicht vorbring, sondern E. f. G. jederzeit mitgehe und in der Sachen bleib".

„Möchte aber mit Fug der Bischof frei erledigt und in des
Bundes Namen E. f. G. sich in der Sachen zu ihrem Vor=
theil reimen, das gedenkt mich, wäre E. f. G. zum Besten.“
Trotzdem wurden, wie wir gesehen, die Verhandlungen in
Salzburg fortgesetzt, weil der bayrische Herzog die Situation
nicht so schwarz ansah wie sein Kanzler, und weil er immer noch
hoffte, den Bund nicht zu brauchen. Er verlangte deshalb
von Ed, er solle Jörg von Frundsberg mit seinem Volk auf=
halten. Der Kanzler gehorchte, obwohl er mit seinem Herrn
nicht übereinstimmte: „Denn jetzt wäre die Straf bei und in
E. G. Händen mit eines andern Verlegen und Unkosten und
in einem solchen Ansehen, als des Bunds Namen gestanden.“
22. Juli. Mit beredten Worten legte Ed seinem Auftrage
gemäß im Bunde die Nothwendigkeit eines Aufschubs dar.
Da zog aber der Feldhauptmann einen Brief aus der Tasche,
in welchem ihn der bayrische Herzog aufforderte anzuziehen.
Des Kanzlers Feinde unter den bündischen Räthen brachen in
ein schallendes Gelächter aus. Ed mußte über diese Rücksichts=
losigkeit seines Herrn, die freilich nicht beabsichtigt war und
nachher sehr entschuldigt wurde, auf das höchste verstimmt
sein. Um seiner Person und um seines Amtes willen gleich
empfindlich, — „hab also mit allen meinen Anzeigen und
Handlungen in Spott und Schimpf vor gemeiner Versamm=
lung stehen müssen, und reicht mir dahin, daß ich bei den
Räthen meinen Trauen und Glauben verlier“ 24. Juli — ver=
langte er seine Abberufung, nicht ohne auf die Widersprüche
in dem Vorgehen seiner Regierung noch einmal hinzuweisen.
Einen „Bericht anzunehmen und das Kriegsvolk ziehen zu
lassen“, stimme nicht zusammen. Uebrigens könne man dem
bündischen Heere mit guten Gründen den Durchzug nicht ver=
weigern. Der entschiedene Standpunkt und die bestimmte
Sprache des Kanzlers stachen vortheilhaft gegen die Verschwom=
menheit und Wandelbarkeit ab, welche die Maßnahmen der bay=

rischen Regierung charakterisiren. Wie nun die Dinge einmal
lagen, gab es nur einen Ausweg. „Dieweil E. f. G.,
schrieb Eck in einem dritten Brief vom 24. Juli, bei ihr
sich dermaßen entschlossen, hat mir nicht gebührt, E. f. G.
Fürnehmen zu verschlagen; aber mich gedenkt je, E. f. G.
wolle ihr selbst Glück und Ehre nit erkennen". Er ließ es
deutlich merken, daß weder Herzog Wilhelm noch die in der
salzburgischen Handlung gebrauchten Räthe den Kardinal durch-
schaut, und daß die letzteren nicht Muth genug an den Tag
gelegt hätten, sie „tragen Sorg, sie müssen sterben, davon
doch weit ist". Indessen wolle er, so schloß sein Brief, sich
mit seinem Rathe nicht aufdrängen „E. f. G. begehren auch
meines Rathes nicht". Dann schwieg er Tage lang. Sein
Herr mochte zusehen, wie weit er mit seiner eignen Klugheit
komme. Zur rechten Zeit, denn so sehr gab er seiner Ver=
stimmung nicht Raum, daß er sich von seinem Werke jetzt am
glücklichen Abschlusse gewendet hätte, mit starker Faust zu
handeln, blieb dennoch sein fester Entschluß. Die Leitung der
Bundespolitik lag in seiner Hand und das war genug.
Ganz für sich praktizirte er daher in diesen Tagen, daß nicht
alles bündische Kriegsvolk „geurlaubt" wurde. Fünf Fähnlein
Knechte und 200 Pferde blieben im bündischen Solde. „Ob
von den tirolischen oder salzburgischen Landschaften etwas
vorfiele, mag man solch Kriegsvolk dagegen gebrauchen",
äußerte er bedeutsam am 29. Juli. Er wisse noch nichts
anderes zu rathen, als daß Herzog Wilhelm sein Kriegsvolk
sammle und „alsdann in der Sachen End" mache. Man
müsse tapfer gefaßt sein und nicht länger feiern. Sein letztes
Wort blieb auch hier der Krieg, „welches meines Achtens die
best und ehrlichst Weg sein; denn solle diese ungeschickte Handlung
der Bauern ungestraft bleiben, daß es zu nicht anderm reicht,
dann daß sie (die Bauern) sich zu ihrer Gelegenheit wiederum
empören und E. f. G. Unterthanen auch Ursach geben möchten".

Allmählich begann der Herzog an seinen eignen Thaten irre zu werden. Die Furcht, daß die salzburgische Landschaft den Vertrag nur verzögere, um mit den Tirolern und Schweizern ein Bündniß zu schließen, brachte ihn zur Ueberzeugung, daß man Ernst zeigen müsse, „sofern der Friede nicht alsbald erhebt werde".[44] Georg von Frundsberg erhielt den Befehl, von Landsberg, wo er mit 4000 Mann gelegen war, gen Salzburg vorzurücken. „Die bayrischen Herzoge, schrieb Dr. Ribeisen am 27. Juli an den Bund,[45] achten endlich, mein gnädigster Herr von Salzburg muß mit dem Kriegsvolk gerett werden". Zunächst wollte Wilhelm durch den Anzug des bündischen Heeres einen Druck auf die Landschaft ausüben, ob sie dadurch nicht zu einem Berichte geneigter werde. Geschehe es, „so sei Frundsberg erbötig, alsbann mit dem Kriegsvolk gutlich wieder abzuziehen", schrieb der Herzog am 3. August seinem Bruder Ludwig zugleich mit der Aufforderung, in eigner Person als oberster Hauptmann dem Heere sich anzuschließen, denn der von Frundsberg würde sonst keinen Unterhauptmann abgeben.

In der That empfing Herzog Ludwig in Burghausen noch einmal eine Deputation der salzburgischen Landschaft. Der Kardinal sollte um abermalige Verlängerung des Waffenstillstands ersucht und die gütliche Handlung mit Dr. Ribeisen unter dem Vorsitze des bayrischen Fürsten fortgesetzt werden. Allein der eingeschlossene, mit Geschütz und Proviant wohl-

---

[44] Brief des Herzogs Wilhelm an Ludwig vom 27. Juli. An der Verzögerung des Vertrags trug nicht die Landschaft zumeist Schuld, sondern der Kardinal, welcher noch nicht daran dachte, sich zu ergeben, sondern zweifellos davon Nachricht hatte, daß der schwäbische Bund zu seiner Errettung bereit sei. Auch die Landschaft wußte dies, und es war von ihrem Standpunkte aus sehr begreiflich, daß sie sich zu stärken, mit den Tirolern ein Bündniß zu schließen und „die Schweizer an sich zu nehmen" (Brief Weissenfelders vom 29. Juli) suchte.

[45] Original im augsb. Archiv.

versehene Erzbischof, welcher erfahren hatte, daß ein bündisches Heer herannahe, warf nun die Maske der Versöhnlichkeit ab und schoß trotz des noch geltenden Waffenstillstands und der Vollmacht, die sein Kanzler zu gütlichen Handlungen nach Burghausen gebracht hatte, am 4. August und den ganzen folgenden Tag mit schwerem Geschütze von seiner Burg in die Stadt herab. Damit war den jämmerlichen und unehrlichen Unterhandlungen auf eine treulose Weise ein Ende gemacht. Wenn gleichwohl noch am 7. August Herzog Ludwig mit der „Notel eines endlichen Vertrags" sich zwischen die kämpfenden Parteien drängte, so verrieth dieser Schritt nur ein sehr geringes Verständniß von dem Ernst der Lage. [46])

Am 16. August rückte das bündische Heer mit dem Herzog Ludwig an der Spitze vor Salzburg [47]) Das Geschütz begann zu spielen, nachdem die von den Bauern abgebrochene Brücke wiederhergestellt war. Am 17. rückte das Heer „vor ein Kirchen und Pfarrhof". [48]) Die Aufständischen wehrten sich tapfer und geschickt. „Sie haben sich dermaß allenthalben verbaut, daß ohn Schaden und mit großer Mühe sie nicht liederlich in die Flucht zu bringen (sein) werden, dann man thue es mit Gewalt. Und so man sie schon ins Weichen bringen möchte, (werden) sie allemal ohn Schaden von uns kommen und in die Gebirg verlaufen; darum gedenk ich, sie

---

[46]) Die Landschaft setzte auch nach dem Beginne der Feindseligkeiten ihre Hoffnung auf den bayrischen Herzog und beklagte sich darüber, daß er Traunstein und Reichenhall besetzen lasse. Wurde trotzdem von dem Hauptmann in Reichenhall Veit Auerberger ein Salzburger mit Brandwerkzeugen betroffen, so kann man das, selbst wenn es wahr ist, noch nicht der salzburgischen Landschaft in die Schuhe schieben. Daß diese, wie der Hauptmann schrieb, es darauf abgesehen habe, das in Reichenhall aufgestapelte Holz in Brand zu stecken, ist eine widersinnige Behauptung.

[47]) Kanzler Eck war zugegen. Vergl. s. Brief vom 16. August.

[48]) Ecks Brief vom 18. August.

werden sich wehren, bieweil sie mögen".[49] Diesmal hatte
er Recht. Mit Todesverachtung kämpften die Aufständischen;
das bündische Heer, dessen Angriffe der kriegserfahrene Frunds=
berg leitete, erfocht keine großen Siege. Mochte nun der
alte Feldhauptmann sich wenig kriegerischen Erfolg ver=
sprechen[50] oder wirklich den Bauern freundlich gesinnt
sein,[51] oder hörte Herzog Ludwig auf die Fürsprache der in
Werfen eingekerkerten Adeligen[52] und auf andere Bitten —
genug, es kam durch die bündischen Kommandanten zu einem
Vertrage zwischen dem Kardinal und seinen Unterthanen.
„Als ich, schrieb Ludwig am 30. August an seinen älteren
Bruder, mit dem Kriegsvolk etlich wenig Tag vor der
Stadt gelegen, haben die Salzburgischen und von der Land=
schaft, zuvor und ehe das groß Geschütz gelagert worden, um
weiter gütlich Handlung geschrieben und Herrn Jörgen von
Frundsberg gebeten, bei mir eines Vertrags halben sich zu
bemühen. Darauf hab ich ihre Gesandten ins Heer heraus
vergleiten lassen, und nach etlicher geschehener Handlung mit

---

[49] Brief des Herzogs Ludwig an Wilhelm vom 22. August.

[50] Bei Baumann, Quellen z. G. des Bauernkriegs in Ober=
schwaben 708 schreibt Holzwart: Fronspergus igitur, qui omnibus
consiliis non multum in tanta montium vastitate efficere potuit,
tandem urbem ipsam, ut sese traderet, in deditionem pertraxit .. —
Hoc certum est, quod Fronspergus rusticos et fossores erectis vexillis
ex urbe migrare permiserit."

[51] Hormayr, Anemonen I 336 läßt Frundsberg die bekannten
Worte, welche er nach Andern (Zimmermann II 532) vor Kempten ge=
sprochen hat, sagen: „Wir wollen sie nicht angreifen, es würde zu beiden
Seiten viel Blut kosten, und wir würden wenig Ehr erlangen c." Mag
nun diese Aeußerung für einen der beiden Fälle historisch sein oder
nicht; das beweist die in ihr liegende Tradition doch, daß der Feld=
hauptmann kein Bauernfeind war; vergl. auch den Brief Ludwigs an
Wilhelm vom 30. August.

[52] Jörg 600.

ihnen hab ich den Vertrag mit ihnen beschlossen, darob auch
der Kardinal wohl zufrieden; es hat auch die Landschaft ihr
Kriegsvolk abziehen lassen, und anheut Vormittags bin ich
hereingeritten und Willens, etlich Tag, bis der Vertrag zum
Theil in Wirkung kommt, allhier zu bleiben, und sollen die
von Salzburg bis Montag (4. Sept.) Pflicht thun. Ich hab
auch aller Sachen halben mit dem Kardinal geredet und sind
der Coadjuterei halben bei ihm alle Gutwilligkeit, und daß er
in seiner Verwilligung bleiben will. Darauf will ich weiter
mit ihm reden und beschließen, daß ich E. L., wie ich denn
unzweifelich verhoff, eine gute Botschaft bringen mag, damit
E. L. dieselb Coadjuterei gewiß werd". In Perneders Chronik
findet sich über diesen Abschluß des Aufruhrs folgende Bemerkung: „Eodem anno hat sich die salzburgerisch Landschaft
wider den Erzbischof daselbst in empörischen Aufstand begeben
und ihn daselbst im Schloß belagert, bis das bündisch Kriegsvolk (dessen unser gnädiger Herzog Ludwig von Bayern damals obrister Feldhauptmann gewest) kommen und in An-
sehung, daß ihnen nicht abzubrechen, einen ganz gnädigen Vertrag mit ihnen gemacht, nämlich daß sich bemelte Landschaft
in des Bunds Gnad und Ungnad geben und alle Irrung zu
gütlicher oder rechtlicher Erkenntniß weder an Ehren, Leib noch
Gütern sträflich oder Nachtheil sein soll. Sie, die erzbischöflichen Unterthanen, haben auch im selben Vertrag erlangt,
daß bis zu Austrag solcher bewilligten Erkenntniß allwegen
drei von der Landschaft in gemelts Erzbischofen Räthen sitzen
und auch Stimm haben, auch männiglich solches Aufstands
halb aller Ungnad begeben sein soll. Diesen Vertrag hat
hochgenannter unser gnädiger Herr, Herzog Ludwig, als damals
obrister Feldhauptmann, selbst gemacht und den Vertragsbrief
darum besiegelt".

Der Vertrag gewährte vor Allem den Aufständischen
völlige Amnestie, das Kriegsvolk der Landschaft löste sich auf,

die Adeligen in Werfen wurden ihrer Haft entlassen und der
Erzbischof mußte in seine Regierung drei Räthe aus der
Landschaft aufnehmen u. A. Auffallender Weise liefern die
Akten über die Meinung des Kanzlers Eck, der doch bei Herzog
Ludwig weilte, keine Aeußerung; zufrieden konnte er mit diesem
Ausgange nach seiner Gesinnung keineswegs sein. Auch Herzog
Wilhelm mochte bedenklich dreinschauen, wenn er den Lohn
seiner unermüdlichen Thätigkeit betrachtete. Im Grunde erhielt er nichts als das Versprechen der „Koadjuterei" und die
Antwartschaft auf 54000 fl., die er für seine Kosten beanspruchte. Wer den Karbinal kannte, der gab auf seine Ver-
sprechungen gewiß nur wenig. Beleidigt zog er sich nach dem
von Bayern begehrten Mühldorf zurück, und das Bundesheer
verließ mit seinen Kommandanten das Erzbisthum. Am
8. Oktober gab „der Ausschuß von Städten, Märkten und
Gerichten der salzburgischen Landschaft" dem Bunde die feier-
liche Erklärung[53]) ab, den geschlossenen Vertrag annehmen zu
wollen, mit der Bitte, den Erzherzog Ferdinand zu bewegen,
daß er den Grafen Niklas von Salm, der mit österreichischem
Kriegsvolk an ihren Grenzen liege, zu ihrer Beruhigung abfordern möge.

Allein dem ersten Aufruhre folgte ein zweiter in Salzburg. Es gehört nicht in den Rahmen dieser Darstellung
zu untersuchen, was daran Schuld war, daß aufs neue die
Flamme der Empörung auflöderte. [54]) Die Verhältnisse ge-
stalteten sich so, daß an eine Dauer des Friedens nicht gedacht
werden konnte, nicht blos im Erzstift, sondern auch in Tirol
und im Algäu. [55]) Und die beiden neuen Aufstandsversuche gingen

---

[53]) Original im augsburg. Archiv.

[54]) Ueber den zweiten salzburger Aufstand: Baumann, Quellen ꝛc.
128, 274, 411, 715. Zimmermann II 557. Jörg 632.

[55]) Jörg 642 erblickt die Ursache des neuen Aufstandes in der
„vollständigen Amnestie, welche Oesterreich und Bayern den Aufständischen

nicht von den „Ausgetretenen" allein aus, sondern unter
denen, die nicht hatten fliehen müssen, zogen genug den
sichern Untergang dem ungewissen und harten Loose vor, das
ihnen von ihren siegreichen Bedrückern bereitet wurde. In
Salzburg wurde der aufgerichtete Vertrag nicht ausgeführt
weder von dem hinterlistigen Kardinal noch von Erzherzog
Ferdinand, der es bitter empfand, daß ihn der Kanzler Eck
durch den Bund, wie in Schwaben, so in Salzburg auf die
Seite gedrängt und um jeden Vortheil gebracht hatte, während
Bayern wenigstens das Versprechen der Koadjutur davon
trug. In einem eindringlichen Schreiben[36]) vom 14. De=
zember 1525 ersuchte der schwäbische Bund den Erzherzog um
den Vollzug des Vertrags, der durch den bündischen Feldhaupt=
mann aufgerichtet sei. Dadurch würde neuem Aufruhr vor=
gebeugt, nicht blos im Stift, sondern auch in andern Gebieten.
Die aufständischen Elemente des salzburgischen Gebiets waren
schon während der Erhebung des Jahres 1525 nicht immer
eines Sinnes gewesen. Die Bürger nämlich und die in
ihrer Mitte tagende Landschaft dachten zuweilen ganz anders,
als draußen die aufständische Bauernschaft, unter der sich viele
Bergknappen befanden. Da der Vertrag nicht in Wirksamkeit
trat, so kehrte das Vertrauen auch im Geschäftsleben nicht
zurück, und der Bergbau lag, wie bisher, darnieder. Die
brotlosen Knappen darüber höchst erbittert waren entschlossen,
wiederum zu den Waffen zu greifen. Darin wurden sie be=
stärkt durch ihre Berufs= und Gesinnungsgenossen aus Mittersil,

---

im Erzstift vermittelt." Diese Behauptung ist ganz unrichtig und be=
kundet nur den parteiischen Standpunkt dieses Historikers. Auch dort,
wo die Bauern mit der größten Härte niedergeschlagen worden waren,
stand es so, daß jeden Augenblick der Ausbruch neuer Empörungen zu
befürchten war. Vergl. die bekannte Aeußerung des Herzogs Georg von
Sachsen bei Jörg 634.

[36]) Koncept im augsburger Archiv.

Brixenthal, Schwaz, Kufstein, Rattenberg, Kitzbüchel und an=
dern Orten in Tirol und durch Sendboten der in die Schweiz
geflüchteten Bauernführer, unter denen Michael Geismayer .
der entschlossenste und befähigtste war. Der am 26. Januar
1526 in Salzburg zusammentretende Landtag,[57]) zu welchem
sich Gesandte des Bundes, des Erzherzogs und der bayrischen
Fürsten einfanden, bestand überwiegend aus Leuten, welche
dem Kardinal ergeben waren — die bayrischen Gesandten
nennen sie in ihrem Berichte vom 20. Februar 1526 „das
mehrere Theil der Frommen" — und deshalb das Vertrauen
des Volkes nicht genossen noch erwarben. „Im Gebirg, be=
vorab im Pinzgau", wurden sogar die in die Landschaft Ge=
wählten verhindert, nach Salzburg zu reisen. Ja am 3. März
ließ „die ganz Landschaft aller Gericht im Pinzgau" der
„ganzen Gesellschaft des löblichen Bergwerks Schwaz ein
Schreiben[58]) zugehen mit der Bitte, sie mit Kriegsvolk im
Falle der Noth gegen ihre Feinde zu unterstützen. Sie hätten
erfahren, daß Friedrich Hofmann böhmisches Kriegsvolk ge=
worben und „uns, unser Leib und Gut zu verderben (sich)
täglich stärkt und befleißt, auch an die Pongauer begehrt, ihn
mit einem Kriegsvolk aufs Pinzgäu ziehen zu lassen . . ist
dem Hofmann abgeschlagen worden. So hat der von Salz=
burg das Schloß auf Werfen bei nächtlicher Weil besetzt und
gestärkt. Es haben sich auch die Stadt Salzburg sammt der
Landschaft Berchtesgaden dem schwäbischen Bund zugesagt und
sind Willens, tausend Knecht dahin zu legen. So vernehmen
wir landsmannsweis, wie ein Kriegsvolk durchs Innthal auf
uns rücken soll. Das alles uns dahin weist, daß wir keins
Frids gegen unserm Landfürsten und Adel (uns) versehen

---

57) Jörg 647.
58) Schreiben im augsb. Archiv „Mittersil am samstag vor oculi
in der basten a. 26."

mögen." War es zu verwundern, daß bei dieser Sachlage
die Bauernschaft im Pinzgau bei Zeiten ihre Waffen wieder
hervorholte und bereit stellte? „Wenn die Stauden rauh
werden, sagte man von den Pinzgauern, wollen sie wiederum
kommen und es anders mit Ernst angreifen als fernd." „In
diesem Winkel der Gebirg, klagte der Kardinal bei Herzog
Wilhelm am 4. März, haben sich den ganzen Winter enthalten und sind noch der Enden viel hundert verloffene Knecht
und Buben von Schladming, auch aus den bündischen und
andern Landen, die sich sonst nirgend sicher wissen."³⁹)

Der Landtagsabschied,⁴⁰) welcher Anfang März mit dem
Erzbischof vereinbart wurde, fand nicht allgemein Billigung
und Annahme. In demselben war die Amnestie zurückgezogen: „die Landschaft will und soll zu ihrer f. G. mit Leib
und Gut setzen, die Verbrecher des Vertrags und Ungehorsamen jetzt und hinfüran zu verschuldeter Straf und zu Gehorsam zu bringen." Die Fragen der Landesordnung und der
Beschwerungen sollten erst durch einen dazu niedergesetzten
Ausschuß der Landschaft geregelt d. h. verschleppt werden.
Selbst der Kanzler Eck war dieser Ansicht. „Ich habe bedacht,
wo der Handel an den Bischof allein gelangen sollte, daß die
armen Leut mit seiner langsamen Handlung und Hoffart nicht
von Statten kommen möchten" — schrieb er seinem Herrn
am 30. April. Dagegen hatte man im Abschied „der Kosten
und Schäden halben" nicht zu bewilligen vergessen, daß seiner
„f. G. 100,000 fl. in fünf Jahren zu bezahlen (sei) nach

---

³⁹) Der Kardinal war nach Jörg natürlich der frömmste und
friedfertigste Mann, trotzdem er die Verhandlung mit der Landschaft in
leicht erkenntlicher Absicht hinauszog und im nämlichen Berichte ein be-
sonderes Zeichen seiner Friedensgesinnung mit den Worten geben ließ:
„Wo die nicht ausgereutet, würden weder ihre f. G. (der Kardinal) noch
ihre Nachbarn keinen sichern noch beständigen Frieden haben mögen."

⁴⁰) siehe denselben Jörg 645 A. 14.

Ausweisung der Verschreibung." Stellte sich nun trotzdem
der Kardinal, als wenn er den Vertrag, der für ihn nicht
günstig laute, nur annehme „in Anbetracht der vielen Unschuldigen im Lande, und am meisten, damit die Gehorsamen
erhalten und die Ungehorsamen mit Hilf und Beistand
seiner getreuen Landschaft gestraft würden", so mußte er
entweder die vielen Klagen seiner Unterthanen und auch
der vorjährigen Landschaft, sowie die schwere Bedrängniß,
in der er geschwebt, vergessen haben, oder er hatte im Sinne,
selbst diesen ihm allein vortheilhaften Abschied nur so lange
zu halten, bis sein Kanzler den schwäbischen Bund für ein
abermaliges Einschreiten gewonnen hatte. Wenn diese Alter-
native auch die jetzige, „getreue" Landschaft nicht begriff,
die Bauernschaft sah sie nur um so klarer ein. In Taxenbach traten ihre Obersten zu einer neuen Vereinigung zusammen. Der Pinzgau und der Pongau erhob die Waffen,
und ihnen schloß sich allmählich ein großer Theil des
Landes an und zwar wegen des beschwerlichen, ja unerträg-
lichen Abschiedes, nicht gezwungen und überwältigt, wie der
Kardinal den bayrischen Herzogen vorspiegeln ließ.[*1]) „Sie
halten uns, ihren Landesfürsten und unsre gehorsame Landschaft für Feind und handeln auch also", klagte der Erzbischof
vor dem schwäbischen Bunde.[*2]) Denn sonst wäre die ungehorsame Minderheit nicht so schnell wieder im ganzen Bisthum
Herr geworden. Wer hätte es der Bauernschaft verdenken
sollen, daß sie nicht mit gebundenen Händen sich ihrem Herrn
ausliefern wollte, die „Rädelsführer" nicht strafen ließ und
die fremden Knechte nicht aus dem Land that? Im Gegentheil, der salzburgische Hofmarschall, Wiguläus von Thurn,
wurde zwischen Zell am See und Saalfelden in die Flucht

[*1]) Jörg 647.
[*2]) Instruktion für Marquard von Stein. Augsb. Archiv.

geschlagen und Radstatt von den Aufständischen eingeschlossen.
Selbst solche, welche zuerst Willens waren, ruhig zu bleiben,
fielen wieder um. Aus den Gerichten Saalfelden, Glemb,
Leugang, Lofer und Unken baten noch am 29. April die
Bauern um Schutz gegen die Aufrührer, am 7. Mai hatten
auch sie eben des Abschieds wegen dem Aufstande sich wieder
angeschlossen. Unter diesen Umständen konnte nur der schwäbische Bund mit seiner Kriegsmacht den salzburgischen Streit
entscheiden. Anfangs hatte er seinem jüngsten Mitgliede,
dem Kardinal, einen Zusatz bewilligt und die bayrischen
Fürsten beauftragt, dem Erzbisthum auf Bundeskosten zuzuziehen. Am 7. April ging ein bündisches Schreiben*) nach
München: in Kraft des jüngsten nördlinger Abschieds möchten
die bayrischen Herzoge auf Kosten des Bundes die abgefal-
lenen Bauern überziehen, denn „wo dieselben nit solten fürderlich wiederum niedergedruckt und ihnen Abwendung ihres
bösen Vorhabens gethan werden, daß damit kein Aufhör würd
sein, sondern sich die Beschwerd in andern Oberleiten auch zutragen.“ Uebrigens erhielt der Erzherzog Ferdinand die gleiche
Aufforderung. Dieser Bundesbeschluß war durch die lebhafte
Schilderung herbeigeführt, welche ein Specialgesandter auf
Beschl seines Herrn vor der gemeinen Versammlung zu ent-
werfen mußte. Am 10. April antwortete der Bund, daß
man dem Erzbischof zu den 1200 Knechten noch 2000 bewillige, forderte ihn und die Landschaft aber zugleich auf, an
die Bundeskasse die rückständigen 12000 fl. zu bezahlen. Zugleich wurden die bayrischen Herzoge beauftragt, die Pässe,
„wo es hievor nit beschehen wäre“, stattlich zu verwahren und
keine Knechte zu den Bauern laufen zu lassen. Der Kardinal

---

*) Diese und die folgenden Notizen sind der im augsburger Archiv
aufbewahrten Korrespondenz des Städtehauptmanns Ulrich Artzt ent-
nommen.

verfehlte außerdem nicht, nach allen Seiten hin seine Hilfe-
gesuche zu schicken. Am 11. April bat er den Erzherzog um
Zuzug im allgemeinen und hauptsächlich, daß er „die zwei
Fähnl Knecht in Tirol an die Grenzen gegen dem Hochberg"
schicke und durch sie die Pässe und Straßen verwahren lasse.
Am nämlichen Tage schilderte er auch den bayrischen Fürsten
seine Noth. Vier bis fünftausend Pinzgauer hätten den
Markt Taxenbach und das Gericht daselbst mit Gewalt erobert, dann seien sie in die Nauriß gerückt und hätten auch
hier die Leute zu sich gezwungen. Zunächst beabsichtigten sie
in die Gastein zu rücken, „welches Tal und Bergwerk ihnen
auch kein Widerstand thun mag". Sie würden „nit wie
vernd Zeit vor einigem Schloß oder Stadt verlieren", sondern
ihn eilends überziehen. Die Herzoge möchten den Paß zu
Lofer annehmen und besetzen. Es kam Hilfe. Am 12. zog
wenigstens eine Anzahl bündischen Kriegsvolks zu Roß und
Fuß nach Salzburg unter dem Kommando des „Kaspar Neger,
genannt lang Kaspar." Von Innsbruck aber traf nur eine
Entschuldigung und wenige Tage nachher am 17. von Tübingen
aus ein guter, aber werthloser Rathschlag des Erzherzogs ein.
Die Bitten und Berichte des Kardinals dauerten den ganzen
Monat April fort. Der Bund allein that etwas für ihn,
freilich noch nicht genug. Am 30. April schrieb Herzog Wilhelm nach Salzburg, er höre, daß der mehrere Theil des
Gerichts Unken noch nicht abgefallen sei, „es seien auch all
Päß gegen den unsern der Enden offen, handeln und wandeln
mit den unsern ohn Scheu ganz friedlich." Darum würde
es sich empfehlen, diese Landstriche unüberzogen zu lassen und
so die aufrührerischen Elemente zu vermindern und zu isoliren.
Allein das Rad war im Rollen und der Kardinal selbst im
Vertrauen auf den schwäbischen Bund nicht ehrlich zum Frieden
geneigt. Seine Hoffnungen täuschten ihn auch nicht. Am
1. Mai beschlossen die Bundesräthe, welche in Augsburg ver-

sammelt waren und von Ribeisen bestürmt wurden, ein Drittel
der ganzen Hilfe zum Schuhe Salzburgs aufzubieten.

Unterdessen hatte man sich in München wieder mit allerlei
Gedanken getragen. Gut war man auf den Kardinal dort
nicht zu sprechen. Der Kanzler Eck, welcher seit dem 26. April
an den in Augsburg stattfindenden Bundesverhandlungen theil-
nahm, nannte ihn einen Narren und sann darauf, wo
möglich, einen Gewinn aus der Lage zu ziehen. Daß
der Erzherzog mehrere Gerichte besetzt hielt, während Bayern
im vergangenen Jahre mit leeren Händen ausgegangen war,
schmerzte ihn. Die Lage schildert er in seinen Briefen wieder
als sehr bedenklich. Zumeist fürchtete er eine neue, gewaltige
Erhebung in Tirol und vorzugsweise unter den Innthalern,
womit unmittelbar drohende Gefahren für Bayern verbunden
gewesen wären. „Ich schrei und sag Tag und Nacht, E. f.
G. sollen bei guter Wahrung sein . . . Meinem Gutbedünken nach sollten E. f. G. nachmals etliche Reisige zu ihr
erfordern, daß man doch Leute hätte, auch ihre Schloß und
Städt wohl versehen". „Die Knappen und Weber zu München
sein des gewaltiger, denn E. f. G. Es wird wahrlich ohn
einen großen Strauß nicht zergehen, und in dreien Tagen ist
es gleich überhand genommen, so man nicht geschickt ist dagegen." „Es iß Sach, daß die salzburgischen Bauern nicht
gestraft oder daß sie einen Vortheil erlangen sollen, so ist es
schier am Ende". Nicht aus Kleinmüthigkeit schreibe er das,
sondern weil sein Herzog den Sachen, wie wohl billig, nicht
nachgedenke. Darum „wolle E. f. G. dieser Zeit mit ihrem
Bauen an dem Garten und andern Lustbäuen in Ruhe stehen
und gedenken um Leut und Geld". Mit dem ganzen Aufgebot
seines persönlichen Einflusses feuerte Eck jetzt wieder den Bund
zum Eingreifen an. „Ich versieh mich, über zwen Tag nicht
hier zu bleiben, sofern anderst mein Praktika und mehrere
oder ander Hilf in dem Stift Salzburg ihren Fürgang er-

langt". Als in den letzten Apriltagen einige salzburgische
Gerichte, Salfelden, Unken, Loser, wie wir sahen, in München
um Schutz gegen ihre aufständischen Landsleute baten, gab
am 29. April der Kanzler alsbald den Rath, die Bauern in
„der Bundesstände Gnad und Ungnad" anzunehmen und
dies dem Bischofe anzuzeigen, damit dadurch die Bauern
zertrennt würden und man einen offenen Paß zu den un=
gehorsamen Bauern erhalte. Diesen Rathschlag gab Eck,
ohne im Besitz eines bündischen Beschlusses zu sein; er wollte
ihn erst erwirken. Wiederum sollte der Bund seine ganze
Macht für die Sache der Legitimität, der hergebrachten Ord=
nung, kurz des Herrenstandes einsetzen und den Aufruhr dämpfen.
In dieser Anschauung war er der Alte geblieben. Aber in
einem andern wichtigen Punkte hatte er seine Ansichten ge=
ändert, wahrscheinlich wieder weniger aus prinzipiellen Gründen,
als aus politischen Erwägungen. Während er im vergangenen
Jahre Alles, was Bauer hieß, mit grausamer Härte behandelt
wissen wollte, erschien nun ein an ihm doppelt auffallender
Zug der Milde und Rücksicht. Es sollen nicht mehr alle, die
am Aufstande Theil genommen haben, bestraft werden, sondern
nur „die Aufwiegler." „Und ob es gleich dem Bischof nicht
gefall, (als ich dennoch nit acht) so sein E. f. G. mit ihren
Hauptleuten, Kriegsräthen und andern Verwandten stark im
Feld, daß E. f. G. das und anders erhalten mögen" 29. April.
Er will also den Krieg dadurch rasch beendigt wissen, daß sein
Herzog energisch eingreife und die friedfertigen Elemente durch
Amnestie für sich gewinne. Jetzt also begann Eck doch auch
einzusehen, daß das Hinschlachten der bäurischen Bevölkerung
dem Wohlstande die schwersten Wunden schlage. Weil das
Erzstift unmittelbar an Bayern grenze und die Bewohner
beider Fürstenthümer täglich im Handel und Wandel mit=
einander verkehrten, rechnete er haushälterisch seinem Herrn
vor, müsse die Schädigung des einen auch einen Rückschlag

auf den andern üben: „so es den Stift und sonderlich die Pinzgauer betrifft, so sein E. f. G. auch in der Zech." Wo man, führt er am 30. April aus, dem Bischof den Handel überlasse, werde die Hoffart desselben jeden guten Ausgang vereiteln. Deshalb setzte er auch den Bundesbeschluß durch, daß „man den Frommen vor Schaden und Straf wohl sein mag, allein die unruhigen Buben und Rädelsführer vorbehält." Sein Kriegseifer war also im Vergleich zum vergangenen Jahre sehr abgekühlt, dagegen schäumte er über von Zorn gegen den Kardinal, den er für die neue Sorge verantwortlich machte. „Nachdem die Sachen zu Salzburg nach des Narren, des Bischofs, Uebersehen sich nicht wohl zutragen und man die Bauern an zwei Orten angreifen muß, also daß das Spiel erstlich übersehen worden ist, so hab ich gedacht, daß man den Handel mit Ernst stillen und bei Zeit darzu thon mueß aus Ursachen, so ich E. f. G. selbs anzaygen will". Deshalb hatte er den Bund zu dem Entschlusse be- wogen, ein Drittel der ganzen Hilfe auszuschreiben. Salz- burg sollte überzogen, die Keime neuer Erhebung, welche da und dort im Algäu sichtbar wurden, müßten erdrückt werden. Sein Herzog möge darauf halten, daß bei ihm „kein Mangel weder an Geld noch an Leuten sei. Denn soll man lang hinhalten, oder daß die Bauern den Vorstreich haben, so ist gewiß, daß der Herzog von Würtemberg und alle Bauern, so hievor aufrührisch gewest, einsmals in das Spiel kommen und abfallen. Ist viel besser, man wehre bei Zeiten".

Es gelang dem bündischen Heere nicht so leicht, den Aufstand zu bewältigen. In den Reihen der Salzburger standen viele kriegsgeübte Leute, fremde und einheimische, zu benen sich der kühne Hauptmann Michael Geismayr mit drei tiroler Fähnlein gesellt hatte. Bei Zell im Pinzgau, vor Radstatt,**) bei Brunnecken gewann nach großen Anstreng-

***

**) Buchholz Urkundenband 647. Liliencron, die historischen

ungen der Bund und, was zu ihm gehörte, endlich den Sieg.
Damit war auch dieser neue Erhebungsversuch gedämpft. Der
Kardinal aber ließ jetzt, wie man es von ihm erwarten konnte,
allen denjenigen seine Hand schwer fühlen, die sich wider ihn
erhoben hatten. Mit dem schwäbischen Bund sogar, der ihn
errettet hatte, feilschte und haderte⁶⁵) er noch im Jahre 1527
und verlangte Entschädigung für allzugroße Leistungen, die man
ihm im Bauernkrieg auferlegt habe. Das war sein Dank.

Führen wir noch zum Schlusse die Einträge auf, welche
ein paar bayrische Zeitgenossen in ihre Tagebücher über den
zweiten Aufstand im Erzstift Salzburg machten. Der tegern-
seer Chronist schreibt: „1526. In diesem Jahr erhuben
sich die Bauern im Pinzgau zum andern Mal, darum daß
der Bischof wider den Vertrag mit ihnen mißgehandelt hatte,
und die Bauern in dem Thal blieben, etlich tausent Landsknecht zu ihnen fielen. Und dem Bischof half der Bund, und
anderst wollten die Fürsten von Bayern als Vogt ihm nimmer
helfen. Und ward dem Bund vil Volks erschlagen, also daß
der Bischof verzweiflet und wollt gen Augsburg geflohen sein
mit Gut, wo ihn die Fürsten von Bayern nicht wieder heim
geschafft hätten mit Ernst. Zuletzt der Bauernhauptmann mit
Namen Gaisman (Geismayer), weiland Kanzler des von
Brixen, und um Enthauptung seines Bruders derselbige Zeit
abgesagter Feind der von Innsbruck, nach S. Jakobstag (!)
zu nächtlicher Zeit mit den Landsknechten von den Bauern
aus dem Thal heimlich wegzog. Darumb die Bauern des
andern Tags in Gnad und Ungnad sich dem Bund ergaben
und zu Hand 40 auf dem Plan vor Allen enthaupt wurden,
etlich entliefen und all hart gestraft wurden, als die in
Schwaben." Und Perneder aus München verzeichnet Folgendes:

Volkslieder III 508: „Nun wöllt ir hören ein neues gedicht, und was
vor Rastat geschehen ist wol von den kropfeten pauren? ꝛc. ꝛc."
⁶⁵) Klüpfel 303, 308.

„Eodem anno (1526) haben die pinzgauerischen Bauern im Erzstift Salzburg, über daß vorhin durch Herzogen Ludwigen von Bayern ein ganz gnädig Vertrag aufgericht, einen besondern Aufstand gemacht und einen Hauptmann gehabt, mit Namen Gaismair, mit welchem der Bund den ganzen Summer des 26. Jahrs Krieg geführt und dieselben abgefallen Unterthanen letztlich bestritten, die Rädelsführer daraus enthauptet, die andern zur Gnad und Ungnad angenommen mit aufgelegter Straf, daß jede Aufruhrstatt 4 fl. geben und demnach nichts minder aller Schaden, so daraus beschehen, wiederkehrt werden soll. Doch sollen die 4 fl. Strafgeld dem Bund allein zugehören; der Erzbischof solle auch die entlauffen Unterthanen ohn Wissen gemeiner Stände des Bunds nicht mehr einkommen lassen, sondern ihre Weib und Kind hinnach schicken, und zudem soll alle derselben Entlaufnen Hab und Güter, auch Gerechtigkeit den vorgedachten Bundsständen einzuziehen vorbehalten sein und zustehen."

Zwölftes Kapitel.

Ergebnisse. Bayern im dauernden Kampf gegen Oesterreich. Der Landtag zu Ingolstadt im J. 1526.

Wer mit unbefangenem Auge den Verlauf des Bauern=
krieges ansieht und den Dingen nicht absichtlich ein Gesicht
nach einem Parteistandpunkt zu geben sich anstrengt, der wird
nicht in jene hochtönenden Lobeserhebungen einstimmen, mit
welchen man das Verhalten Bayerns in diesem verhängniß=
vollen Zeitpunkte verherrlicht hat.[1]) Wahr ist, daß die bay=
rische Regierung dem Aufstande den Eingang in ihr Gebiet
verwehrte mit den Mitteln und aus den Gründen, welche
oben dargelegt worden sind. Wahr ist ebenso, daß Eck, der
bayrische Kanzler, mit starker Hand den schwäbischen Bund
und mit ihm die Herrenpartei zusammenhielt und zum Sieg
gegen die aufständischen Bauernschaften führte, doch keines=
wegs aus idealen Beweggründen, sondern geleitet von eigen=
nützigen Hintergedanken und von einer starken Interessenpolitik.
Zunächst war Eck durch die gefahrbrohenden Angriffspläne
des geächteten Herzogs Ulrich von Würtemberg bestimmt
worden, den schwäbischen Bund zu den größten kriegerischen
Anstrengungen mit sich fortzureißen; der Bauernkrieg stand bei

---

[1]) Dahin gehören alle die Phrasen Jörgs, wie „Bayerns Haltung — Teutschlands Rettung", ferner von dem, „moralischen glän-
zendsten Sieg, den es, ohne Schwertstreich" errungen xc.

23*

ihm erst in zweiter Linie. Aber während desselben hat er
ohne Wanken das Recht der Legitimität und des Hergebrachten
verfochten vermöge der Grundsätze, denen er seit Jahren
huldigte. Es darf nicht verkannt werden, daß er ebenso rück-
sichtslos und standhaft alle Gelüste seiner Herzoge, sich auf
Kosten anderer und besonders geistlicher Nachbarfürsten mit der
Revolution zu bereichern, bekämpfte und verdammte, wie er un-
erbittlich darauf drang, das kühne Wagniß der Bauern mit
blutiger Gewalt zu rächen.[1]) Obwohl er sein ganzes Leben
darauf bedacht war, das Ansehen und die Macht des bayrischen
Fürstenhauses zu vergrößern und dabei in den Mitteln nicht zu
wählerisch war, so hatte er doch während des Bauernkrieges
eine heilige Scheu, auch nur den leisesten Verdacht gegen die
Uneigennützigkeit Bayerns und seine korrekte Haltung aufkommen
zu lassen. Diese Handlungsweise entsprang aber viel weniger
dem Antrieb einer Selbstlosigkeit, die er nicht besaß, als einer
klaren, zielbewußten politischen Erwägung und Richtung. Wie
er einst selbst seine Fürsten nicht freiwillig, sondern von den
Verhältnissen gezwungen, ins habsburgische Lager hinüberge-
führt hatte, so benützte er nun die ersehnte Gelegenheit, Bayern
wieder aus dieser Abhängigkeit herauszureißen und die bayrische
Politik auf ihre eignen Füße zu stellen. Nicht ohne Schmerz
und mit einem Ingrimme, der sich zuweilen in scharfen Worten
Luft machte, hatte er gesehen, daß Bayern für seine den Habsburgern geleisteten Dienste und seine Heeresfolge keinen Dank,
wie er ihn verstand, erntete. Es war schnell vergessen worden,
mit welcher Anstrengung die bayrischen Herzoge, nicht am
wenigsten im österreichischen Interesse, den sich zerbröckeln-
den schwäbischen Bund vor dem Verfalle bewahrt hatten.

---

[1]) Der Chronist von Tegernsee berechnet die Zahl der Opfer auf
150000: „in dieser aufrur sind met denn anderthalb hundert tausend pauren
erschlagen in Teuscher Nation". Ebenso viel gibt der Bischof von Speyer
an. Geissel, Kaiserdom 315 Nr. 1.

Aus diesem Grunde erschien es dem Kanzler thöricht, noch länger eine solche Verbindung aufrecht zu erhalten. Diese Neigung reifte zu einem bedeutungsvollen Entschluß heran, als der Erzherzog Ferdinand nach der Meinung Ecks sogar so weit gegangen war, das Fürstenthum Bayern direkt zu schädigen. Denn für eine Gefährdung seines fürstlichen Hauses hatte es der bayrische Kanzler angesehen, als der Erzherzog mit der Besetzung der Stadt Füssen eine Politik im Algäu einschlug, welche nicht nur schnurstracks den Absichten des Bundes widersprach, sondern auch dahin zielte, in Schwaben den österreichischen Besitz zu vermehren, auf einer neuen Seite Bayern einzuengen und ihm die Aussicht auf Vergrößerung abzuschneiden. Deshalb wurde die an sich geringfügige Thatsache der Einnahme Füssens zum Wendepunkt für die bayrische Politik, vorerst soweit es auf den mächtigen und weitschauenden Kanzler ankam. Eck ist von da an entschlossen, den habsburgischen Bestrebungen überall entgegenzutreten, seine Herzoge allmählich umzustimmen und wo sich Gelegenheit bietet, Bundesgenossen gegen Ferdinand zu sammeln. Und diese Wendung war nicht etwa vorübergehender Natur. Auf Jahre hinaus beherrscht dann, wie wir noch sehen werden, diese Richtung den münchener Hof, so daß die bayrische Regierung in antiösterreichischem Sinne ohne Unterlaß thätig wird. Der Ausgangspunkt ist und bleibt aber der angeführte Vorfall. Seitdem ließ Eck nicht ab, in Ulm den Einfluß Oesterreichs zu beschränken und den Bund in einen entschiedenen Gegensatz zu Ferdinand zu bringen. Ohne daß es die Bundesversammlung nur recht merkte oder einer der Räthe es auszusprechen wagte, verstand es Eck, die gemeine Versammlung in seinem Sinn und Geist wirken zu lassen. Nichts, was die österreichischen Räthe verlangten, wurde gewährt, keine der Maßnahmen Ferdinands fand mehr Gnade in Ulm, wie das Ecks Briefe und die Bundesbeschlüsse am

besten ausweisen. Nicht einmal seinen Herzogen sprach es in
der ersten Zeit der Kanzler mit nackten Worten aus, was er
wollte, doch zeigte der Ton seiner Schriftstücke, der immer
schneidender und deutlicher wurde, hinlänglich, wie er dachte.
Erst als er die sichern Beweise dafür in den Händen hatte,
daß die Freundschaft zwischen Bayern und Oesterreich ihnen
zum Schaden gereiche, versäumte er nicht mehr, geradezu vor
Oesterreich zu warnen: „Ich kann nicht gedenken, schreibt er
am 19. Juli, daß E. f. G. und derselben Erben bei Oesterreich wohl sitzen werden". In der That gestaltete sich das
Verhältniß zwischen den beiden Fürstenhäusern nach dem Wunsche
Ecks. Am Ende des ersten salzburgischen Aufstandes ist nach
manchen Irrungen, die zwischen den bayrischen Herzogen und
ihrem Kanzler vorgefallen waren, und welche mehrere nicht ganz
leidenschaftslose Erörterungen zwischen ihnen herbeigeführt
hatten, doch der Bruch zwischen Bayern und Oesterreich fertig:[*]
die Herzoge denken, wie ihr erster Diener.

Das zeigte sich bald in Allem. Vor Jahren waren
beide Häuser in dem Bestreben einig gewesen, bei der allenfalls eintretenden Säkularisation geistlicher Nachbargebiete frisch
zuzugreifen. Herzog Wilhelm huldigte in diesem Punkte trotz
seiner Anhänglichkeit an die alte Kirche keineswegs einer edleren
Anschauung, als Erzherzog Ferdinand. Wenn der Zeitgeist
die Abschaffung der weltlichen Herrschaft der geistlichen Fürsten
durchgesetzt hätte, so würde er keinen Augenblick sich gegen
diese Strömung gestemmt haben. Schon längst hatte er sich
Eichstätt und Salzburg ausersehen. Mit Ferdinand zerfiel er
nur bei der Frage nach der Theilung der Beute. Daß der
Habsburger nicht leer ausgehen, sondern auch etwas haben

---

[*] Auf welcher Seite die größere Schuld lag, mag dahin gestellt
bleiben. Daß aber Ferdinand allein zu belasten sei, wie Jörg 602
meint, ist ein großer Irrthum. Der Erzherzog war im salzburgischen
Handel gegen Wilhelm sicherlich aufrichtiger, als umgekehrt.

wollte, erschien dem bayrischen Fürsten unerträglich. Hatte man
doch schon seit 1519 in München es als sicher angenommen,
daß das Erzstift Salzburg dem bayrischen Hause, wenn auch
vorerst noch als geistliches Besitzthum, zufallen müsse. Sobald
aber der Herzog Ernst nicht auf den erzbischöflichen Stuhl
erhoben wurde,[4] sondern der Augsburger Matthäus Lang
denselben bestieg, bereiteten Oesterreich und Bayern in gutem
Einvernehmen dem neuen Erzbischof Schwierigkeiten aller
Art und verhinderten hauptsächlich die Aufnahme Salzburgs
in den schwäbischen Bund. Noch am 19. April 1525 will
selbst Eck davon nichts wissen. „Er (der Kardinal) hebt
wieder an zu prakticiren und daß er ja gar in dem Bund
sein wollte," schrieb er nach München, und Weissenfelder wird
noch Anfang Mai eigens deshalb nach Innsbruck geschickt, um
den Erzherzog gegen den Kardinal aufzuhetzen und ihn zu
warnen: „ob S. L. (Ferdinand) den dritten Theil von den
geistlichen Gütern in dem Stift Salzburg zu nehmen und zu
begehren vorhätten, und der Bischof, so der in den Bund genommen, sich solcher Anlag als einer Neuerung und wider
sein und seines Stifts Herkommen, Freiheit und Gebrauch beschweren, oder daß S. L. etlich andere nachbarliche Irrung
gegen den Stift hätten, und der Kardinal die Bundesstände
der aller halben ersuchen würde, so wollen S. L. gedenken,
daß sie sich in allen Irrungen der bündischen Ordnung und
Erkenntniß halten und benügen lassen müssen."[5] Gleichzeitig
allerdings hatte die bayrische Regierung dem Erzbischof das
erheuchelte Versprechen gegeben, sein Gesuch um Aufnahme in
den schwäbischen Bund zu unterstützen, ein Beleg dafür, mit
welcher Doppelzüngigkeit man in München gegen Salzburg
vorging.

---

[4] Jörg 604 A. 2.
[5] Ebenda A. 3.

Wie rasch zerschlug sich nun diese Freundschaft. In wenigen Monaten standen die beiden Fürstenhäuser sich feindselig gegenüber. Bayern rettete im Verein mit dem Bund den bedrängten Kardinal, und Eck förderte mit dem größten Fleiß die Aufnahme Salzburgs unter die Bundesstände, während Ferdinand das Gegentheil thun ließ. Es ging nicht ohne bittern Kampf ab, doch stand der Bund auf der Seite Ecks. Unter dem 26. November 1525 rechtfertigte der Bund dem Erzherzog gegenüber sein Eingreifen in die salzburger Wirren.*) Wäre es nicht geschehen, so würden sich Ferdinands, der bayrischen Fürsten und anderer Obrigkeiten Unterthanen auch empört haben. Ferner sei gewiß, „wo unser gn. Herr von Salzburg nicht in Bund sollt genommen, daß des Stifts Unterthanen und Verwandte nicht würden ruhig sein, sondern eine neue Empörung erwecken". Deshalb habe man das Stift in den Bund aufgenommen, „doch der Gestalt, daß alle Städt und Flecken, so in e. f. Dt. niederösterreichischen Erblanden gelegen und dem Stift zugehörig frei ausgenommen, also daß dieselben in der Bundeseinigung nit sollen begriffen sein, denn ohne das und wo seine f. Gn. dieselben im Bund auch well gehabt, so wurden wir sein f. Gn. und derselben Stift nit angenommen." Der erzherzogliche Gesandte Dr. Frankfurter habe „des Ausnehmens halben ein Verzeichnis" begehrt, allein das sei für unnöthig erachtet worden.

Ferdinand gab sich damit nicht zufrieden und wies seinen Gesandten an, Protest einzulegen. Ulrich Artzt schreibt am 5. Dezember 1525 nach Augsburg, „daß f. Dt. des Einnehmens halber mein gnädigstn Herren von Salzburg nit einig konnten werden. Dr. Frankfurter ist der, der sich übt und der alle Uneinigkeit unter uns macht; der will, daß mein Herr von Salzburg all Städt, Schlösser und Flecken soll bestimmen

---

*) Konzept im augsburger Archiv.

und anzeigen, mit welchen er im Bund sein wöll. So haben sich meines Herrn von Salzburg Gesandte entboten, daß er mit allem seinem Land, Städt, Schlösser und Flecken im Bund sein wöll; doch was in seiner f. Dt. Erblanden liege, dieselben well er ausnehmen, es sei in Kärnten, Krain, an der Etsch oder an andern Enden gelegen, begehr er nit damit in Bund zu kommen. Wo aber f. Dt., es wären Städt, Schloß oder Flecken, ansprech, das in seiner Dt. Lande gelegen wäre und er vermeinte, nit darin gelegen wäre, so will sein f. Gn. gemeine Versammlung Richter sein und darumb erkennen lassen. Hat Dr. Frankfurter bisher nit darein wöllen bewilligen, acht auch, er werde nit darein verwilligen, er sich auch gegen andern sondern Personen lassen hörn, wo wir ihn einnehmen, werde er ein Protestation dargegen thun". Die von Frankfurter angedrohte Protestation erfolgte wirklich. Deshalb wandte sich am 12. Dezember der Bund an den Erzherzog selbst.[1] Die Protestation sei gegen die Bundeseinigung und aus diesem Grunde unannehmbar. Und Ulrich Arzt berichtet des Näheren über den Vorgang. Die Bundesräthe hätten Dr. Frankfurter gebeten, seine Appellationsschrift zurückzunehmen. „Er wollts aber nicht thun. Darauf wurde sollich Schrift auf den Tisch, dabei er gesessen, gelegt, und zeigten ihm an, er nehm sollichs Schrift oder nit, so wurd nichts davon gehalten. Also sagt Dr. Hans Schad, er wollte selbs ein Mittler sein in der Appellation, der nahm sollichen Schrift zu seinen Handen in den Wetschger, und damit beid Doctor zu der Thür hinaus." Diese Demonstration änderte nichts an dem Beschlusse des Bundes, der völlig unter dem Einflusse Ecks handelte. Nur auf diesem Wege glaubte der bayrische Kanzler, und nicht mit Unrecht, dem Erzherzog die sichere Beute entreißen zu können. „Als der Erzbischof die Flecken

_____

[1] Konzept im augsburger Archiv.

in den österreichischen Landen gelegen ausgenommen*), haben
sich die Oesterreichischen öffentlich hören lassen, daß der Stift
Salzburg außerhalb Mühldorf, Tittmoning und Laufen nichts
habe, das andere Alles, Salzburg, Hallein und alle Thäler
lägen in den österreichischen Landen." „Darum gedenken E.
f. G. für sich; es ist nother denn in etlichen hundert Jahren.
Hat auch je ein Fürst von Oesterreich nach dem Fürstenthum
Bayern getrachtet, so wird es jetzt geschehen." Bis zu einer
solchen Höhe war also die schnell aufgesproßte Antipathie
schon emporgewachsen, daß der Kanzler ohne Umschweif den
Erzherzog der hinterlistigsten und schlimmsten Absichten gegen
das bayrische Fürstenhaus bezichtigen durfte. Er war sich
zwar wohl seiner Uebertreibung bewußt und wählte deshalb
schlau die Form der Hypothese für seine unerhörte An-
schuldigung, aber er pflegte, sobald er einmal einen durch-
schlagenden Erfolg erzielen wollte, die Farben grell aufzu-
tragen in der Ueberzeugung, daß seine Fürsten, durch ein solches
Schreckbild in ihrer dynastischen Empfindlichkeit getroffen, unbedingt ihm in seinem Hasse folgen würden. Man darf dabei
nicht übersehen, daß die Macht des habsburgischen Hauses für
die Selbständigkeit und den Egoismus der fürstlichen Terri-
torialgewalt in der That eine unverkennbare Gefahr in sich
schloß, und daß zu diesem Umstande das in der Nation weit
um sich greifende Verlangen nach einer starken Kaiserge-
walt und nicht minder der Wunsch, die fürstliche Vielherrschaft
abzuschaffen, noch hinzutrat. Mit solchen Argumenten war
Eck im Stande, ebenso auf seine eigenen Fürsten Eindruck zu
machen, wie auch auf die fürstlichen Mitglieder des schwäbischen Bundes. Ihnen stand die gleiche Gefahr bevor. Aus
diesem Grunde vornehmlich war es ihm gelungen, dem

*) Ecks Brief Jörg 605 N. 4. Ich habe das Original dieses
Briefes in den Akten nicht gefunden.

schwäbischen Bunde seit der Mitte des Bauernkrieges ein täglich zunehmendes, antiösterreichisches Gepräge aufzubrücken
und nun die lange hingezogene Aufnahme des Kardinals unter
die Bundesstände schnellstens herbeizuführen. [9]

Der Erzherzog Ferdinand und sein Haus hatten überhaupt
Feinde unter den Reichsfürsten, die zuweilen in vertraulichen
Schreiben ihre Abneigung aussprachen und daran allerlei Vorschläge und Pläne knüpften. Am 30. April 1525 beschwerte
sich der Pfalzgraf Philipp in einem ausführlichen Brief [10]
an Herzog Wilhelm über Ferdinand, der seine Bundeshilfe
zu leisten sich enthalte und wenig Fleiß anwende, dem aufrührigen Bauern und gemeinen Volk Widerstand zu leisten.
Wäre der Kaiser im Reich gewesen, so würde diese und andere
Aufruhr vermieden und unterlassen geblieben sein. Es wäre
„uns Fürsten und Ständen des Reichs je hoch beschwerlich und
verderblich, ohne ein Haupt im Reich zu wohnen". Mit
dieser Hinweisung berührte der Pfalzgraf eine empfindliche Stelle
im Herzen Wilhelms, der die alten Träume und Hoffnungen nur
zurückgedrängt, nicht aufgegeben hatte, und deshalb seinem
Vetter eine geheime Zusammenkunft [11] der Fürsten von Bayern
in Aussicht stellte. Der Tag sollte am 12. Juni in Ingol-

---

[9] Salzburg wurde auf dem Martini 1525 in Nördlingen ab-
haltenen Tag in den Bund aufgenommen. Klüpfel a. a. O. 295. Auf
dem Tag zu Augsburg, den 1. März 1526, wurde dem Kardinal ein
Drittel der Bundeshilfe und zwar 796 zu Roß und 3633 zu Fuß bewilligt, ebenda 296.

[10] Jörg 609.

[11] Das Projektiren fürstlicher Versammlungen und Bündnisse
war damals angesichts des Aufruhrs an der Tagesordnung; in München
zumal schwebten unausgesetzt solche Verhandlungen. Mit dem Markgrafen Kasimir ließ sich Herzog Wilhelm nur ungern ein. Dieser
war am münchner Hof schlecht angeschrieben, denn „er ist in der luthe-
rischen sect vergifftet" und „verdorben". Ecks Brief vom 25. Mai.
Jörg 610.

stadt stattfinden. Hiezu lud aber der Pfalzgraf Friedrich, obwohl
er die Gesinnung Wilhelms kannte und ihn nur mit Mühe
überredete, dies zuzugeben, auch den Markgrafen Kasimir
von Brandenburg ein. Allein die Pfalzgrafen Friedrich und
Philipp trafen bei ihrem prunkvollen Eintritt in die Universitäts-
stadt nur die zwei bayrischen Räthe Lösch und Pfeffenhauser.
Weder Kasimir noch der zum Schein auch geladene Ferdinand
noch die Gebrüder Wilhelm und Ludwig waren erschienen.
Letztere verhinderte ihre starke Betheiligung an den salzburgischen Wirren zu kommen. Die Pfalzgrafen entschlossen sich
daher, um nicht unverrichteter Sache umkehren zu müssen,
nach München zu reiten und dort eine speziell bayrische Fürsten-
konferenz zu halten.[12]) Es war in der That kein Zufall,
daß die gepflogenen Besprechungen sich lediglich um Ferdinand
drehten und zu ihm feindlichen Verabredungen führten. Die
Versammelten beschlossen, eine Botschaft an den Kaiser abzuordnen
und ihm die schlimme Lage des Reichs, die großen den Fürsten
durch den Aufstand verursachten Kosten und „wie wenig ihr
Majestät Statthalter der Erzherzog dazu gethan" vortragen zu
lassen mit der Bitte, der Kaiser möge „sich heraus in das Reich
verfügen" und gnädig sorgen, daß die Bösen ihrer Straf nicht
entgehen. Dieser Beschluß wurde dem Kurfürsten Ludwig
mitgetheilt[13]) mit dem Ersuchen, die ausgesprochene Absicht
zu unterstützen und noch andere Fürsten dafür zu gewinnen.
Man sieht, es handelte sich um eine Anklage gegen den Erzherzog, die, wenigstens nach der Anschauung des münchener
Hofes, in ihrem Endziel dazu führen sollte, dem Bruder des
Kaisers die Aussicht auf die römische Königskrone abzuschneiden,

---

[12]) Die Anwesenheit der österreichischen Räthe änderte daran
nichts, denn die Hauptsache wurde „außerhalb des Erzherzogen zu Oesterreich Botschaft" abgemacht.

[13]) Jörg 619.

dagegen Herzog Wilhelm dieſelbe zu verſchaffen, [14]) ein Plan, den letzterer ſchon ſeit geraumer Zeit hegte, aber angeſichts des blutigen Kriegs hatte zurückſtellen müſſen. Jetzt aber, wo die fürſtliche Sache über die Revolution ſo glänzend durch den ſchwäbiſchen Bund geſiegt hatte und dieſer unter der ſchlauen Leitung Eck ins antiöſterreichiſche Fahrwaſſer hineingeſteuert war, glaubte Wilhelm, die Zeit der Erfüllung ſeiner Wünſche ſei gekommen. Allein zu ſeinem Schmerze mußte er bemerken, daß ihn ſeine Vettern im Stich ließen. Als ſie von den ge= heimen Verebungen zu offenen Thaten übergehen ſollten, fehlte ihnen dazu der Muth, oder ſie hatten ſich von den Habsburgern gewinnen laſſen. [15]) Denn Ferdinand ſuchte überall nach Freunden, ſeitdem er die Erfahrung hatte machen müſſen, daß ſeine Statthalterſchaft ſehr wenig reſpektirt und er im ſchwäbi= ſchen Bund von dem raſtloſen Streiter für die Ehre und die Intereſſen des bayriſchen Hauſes völlig auf die Seite gedrängt werde. Von ſeinem Standpunkte aus hatte er vollkommen Recht, wenn er nicht blos ſein, ſondern auch das kaiſerliche Anſehen für ſehr gefährdet hielt, ſo lange ihm nicht die Würde eines römiſchen Königs übertragen ſei. Dieſe un= mittelbar vor dem großen Krieg ausgeſprochene Forderung mußte Ferdinand erſt recht wiederholen, als er abgeſehen von

---

[14]) Die drei bayriſchen Fürſten Wilhelm, Kurfürſt Ludwig und Friedrich hatten ſich ſchon im Jahr 1524 dahin beredet, wen von ihnen dreien die Kurfürſten wählen würden, dem ſollen die beiden andern mit Leib und Gut helfen. Da aber Ludwig und Friedrich kein ernſtliches Verlangen nach der Krone trugen, ſo blieb als Bewerber der ehrgeizige Wilhelm übrig, der ſogleich dem Kurfürſten für ſeine Bemühungen 100000 fl. verſprach. Jörg 620.

[15]) Jörg 621 f. Ferdinand ſchlug ſeinem Bruder dem Kaiſer vor, die beiden Schweſtern im habsburgiſchen Intereſſe zu verheirathen und die eine dem Pfalzgrafen Friedrich, die andere dem ſächſiſchen oder brandenburgiſchen Kurprinzen zu geben, um dadurch eine öſterreichiſche Mehrheit im Kurfürſtenkollegium zu ſchaffen.

andern Gegenströmungen im Reiche wahrnahm, wie sich der
fürstliche Hof von München in der zweiten Hälfte des Jahres
1525 von ihm lossagte und seine Absichten nicht mehr
länger verbarg. Es war also nicht blos die „lutherische“
Partei, welche die Wahl eines nichthabsburgischen römischen Königs im Sinne hatte, sondern gerade auch das
katholische Bayern, das sich mit den gleichen Plänen trug;
nur verschmähte es Herzog Wilhelm, mit dem Markgrafen
Kasimir und wohl auch mit seinen eignen Vettern, dem
Pfalzgrafen Friedrich und dem Kurfürsten Ludwig, die ihn
verstimmt hatten, wegen einer „Einigung“ zu tagen. Als
der erstere am 23. August 1525 ihn wieder einmal dazu
einlud, lehnte Wilhelm eine Zusammenkunft kurz ab mit der
Bemerkung, daß nächsten Martini in Augsburg ein Reichstag
gehalten werde.

Indessen gab man in München weder die antiöster-
reichische Stellung noch die Absichten auf die römische Königswürde auf. Die folgenden Jahre beweisen dies zur Genüge.
Ja der Gegensatz wurde immer schärfer; schon im salzburgischen Handel hatte sich der Haß zwischen beiden Häusern so
gesteigert, daß man einen „Hauptkrieg“ befürchtete.

Es kam aber noch ärger. Ueber die unmittelbaren
Grenzländer beider Staaten, Böhmen und Ungarn, zog ein
schweres Ungewitter herauf und schlug vernichtend ein. Soliman
führte gegen die Vormauer des Abendlandes seine fanatischen
Schaaren an der Donau herauf und schlug an dem Unglücks-
tage des 16. Augusts 1526 den jungen König Ludwig, der
die Throne von Böhmen und Ungarn inne hatte, in furcht-
barer Weise auf das Haupt. Als derselbe im „Sumpfe von
Mohacs“ umgekommen war, rief die Erledigung der zwei
Königskronen die meiste Bewegung in München und Innsbruck hervor. Herzog Wilhelm war nicht gesonnen, seinem
habsburgischen Gegner das reiche Erbe ohne Widerspruch und

Mitwerbung zufallen zu lassen. [16]) Er warb für sich oder seinen
Bruder zunächst um die böhmische Krone. Vom 26. Sep=
tember 1526 an betrieb der Rath Weissenfelder die Sache
seiner Herren in Prag und gewann eine ansehnliche Partei
für die bayrischen Absichten. [17]) Allein auch der Erzherzog
Ferdinand bot Alles auf, und obwohl Weissenfelder noch am
Abend vor der Verkündigung des Wahlresultates voll froher
Hoffnung nach München schrieb, die Wahl sei nun vollzogen,
und zwar wie man ihnen im Vertrauen gesagt habe, sei einer
ihrer Herzoge, sie wüßten nicht welcher, gewählt worden, —
so ging doch am 24. Oktober der Habsburger siegreich aus
dem mit der größten Anstrengung geführten Kampfe hervor.

Diese Enttäuschung und Niederlage entflammte am bayri=
schen Hofe den Zorn bis auf den höchsten Grad und trieb
mit Macht zu neuen Projekten. Man wollte nun wenigstens
verhindern, daß Ferdinand auch noch die Krone von Un=
garn gewinne. Gegen die Ansprüche desselben erhob sich
bekanntlich der Woiwode Johann Zapolya „ein guter Kopf,
sehr gescheidt, allgemein beliebt — so zeichnete ihn der
Venetianer D'Orio [18]) — es würde ihm nicht unangenehm
sein, wenn das Reich einen Unfall erlitte: er würde es mit
seiner eigenthümlichen Macht wieder erobern und sich zum König
machen.“ In der That wurde Zapolya nach dem Tode Lud=
wigs am 11. November 1526 in Stuhlweißenburg zum Könige
gewählt und gekrönt. Aber Ferdinand war nicht Willens,
sein Anrecht ohne Widerstand preiszugeben. Die ungarische
Nation theilte sich in zwei Parteien, von denen die eine dem
österreichischen Bewerber, die andere dem Woiwoden anhing.

---

[16]) Buchholz III 414.

[17]) Stumpf, polit. Gesch. von Bayern I 39 ff.   Ranke II 336
Buchholz II 407 ff.

[18]) Ranke II 329.

Aber nicht blos das. Ganz West-Europa kam durch die ungarische Frage in eine ungeheure Aufregung. Das habsburgische Haus wuchs, wenn seine Wünsche sich erfüllten, zu einer Macht und zu einem Umfange heran, daß kein Fürstengeschlecht sich in seiner Existenz mehr für sicher hielt und alle fürchten mußten, von der habsburgischen Weltmonarchie erdrückt zu werden. Am besorgtesten zeigte sich die bayrische Regierung. Sie hielt es für ihre besondere Pflicht, mit allen Mitteln der Staatskunst dem gefährlichen Anwachsen der habsburgischen Dynastie entgegenzutreten. Mit voller Ueberlegung nahm sie den Kampf auf und führte ihn Jahre lang mit Unverdrossenheit. Auf allen Seiten suchte sie sich Gunst und Freundschaft zu erwerben, in Rom und Paris,[19]) indem man dem Papst versichern ließ, daß man mit Johann von Ungarn ins Benehmen getreten sei, zu handeln, „was päpstlicher Heiligkeit zu Ehren und Wohlfahrt kommen möchte", und indem man den französischen König zum Krieg in Italien anfeuerte, denn bei Ferdinand „ist kein Geld und keins aufzubringen, und meins Achtens bedarf man nicht sorgen, daß den Landsknechten in Italia von deutschen Landen Geld zukommen werde." Besonders aber knüpfte Bayern mit Johann „dem König von Hungern" dauernde Beziehungen an, den gleichzeitig auch König Franz und Papst Klemens zum Widerstand gegen Ferdinand aufmunterten. Herzog Wilhelm wünschte dem Woiwoden zuvörderst Glück zu seiner Wahl durch einen eignen Gesandten mit der Bitte, wenn zwischen ihm und Ferdinand der Wahl halber Zerwürfnisse entstünden, sich dadurch von dem Kampfe gegen die Türken nicht abhalten zu lassen, „denn die Kurfürsten und Fürsten, auch andere Stände deutscher Nation (würden) sich wider seine königliche

---

[19]) Muffat, Correspondenzen und Aktenstücke zur Geschichte der pol. Verhältnisse der Herzoge Wilhelm und Ludwig von Bayern zu König Johann von Ungarn, in Quellen zur bayer. und deutschen Gesch. IV 10, 11. Ranke II 334.

Würde auch nit bewegen oder in Krieg einlassen, sondern destomehr geneigt sein, solche Spaltung in ander gütlich und leiblich Wege abzustellen."[20]) Der Kanzler schrieb, ein Zeichen seines Sinnes, am 18. Januar 1527 von Kempten aus seinem Herzog,[21]) er möge dem Gesandten Johanns sagen, wie viel Trost er in seinen König setze. „Und doch hübschlich und ihn bei-reden, (so viel man den König zu Hungern in den Erzher-zogen hetzen möchte, desto besser wär es), als E. f. G. versehe sich, der König von Hungern möchte mit dem Erzherzogen wohl einen guten Vertrag überkommen, mit hübschlicher Entdeckung, daß der Erzherzog von den Ständen des Reichs wider ihn, den König von Hungern, kein Hilf habe; so hätte er für sich selbst ganz kein Geld oder Macht, wäre ganz arm, und daß der König von Hungern zu künftigen Reichstag sein Botschaft schicken und allen Bericht thun wollte, und wie E. f. G. wohl und vernünftiglich thun mögen und können." Auf diese und ähnliche Weise hetzte man bayrischerseits unausgesetzt gegen den Erzherzog überall, wo man williges Gehör zu finden glaubte.

Auch das Bestreben, für den Herzog Wilhelm die römische Königswürde zu erringen, dauerte fort. Schon im Herbste 1526 zeigen sich Spuren, daß der Papst Klemens VII. und der König von Frankreich dieses Ziel des Herzogs zu befördern suchten.[22]) Ja diese Aussichten erweiterten sich noch, als der Kaiser im Krieg mit dem Papste und dem Könige Franz von Frankreich durch seine Truppen Rom hatte stürmen und plün-dern lassen. Klemens VII., dem es nicht genügte, sich mit der Strafe des Kirchenbannes für die erlittene Unbill gerächt zu haben, erwog die Absicht, Karl V. abzusetzen und die deutschen Kurfürsten

---

[20]) Ebenda 2.
[21]) Ebenda 8.
[22]) Stumpf a. a. O.

zu einer neuen Kaiserwahl aufzufordern. Sofort war die bayrische Regierung wieder auf dem Plan. In München glaubte man mit großer Naivität an die Möglichkeit, dem mächtigen Habsburger die Kaiserkrone zu entreißen. Aufs Neue wurden alle Hebel in Bewegung gesetzt. Selbst an dem großen Protestantenhaß hielt man nicht mehr fest, sondern suchte Fühlung mit den vornehmsten Fürsten unter den Neugläubigen. Wilhelm erwirkte sich vom Kurfürsten von Sachsen und dem Landgrafen von Hessen in aller Form das Versprechen, die bayrischen Bewerbungen um die durch päpstlichen Machtspruch frei werbende Kaiserkrone zu unterstützen. Andrerseits schloß er am 20. September 1529 einen Vertrag mit dem Kurfürsten Albrecht von Mainz, in welchem er dem Erzbischof für seine Stimme bei der vorzunehmenden Wahl 100000 Goldgulden und eine lebenslängliche Rente von 5000 fl. versprach, aber auch gleichzeitig gelobte, soviel in seinen Kräften stehe, die evangelische Lehre in Deutschland ausrotten zu wollen.[13])

Es ist nothwendig, auf diese weitgehenden Projekte und Kombinationen der bayrischen Regierung hinzudeuten und anzuzeigen, wohin sich ihre Politik, einmal von der Antipathie gegen Ferdinand erfaßt, wendete. Welche Wege war Eck gewandelt, seitdem er in München die Leitung der Geschäfte übernommen hatte! Begonnen hatte er 1519 mit dem hohen Flug nach der Kaiserkrone. Ueberlegung und Berechnung führten ihn

---

[13]) Stumpf a. a. O. Buchholz III 414 f. Auch auf dem Reichstag von Augsburg dauerten die „Praktiken“ der bayrischen Herzoge fort; sie wollten nicht, daß Ferdinand römischer König werde, vielmehr strebte Herzog Wilhelm nach dieser Würde und verhandelte dort in dieser Absicht mit dem Kurfürsten von Sachsen. Förstemann, Urkunden zur Gesch. des Reichstags zu Augsburg i. J. 1530. II. 768, 820. Aber vergebens. Gegen das Ende des Reichstags wurde von sechs Kurfürsten dem Erzherzog Ferdinand das Versprechen gegeben, ihn zum römischen König zu wählen.

nach dem ersten Mißlingen in das habsburgische Lager. Als sich jedoch Bayern nach manchem Opfer getäuscht und um den erhofften Lohn betrogen sah, drehte er langsam, aber sicher sein Fahrzeug von der österreichischen Wegerichtung ab, zugleich das Geschwader des schwäbischen Bundes mit sich ziehend. Es war keine eitle Prahlerei gewesen, wenn der Kanzler, wie wir sahen, in Stuhlweißenburg und Paris den Erzherzog als bedrängt darstellte. Im Reich hatte derselbe thatsächlich nicht viele Freunde, und seine Kassen standen häufig leer. Nimmt man noch hinzu, daß das Anwachsen des Hauses Habsburg zu einer Alles umklammernden Weltmacht bei der Kurie und in Frankreich zumal den größten Widerwillen erzeugte und infolge dessen zum Kriege gegen den Kaiser und sein Haus trieb, so leuchtet ein, daß alle diese Umstände auf einen so leicht verführbaren Sinn, wie ihn in dieser Beziehung der Kanzler Eck besaß, und auf einen Ehrgeiz, wie er den Herzog Wilhelm beseelte, einen unwiderstehlichen Reiz ausüben mußten. Ihre Entwürfe nahmen eine Kühnheit und Tragweite an, daß davon, falls sie verwirklicht wurden, eine kaum zu berechnende Umgestaltung der Dinge abhing. [24]) In dem blinden

---

[24]) Ranke II 336 schreibt: „Man kann sagen: es hätte eine ganz andre Staatengeschichte gegeben. Bayern hätte das Uebergewicht in deutschen und slavischen Ländern über Oesterreich davon getragen; auch Zapolya hätte hiedurch gestützt, sich zu behaupten vermocht; die Ligue und damit auch die am schroffsten ausgebildete päpstliche Meinung hätte im östlichen Europa die Oberhand behalten. Nie gab es ein für die Machtentwicklung des Hauses Oesterreich gefährlicheres Unternehmen“. Ich stimme mit Ranke nur in dem Punkte nicht überein, daß die „schroff-romanistische Meinung“ in Bayern unter allen Umständen unabänderlich feststand. Daß man in dieser Beziehung auch etwas nachzugeben bereit war, beweisen die Annäherung Bayerns an Sachsen und Hessen im Jahre 1529 und die späteren Verhandlungen mit dem schmalkaldischen Bund, Buchner VII 90. In München überwogen immer die politischen Gesichtspunkte.

Eifer, von dem beide hingerissen wurden, übersahen sie freilich, auf einen wie schwachen Grund sie ihre luftigen Gebäude aufbauten. Die außerdeutschen Feinde des Kaisers geboten nicht über die Macht, ihn leichten Kampfes zu überwinden. Die Kriege der zwanziger Jahre hatten das Gegentheil bewiesen. In Deutschland selbst besaß Bayern nicht zu viel Sympathien. Die feindselige Stellung desselben gegen die Reformation erregte vielfach Anstoß und Abneigung, so daß kaum zu hoffen war, es werde sich ein großer Theil der Reichsstände den bayrischen Herzogen und ihrem Kanzler zum Ansturm auf das habsburgische Haus vertrauensvoll und opferbereit anschließen. Dies übersah man in München und trieb daher eine recht abenteuerliche Politik, die sich nicht auf sichere und reelle Berechnungen, sondern auf eitle Träume und haltlose Stützen gründete. Ed sagte einmal ahnungsvoll die ganze Wahrheit, als er dem Herzog Wilhelm schrieb: „Gedenken E. f. G. mein: ist die Sache, daß die Kaiserlichen geschlagen werden, so wollen wir den Erzherzog von der Krone auch bringen, davor soll ihm nichts dann Gott allein helfen." Die Voraussetzung traf nicht ein. Der Kaiser wurde nicht geschlagen, denn bei ihm gesellte sich zur Macht die Gunst des Glücks, während alle bayrischen Anstrengungen ohne Erfolg blieben.

Man kann daher unmöglich das System des Kanzlers Ed, sein Thun und Treiben irgendwie loben. Man müßte dasselbe verurtheilen als ein thörichtes Streberthum, das nur die Haus- und Sonderinteressen sich zum Ziele setzte, wenn nicht der Umstand als Milderungsgrund gelten dürfte, daß die deutschen Territorialgewalten überhaupt längst die Vergrößerung ihrer Macht und Selbstherrlichkeit fast als ihre einzige Pflicht ansahen, und daß auch das habsburgische Haus weit davon entfernt war, sich von edlern als dynastischen Rücksichten leiten zu lassen. Für einen Staatsmann von den Fähigkeiten, wie sie Eck unstreitig besaß, lagen in der Zeit die wichtigsten und größten Aufgaben, aber er begriff sie nicht. An positiven Leistungen ist er arm. Der Volksstamm des Landes, dessen Regierung er leitete, erfuhr von ihm keine Förderung, im Gegentheil die Schmälerung seiner Rechte. Statt den maßlosen Ehrgeiz seiner Fürsten und besonders des Herzogs Wilhelm zu zügeln, beflügelte er ihn. Will man es ihm aber zum Verdienst anrechnen, daß er die Bauernfrage blutig löste und dadurch dem unglücklichen Bauernstand unheilbare Wunden schlug, so mag man es thun und darin eine Errettung Deutschlands erblicken. Welche Grundsätze ihn dabei trieben und wohin er auf diesem Wege geführt wurde, ist gezeigt worden.

Zum Schlusse werfen wir noch einen Blick auf einige innere Angelegenheiten des Herzogthums Bayern. Es wurde schon darauf hingewiesen,[25] daß die Regierung im Juni 1525 sich veranlaßt sah, den berechtigten Klagen ihrer Bauernschaft einiges Gehör zu schenken. Gänzlich behoben wurden diese Beschwerden keineswegs. Auch das Mandat, welches die Herzoge Wilhelm und Ludwig am Pfinstag nach dem Sonntag Exaudi (13. Juli) ausgehen ließen, gestattete den Bauern, nur aus den Saatfeldern das Wild mit Hunden zu hetzen, aber nicht „zu Holz“:[26] eine Abhilfe, die dem Uebelstande nur mit halben Mitteln begegnete und kaum eine nachhaltige

---

[25] vergl. 140 f.

[26] Dieses Mandat führt Weller, repert. typogr. der deutschen Litteratur im ersten Viertel des 16. Jahrhunderts 391, an. Es ist das nämliche, von dem Perneder, vergl. oben 154 N. 13, in seiner bayr. Chronik spricht. Erwähnt mag hier noch werden, daß dieser bayrische Beamte, dessen Chronik die Jahre 1506 bis 1529 umfaßt, über die Vorgänge in Bayern von 1519—1524 gänzlich schweigt. Wenn Perneder auch nicht im unmittelbaren fürstlichen Auftrag schrieb, ist er sich doch seiner amtlichen Stellung so bewußt gewesen, daß er aus Vorsicht und

Befreiung von dieser den Aderbau schwer schädigenden Plage brachte. Allein was wollte das Landvolk dagegen thun? Es durfte zufrieden sein, daß man ihm wenigstens etwas gewährt hatte. Wenn es murrend das kleine Zugeständniß von sich gewiesen hätte, so war, wie jetzt die Dinge lagen, mit Bestimmtheit vorauszusehen, daß die Herzoge auch diese Vergünstigung zu= rückgezogen und die Frevler mit harten Strafen heimgesucht hätten. So mußte auch in Bayern der Bauersmann nach dem schweren Kriege schweigen und sein Loos ruhig ertragen.

Anders verhielt es sich aber mit der Landschaft, welche in den Jahren 1524 und 1525 auf Ecks Rath nicht ein= berufen wurde, weil er von ihr heftigen Widerspruch, ja Auf= lehnung fürchtete. Die Regierung war sich ihres ungesetz= mäßigen Verfahrens wohl bewußt und ließ sich nur durch die kriegerischen Ereignisse des Jahres 1526, besonders durch den Angriff der Türken, zwingen, die Landschaft altem Herkommen gemäß wieder einzuberufen. Man brauchte Geld und mußte es ohne die Beihilfe und Genehmigung der Landesvertretung nicht zu beschaffen. Darüber konnte freilich kein Zweifel auf= kommen, daß der Landtag nicht ruhig verlaufen, und daß es an heftigen Angriffen wegen Verletzung des unanfecht= baren Rechts der Landschaft nicht fehlen werde. Die Regie= rung mußte also etwas thun, um dem Sturme vorzubeugen. Als das beste Mittel erschien ihr, sich schon in dem Einberu= fungsschreiben über den streitigen Punkt auszusprechen, ihr Verfahren zu rechtfertigen und zu entschuldigen, so gut es eben ging. Deshalb enthielt jenes Schriftstück, das die Land= tafel auf Sonntag vor S. Galli Tag, den 14. Oktober, nach Ingolstadt berief,[**] folgende Stelle: „Wiewohl wir etlicher

Klugheit gerade über diese wichtigsten Vorkommnisse hinwegging. Auf= fallend genug bleibt dieses Schweigen.

[**] cgm. 2336 in der münchener Staatsbibliothek: „Die land=

viel Ursachen halben vorlangst unser Landschaften gern zusammen erfordert, unsere, unsers Fürstenthumbs und gemeiner
unser Landschaft Obliegen angezeigt und berathschlagt hätten,
seyen wir doch durch die vergangen Empörungen, (wie ihr
selbst zu bedenken habt), bisher an solchem Vorhaben verhindert
worden". Auf dem Landtag schwieg die Regierung anfänglich
davon. Als aber die Stände nicht das gleiche thaten, sondern
unter ausdrücklicher Betonung des ihnen zustehenden Rechtes
forderten, daß in Zukunft kein Krieg mehr ohne ihre Ein-
willigung geführt werde, mußte man auf diesen Beschwerde-
punkt weiter eingehen. Seitens der Regierung wurde erwidert:
„Von wegen der Beschwerden hievor beschehener Hilf und an-
gezogner erforderten Rüstung trügen ihr f. Gnaden Befremden,
angesehen die größt Ursach obliegender Noth, so derselben
Zeit allenthalben im ganzen heiligen Reich mit großen Aufruhren und Empörungen des gemeinen Manns öffentlich vor
Augen gewest, welcher Aufruhr ihr f. G. durch Hilf des Allmächtigen nit allein mit solcher, der Landleut, Hilf und
Rüstung, sondern auch mit merklicher Darstreckung ihrer f.
Gnaden eigen Kammergüter ihren f. Gnaden, auch derselben
Land und Leuten, Reichen und Armen, zu Guten fürkommen
und also vor unüberwindlichen Verderben verhüt. So hätten
auch ihr f. Gnaden selbst keinen Krieg angefangen, sondern
sich, auch Land und Leut genugsamlich, wie oben vermelt, vor
Schaden und Verderben zu erwehren und zu verhüten gehabt.
Es wär auch der Landschaft Hilf in solchem Obliegen nit so
merklich noch beschwerlich gewest. Denn es hätten die Landleut, so ihren Gnaden nit mit Ambten oder Diensten verwandt, nie aufs meist über achtzig oder neunzig Pferd und
dennoch mit schlechter Rüstung, Pferd, Wehr und Harnasch

---

schaftlich Handlung, so auf Sonntag vor Galli 1526 zu Ingolstadt des
Türken Überfall und sigs halben . . . . gehalten ist worden.°

bei ihren f. Gnaden gehabt, die auch ihr f. Gnaden wie ander
selbst mit aller Lieferung gnädiglich nach Nothdurft unter=
halten. Deshalb hätten ihr f. Gnaden gänzlichen geacht
solichs Anzugs billigerweis erlassen zu sein." Man merkt, die
Regierung vermied es, die Rechtsfrage zu beantworten. In=
dem sie die Leistungen des Landes als gering darstellte und
auf die Größe der Gefahr, sowie auf die schweren Opfer,
welche die Fürsten aus ihrem eigenen Besitze gebracht hatten,
hinwies, glaubte sie, stolz auf die errungenen Erfolge, eher
Dank, als Anfechtung ihres Verfahrens beanspruchen zu
können. Allein die Stände nahmen diesen Standpunkt nicht
ein, sondern beharrten auf ihrer Anschauung. So kam es
während des ganzen Landtages nicht zu einem friedlichen Ein=
vernehmen, sondern eine gereizte Stimmung, ohne Entgegen=
kommen von der einen, wie von der andern Seite, beherrschte
alle Verhandlungen. Die Landtafel unterließ es nicht, eine
Reihe von Beschwerden vorzuführen. Sie beklagte sich über
die zu starke Weinsteuer, die den Handel beeinträchtige, über die
zu hohen Forderungen der Beamten bei Gerichtsgängen und
Tagsahrten, über den herzoglichen Wildbann und Anderes.
Vor Allem verlangte man, daß dem Wildschaden durch ein
entsprechendes Generalmandat abgeholfen werde: wiederum ein
Zeichen, wie das herzogliche Versprechen ausgeführt worden
war, und wie wenig Werth die bisher getroffenen Maßregeln
für den Landmann gehabt haben müssen. Die Regierung
ihrerseits war diesen Klagen gegenüber sehr hartnäckig. Be=
züglich der letzten Forderung gestand sie nur zu, den Beamten
durch Missive nähere Verhaltungsbefehle zu ertheilen. Auch
sonst zeigte sie geringe Geneigtheit, nachzugeben und mehr ein=
zuräumen, als wozu sie gezwungen war, um dafür die Be=
willigung ihrer Anträge durchzusetzen.

Es ist kein sehr erfreuliches Bild, das sich uns darstellt.
Wenn schon zwischen den hier vertretenen Ständen und der

Regierung so viel Mißverständnisse obwalteten, welcher Zwie=
spalt würde erst dann sich gezeigt haben, falls der „gemeine
Mann", der Bürger und Bauer selbst in der Landtafel ge=
sessen wäre und seine Lage hätte schildern können! So lange
der Kanzler Eck die maßgebende Stimme hatte, durfte das
Volk nicht viel erwarten: nicht nur, daß sein ganzes Denken
auf hohe politische Ziele hingerichtet war, er besaß auch kein
Herz für die große Masse. Sie hatte nach seiner Meinung
kein Recht, sondern nur die Pflicht, sich zu beugen, zu ge=
horchen und zu schweigen.

Die Briefe des Kanzlers Dr. Leonhard von Eck aus der Zeit des Bauernkrieges.*)

11. Februar 1525.

IV 6.

Genediger furst und herr! erstlich und vor allen dingen, diewehl die leuff heroben dermassen steen, wie e f g ab meinem auch der punbischen schrehben vernemen werden, so ist mein rat und gutbedenken, das e f g solch anzahgen nit hedermann eröffnen noch wissen lassen, und auch darinn geheime ret prauchen, inen auch bevelhen wollen, solchs auch in still oder zum wenigist das widerspil oder füglicher gestalt, darauß mer trost dann untrost genommen werden mag, anzuzahgen. und das auß diser ursach, diewehl die leuff allenthalben des Luthers halb schwangten und etlich derselben kezerein anhengen, das nit dieselben durch diese handlung gesterckt oder auch ursach nemen, dergleichen entperungen und meuterey zemachen. das sey das fundament meines schreibens und unterteniger meynung.

Zum andern schrehben gemayne versamlung des punds e f g umb den dritten teyl der eylenden hilf. darinnen gedenken e f g, das pey e f g khain mangel erscheine. thunte oder mechte auch e f g die rahsigen vor dem angesetzten XIIII: tag alher verfertigen, das were ain grosse förderung der sachen und wurden e f g ain sundern danth verdienen auß nachvolgender ursach und notturfft.

Die pauren, so hzt auf unser frauen liechtmeß zwo meyl von hinnen peieinander geweft, haben sich am pfintztag (9. Februar) hzt verruckt wider zusammengethan und gemert, das dieselben geweft sein pey

---

*) Vorbemerkung: Die römische Ziffer der Ueberschrift eines jeden Briefes gibt den entsprechenden Sammelband der bahrischen, im Reichsarchiv zu München aufbewahrten Bauernkriegsakten, die daneben stehende arabische Ziffer das Blatt des Fundortes an.

IIII M. darzu haben wir ein potschaft geschickt und an sy begern lassen, worüber und auß was ursachen sy dermassen über irer herrn gepot zusammen lauffen, gemeine stende des punds tragen das ain ungnedigs mißfallen, dan wo inen ungepurlichs begegnet, weren die stende willig gewest, einsehung zu haben und zimlich wendung zethun: darauf die paurn geantwort, das sy von iren herschaften darzu gedrungen; und nach vil ungeschickt worten sein sy dahin bewegt zuzesagen, das sy ire beschwerden an ire obrigkeiten langen und umb wendung pitten sollen. wo inen die widerfar, hab es sein gestalt, wo nit, sollen sy gemeine pundesstände anruffen und ire obliegen anzaygen. und wiewol sy, wie oben angezaygt, solchs bewilligt, haben sy doch darauf haubtleute und rete erwelt und entlich verlassen, auf pfinztag schirstens mit iren weren und harneschen wieder auf die malstat zekhemen; sy sollen auch allen iren nachpauren sagen, wer zu inen khomen wolle, deme soll auch stat geben und zugelassen werden. und mert sich der leuff und entperung dergestalt, das man sich gewißlich aufn nechsten pfinztag pis in VI oder VIII M paurn zusammen zekommen versicht. aber die paurn sein gleichwol dergestalt, wo man V oder VI C pferd hete, das man sy schlagen und straffen mechte, dann wo das nit geschicht, so wirdet der leuff ye lenger ye gresser.

Werner so hat sich der abt von Kempten gleicherweyse über seine paurn im Algej beclagt, und ist die warhayt, das der merer teyl derselben paurn sambt den Montfortischen und Augspurgischen paurn zusamen geschworen haben, zu denen hat man ain potschaft verordnet. was die außrichten wurdet, stet pej got.

Item die paurn im Hegau und derselben ort, verhalben diese dritte hilf beschicht, sein in etlichen hauffen peieinander. damit practicirt der hertzog von Wirtemberg hoch und fest und ist gewisse kuntschaft, das sich der hertzog mit denselben paurn, sofer sy nit gestilt würden, ainen zug zethun understen wirdet. er hat auch zwo kharthaunen und etlich schlangen gen den Twiel pracht, mit demselben geschütz zuverrucken. dieselben paurn zum tayl haben sich hievor mit iren herschaften verclagt und so die urtaylen wider sy ergangen, wellen sy nichts davon haben und sagen, sy wellen sy pej den gotlichen rechten handhaben.

Die andern paurn all lassen sich auch dergestalt hören, das man pej den gotlichen rechten nichts anders versten mag, dan die freyhayt, und das sy niemandts nichts geben noch schuldig sein wellen.

Und aller paurn im Hegau, Preyßkau, Schwarzwald und herwiden emperung erstet auß den Luterischen pfaffen, welche sie pej inen haben, und für und für, sovil inen lufft werden mag, predigen und zu irem furnemen erfordern und ermanen lassen. sagen all von der evangelischen freyhayt, prueberlich lieb und irem notzwang. sagen auch unter andern, das visch und vilpret frej sein soll. und die fürsten haben das durch ire teranney eingezogen. ich glaub auch wol, das vil stet geren zusechen, wenn sy irer gueter darunder nit besorgten.

Die von Waldhuet sein mit dem erzherhogen nicht vertragen, wiewol von etlichen Luterischen zu zwayen malen auskommen ist, der herzog gebe ine gelt.

Und biewehl man nit wayß, wie sich die sachen allenthalben zu-tragen mögen, so wollen demnach e f g sambt irem pruder pej gueter warung (sein) und aufsehen haben, wo sich dergleichen läuf in irem furstenthumb auch zutragen wurde, demselben pej zeyt zubegegnen, das leychtlich zu beschehen ist. e g lassen auch die Luterischen peßwicht mit dem predigen nit aufthemen, den dieselben allein sein ursacher diser entperung.

Das auch e f g ire ambtleute in rüstung pring, ob sich etwas heroben oder pej e f g zutrage, das man gerüst sey. denn das erst zu-sehen ist nit gut; pringt ain unrat den andern. und ist warlich war, helen wir hzt nit mer den III oder IIIIᶜ pferd gehebt, wir welten die paurn all geschlagen, gestraft und zertrennt haben und hoff noch, so die punbischen ankhomen, wir wollen sy zeytlich mit der hilf des almechtigen stillen.

Ob auch e f g fueßvolckh nit so pald aufspringen mechten, so wellen doch e f g die rahsigen zum fürderlichsten schicken, damit man furfaren mög, dan alda ist nit mer zu verziehen.

Ich wil e f g pej nechster post weitern bericht thun. datum in eyl samstag nach Dorotheen nach zwehen nachmittag.

12. Februar.
IV 9.

Genediger furst und herr! wie alhie beschlossen und auch e f g geschrieben ist, haben e f g nunmals vernommen; und wayß e f g nichts anders zu schreyben, dan das sich die paurn meern. und man versicht sich nit anders, dan das auf pfinstag (16. Februar) in Xᴹ paurn mit iren weren zusamen chomen sollen. es sein die vom abl, dern die paurn sein, alte weyber und schon todt, furchten ihrer heuser und wil niemants nichts handeln, pis das volckh zusamen khombt, darauf noch ain gute zeyt. und ich furcht, die paurn werden also der großen klainmutigkeit halben irer obern etwas handeln. ich pin der mehnung gewest, man

solte nach irem hauptman tracht haben, deme man auch mit X pferden
hete erobern und zu vendnus pringen megen. aber die guten fromen leut
wainten schir ob meinem ratschlag und gutbedünken. und darumb so
wellen e f g sich nit säumen mit iren reitern. ich verhoff, es werde nit
lang wern.

Die aydgenossen und besunder VII ort haben pej ere, ayb, leyb
und gut den iren verpoten, dem herzogen von Wirttemberg nit zuzu-
lauffen. der soll auch zu Schaffhausen liegen und etlich schreyer pej ime
haben. ich hab gleichwol auf ine nit große sorg.

Die paurn im Hegau sein noch entpert und ligen in ainem dorff
unter Thwiel, Hilzingen genannt; daselbs haben sy sich vergraben und
weren sich täglichs.

Aller paurn fürnemen ist weder rent noch zinß zegeben, daß auch
alle viehwasser, wilpret und holz gemein sein sollen und ander vil mer
beschwerlich artiglel.

E f g straisen und sehen eben auf und ist wol zu machen, daß
sich e f g dergleichen entperung erweren megen: ligt alles am anfang und
pej yezt widerstandt zethun. e f g lassen von stund an einen andern
poten herreyten, denn übernacht tragen sich sachen zu, die not ist e f g
zu berichten. Datum sontags den XII tag februarj.

15. Februar.
IV 13.

Genediger furst und herr. anheut sein mir von e f g zwey
schreyben zuchomen, das erst pei der pündischen post, das ander pej e f
g poten dem Henslein, daraus ich verstee, das e f g mit den rahsigen
wol gefast und der gestalt, das dieselb für das fueßvolckh rahsig schicken
wolten. darauf gebe ich e f g zu erkennen. das sich der paurn absall von
tag zu tag mert und dergestalt, das man anheut beschlossen hat, soder
sich der handl und tehding so morgen beschehen wirdt und die paurn
mit iren weren zusammen khomen, das man auch sehen wirdet, ob sich
der hauff so groß gesterckt hete. die ander manung auch zethun, wie die
brief all geschrieben und gefertigt und man allein den morgen tag vergeen und wie sich die paurn halten wellen. und so das beschehe, so
müeßten e f g den pündischen 1º und pej XXXIIII man schicken. zum
andern des geschüz halben ist davon geratschlagt und dem erzherzogen
zehaben und zeordnen auferlegt, damit wil ich e f g auf ir schreiben geantwort haben und hie nichts verlassen noch übersehen.

Verner g f u h, hab ich e f g jüngst angezaygt dise handl in gehaim zu beratschlagen, auch den raten, so e f g prauchten, bevelchen, sich in dem handl als solle der beschwerlich sein nit merken gelassen, dan ich khan nit anderst sehen und merken, das diser handl zu unter-druckung der fursten und adels furgenomen, und hat entlich seinen ur-sprung auß den Luterischen leren, dann den merenteyl so ziehen die paurn ire begern auf das goßwort, ewangelj und prueberliche lieb.

Es sein auch die paurn so verplentt, irrig und nichtig; wan sy heut iren herrn zusagen, sich der sachen nit zu beladen, in ainer stund seien sy gewent und peser dann die andern. noch hoffe ich zu gott, das sy nichts fürtragen, sondern mechten wol gestrafft werden, wenn allein der herzog von Wirtenberg nit were und das sich die paurn in sein hilf nit begäben, wie dan sy auch pisher nit habn thun wellen, er ist aber in täglicher[1]) und alle stund wegig anzuziehen.

Nun megen e f g gedenken, das in solchen leufften und das der pofl frey sein will, der gemain man in e f g landen sowol als anderswo lost; lest er sich nit offentlich merken, hat er doch darob ein gefallen und denkt ihm verrer nach. und dieweil diese enperung in Algä und in das Lechtall geraycht hat und als man sagen wil, das auß der her-schafft Eremberg etlich derffer ire potschaften pej den paurn gehabt, so gedeucht mich ratsam, dasselb ort an den Lechrain und gepirg in gutem aufsehen zehaben, dan dieselben von Schwaben täglichs ir kuntschaft und anlernen haben, und das e f g ire diener, ambtleut und auch zum teyl landtleut erfordert und piß in 1 C pferd umb Schongau und dieselb ort legen und strayffen, auch ir vleyssig nachfrag haben lassen, wo sich etwas rottiren oder dergleich den paurn zuschicken und merken lassen, von stund an dagegen zu handeln mit ernst. denn were solchs allhie und im Hegau bescheen, hete man mit II C pferden gewendt, das yzt mit ainem herzug gestilt werden muß.

Und vor allen dingen so gedenken e f g diser zeyt khain landt-schafft zuerfordern, oder mit inen zu handeln. denn der teufl hat die unterthanen besessen. das zayg ich e f g darumb an, dieweyl ich gedenke, peder e f g gelegenhayt mechte erfordern der landschafft hilf zu begern, so ist es doch umbsunst und wurde e f g nichts anders, den das zu aufrur und zu verlierung der reputation und forcht dienstlich, erfolgen. aber e f g nemen gelt pej allen goßheusern, deßgleichen schlagen e f g auf die closter etlich tausent fl., die müssens e f g geben oder e f g suchen ander leyblich wege. ich verhoff, es werde nit lang wern. ist aber

---

¹) fehlt „übung".

ye sach, das die handl sich eintreyssen, so muß man sich nit anderst stellen, dann wen der Türck im land.

Ich hete e f g deshalben vil und vil zuschreiben, ich darff aber nit der federn vertrauen. die paurn heben auch an die poten nider zu werfen, wiewol es von Ulm auß gen Augspurg noch nichts besorgt, so hat man doch ytzt gesagt, dieselben paurn all sollen auch morgen zuziehen. aber mich gedenkt, ich wolt e f g nottürftig handel anzaygen und warnung thun.

E f g schicken mir zwen poten und lassen auch post legen. ich wil e f g von stund an allerlay mer berichten. der paurn begern stet auf etlichen vil artigeln, aber gemainigklich auf nachvolgenden: erstlich wellen sy nit aygen sonder allain Cristus sein. zum andern wellen sy alle scharbergh, vastnachthennen, klain zehent abthun und nit mer schuldig sein. sagen, es sej wider pruederliche lieb und man finde in dem ewangelj nindert, das man es zethun schuldig. zum dritten alle rent zinß und gülten haller durchauß abzethun. zum vierdten, das alle fliessende wasser, holtz, die fegl in lüfften, das wilpret frej, dan die allen menschen beschaffen und gegeben sein. und in sonderhayt haben sy auch etlich vil artigll, wie dan sy vermainen zu erlangen.

Auf morgen khomen sy wider zusamen. darauf wellen wir zu inen schicken und ein gleyt geben ainen außschuß zu uns zu verordnen und mit uns zu handln, werden sy das thun, so wollen wir die poßwichter unterhalten, piß das volckh ankhombt und darnach zum nechsten in sy fallen und gegen inen handeln.

Ich hab darnach e f g zu eren zu meiner gnedigen Frau von Wirtenberg geschickt und ir die Gelegenheit wie mir gepürt angezaygt, aber ich hör sagen, sy sej teufels, wer auch gut ewangelisch; vorpey laß ich es.

Ich wolte meins aygen gelts X fl geben, das ich pej e f g nur ain stund sein solte von allerlay practicen und pösen stücken zesagen. zwar ich treyb sy auch dargegen; und diewehl ich ye nit zu e f g khumen khan, ob e f g mir den Österreycher oder ainen andern guten vertrauten zum fürderlichsten zuschicken, deme wolte ich etlich hanblung sagen.

Ich wil e f g auch in dreien tagen wissen lassen, wo e f g reuter ankhomen sollen. bevelh mich e f g in aller unterthenigkeit. datum mitwochs nach Valentini a° 25.

P. S. Ein neuzeytung laß ich e f g wissen, das die grafen in der Wederau ain petschaft alhie haben und in den punkt begern sollen.

ich hab ine aber nit gesehen. wen e f g wol pej übrigen gelt und vorrat
weren, so wäre es ain lustiger krieg. aber soll er sur sich geen, muß
man frembde leut haben, gestet vil gelts.

16. Februar.
IV 16.

Genediger surst und herr! in diser stund haben mir die Österreychischen ain brief der an her Jörgen Truchsäß gestanden zugeschickt,
darinen angezaygt wirdet, das herzog Ulrich von Wirtenberg pis in
VIII M starckh aydgenossen auf sei und auf heunt anziehen und den
nechsten auf sein landt ziehen werde, und sei nit in willen dasselb zu
beschedigen, sondern stracks mit den paurn und aydgenossen auf e g zu
ziehen, hab ich in eyl e f g nit wollen verhallen. und wiewol ich acht,
es mechten fliegende mer sein und sunderlich, das er auf e g ziehen
sollte, nichts destominder wellen e f g dennoch den sachen nachgedenken
und allenthalben in gueter rüstung und warung sein. datum pfinztag
nach Valentinj in der VIII. stund nachmittag.

P. S. wellen demnach e f g alls ir genug und gut veldgeschütz
zurichten und dermassen bestellen lassen, das es mit aller raytschafft
fertig sei, damit so es ye sein solte, dass ich doch ganz nit glaub, das
man ine an den wassern entgegenthome mit ainem guten geschütz.

17. Februar.
IV 20.

Genediger surst und herr! ich hab e f g geschrieben, wess mir
kuntschaften von dem herzogen von Wirtenberg zuchomen seien; solche
kuntschaft schicke ich e f g hiepei verschlossen. und wiewol ich wenig
darauf passir oder auch sorg trag, das er sovil kriegsvolckh aufpringen
wurde oder auch, wo er gleich sovil aufpracht und gen Payrn ziehen
wolte, das er damit etwas ausrichten wurde oder mechte. dennoch ist
der handl nit zu verachten, sundern ist mein gutbedünken, e f g schicke
sich dergestalt pej iren landleuten und unterthanen, das man ine zum
sterckhsten und sonderlichen mit dem geraysigen zug entgegen khomen meg;
das auch e f g ain gut veldgeschütz haben.

Mich gedeucht auch, ob gut wäre, das e f g dem pfalzgrafen
herzog Friedrich und herzog Otthainrichn geschrieben und angezaygt
heten, wie e f g anlangte, als sollte der von Wirtenberg in practica
steen, etlich kriegsvolckh und sonderlichen die ufrürigen paurn zu bewegen

Vogt, Bauernkrieg.   25

und willens e f g schaden zuzufügen; und wiewol e f g und sy miteinander in dem Schwebischen pundt, so betreffe doch der handl wider
Wirtenberg sy nit, weren auch die pundisch hilf zelaysten nit schuldig;
und das darauf e f g sy ersuchen und piten wollten den sachen nachfrag
zehaben, darneben auch in rüstung sten; wie den also, das sy e f g laut
der erblichen aynung zuziehen wolten.

Und ob ye der unsinnig man, der Mempelgart verlaufft und
nichts auszurichten wayß, sich an e f g zerechen vorhete, solle er doch
ob got wil nichts schaffen. allain das e f g den handl nit veracht und
gedenken ainen gerayßigen zug, allerlay pferd, wägen und was man aufpringen mag, in handen hab; den er hat khainen reysigen zug. damit
khan man sy mued machen, profiand abschneyden und dermassen zichn,
das er in e f g gelegenhayt schlahen mueß.

Ich schicke e f g zu guter zeytung den eingangth aller pauerschaft
begeren, darauß man ersindet, was die Luterisch ler würde.

Auf heunt haben die paurn, so peieinander geweft sein in V oder
VI M stardh, ainen außschuß zu uns verordnet, mit denen handelt man,
was darauß wirdet, wil ich e f g pej nechster post berichten.

Wenn der verflucht man der herzog nit wäre, wollten wir die
paurn wol erpußen.

Als ich diesen brief beschlossen, sein unsre potschafften von den
paurn ankhomen und haben sich wider zertrent und ire beschwerden den
potschafften zugestelt darin zu handeln, das in acht oder X tagen beschehen sol rc. pej nechster post wil ich mehr neuzeytung schreiben. bevelh mich e f g. datum freytags nach Valentini a° 25.

18. Februar.
IV 26.

Genediger furst und herr! ich hab e f g geschribn die kuntschaften
von Wirtenberg und anders, was pisher zwischen den paurn gehandelt
worden ist, und an heut hab ich den sachen nachgedacht, das gut wäre,
das ain merere hilf alhie ankhäm, dan ausgeschrieben ist. und so dergleich hilf vor augen und herzog Ulrich mit VIII M aydgenossen auf und
in seinem land wäre, das inen auch all päß offen stünden, sy wirden
dennoch sich nit underfteen wehderzuziehen und sorgen, was inen im
rückhen nachgehandelt werden mechte. und deshalben wiewol vil von den
stenden die dritten hil nit gern bewilligt, hab ich doch mit Osterreych
sovil gehandelt und inen etliche beschwerden angezaygt, das sy darauf
gefallen und die ander manung des drittenteyls haben wollen, wie inen

auch erkant und hiemit außgeschrieben werdet. ich laß mich aber nit
mercken, daß es e f g zu gut beschehe, sondern pin leichtvertig und laß
mich mercken, ich wolte von herzen, daß der herzog mit seinem volckh
in Bayrn were, ist doch nit mein ernst, hab auch solhs nit ee khonnen
practiciren, dan hete ich es ee gethan, so mechte man gedacht haben, ich
hete es e f g zu gute gethan. und so nu pede brittehl aufkhomen, daß
man es auch gewar wirdet, hab ich nit sorg, daß der herzog khome.

Zum andern der paurn halb stet es also, daß sy auf das mal
abgeschiden und ire beschwerden in schrifft eingelegt haben und wellen
auf montag in der faßnacht (27. Februar) wieder zusamenkhomen und
antwurt auf ir. anpringen gewarten, haben sich gleich wol mit senfften
worten und erpieten heren lassen, dadurch etlich und vil auß den reten
sich gern helen bewegen lassen umb khain grossen hilf zuschreiben, aber
es ist nach meinem willen ergangen und dennoch unvermerckt, daß solhs
e f g zu guten geschehen solte. E f g wellen demnach in rüstung¹) und
aufpieten lassen, damit e f g gefaßt sein.

Ob e f g in der andern hilff gut velbknecht und püchsenschützen
pringen und bestellen mechte, das gedeucht mich nit peß sein.

E f g lassen ain gering gut geschütz von ganzen schlangen mit
etlichen halbschlangen beraht machen und auf die reder pringen und
beythun, das khain mangl darpej sei.

Ich pin gleichwol der tröstlichen hoffnung, so die sach mit herzog
Ulrichen gestilt wurde, ich wellte vleiß forwenden, damit die ander
schickung unterlassen peleib; so here ich, daß die aydgenossen übel an des
herzogen furnemen sein, daß sy auch die päß verlegt und niemand
passiren lassen wellen und ob sy gleich passiren, sey es doch ain hay-
los solch.

Gleich ob dise brief, als ich den zumachen hab wellen, sein mir
peigelegte²) schrifften zuchomen, die ich aufgeprochen, ob es etwas neus
were, so sein es die alte mär. bevelh mich e f g. datum sambstags nach
Valentini in der XII stund nachmittag.

20. Februar.
IV 62.

Genediger furst und herr! anheut ist mir von e f g antwurt auf
mein erst schrehben und warung pej ainem alten metzgten von hierauß

---

¹) fehlt: sein.
²) find nicht in den Acten.

gethon zuchomen. und ist die post von Mammendorff alher geralten und
nit ain post auf die ander geritten, wie e f g bestelt oder gelegt, auch
mir zugeschrieben haben. deshalben wellen e f g dasselb das versehen
lassen, der so hie gewest ist ain narr, ain elend mensch.

Und als e f g in irem schreyben melden, das solher anschlag des
herzogen von Wirtenberg e f g wunderperlich, das auch die pundischen
peser kuntschaft haben sollen, darauf geb ich e f g erstlich zu versten,
das mich ob des herzogen furnemen nit verwundert, den er wirdet das
lezt und rest wie im sangspiel suchen gewinnen oder verlieren, so hat
man auch langst gewust, das er in practica stee etwas zethon. aber über
e f g zuziehen ist nichts gruntlichs, denn wie die schreyben so e f g
nunmals zukhomen sein myssen vor augen gewesen, darauf ich auch nit
sonders passiren khan, noch jemandts anders, wie ich e f g hievor an-
gezeygt hab, aber das man pej gueter warnung sej und nichts veracht,
ist alzeyt gut. ich hab auch darauf sovil gehandelt doch unvermerkt e f g,
das die ander manung auch beschehen ist, wie Mathes Osterreicher e f g
berichten wirdet.

Neben dem hab ich gedacht und auß vergangenen handlungen
befunden, das die von Ueberlingen in den Wirtenbergischen zügen zeder-
zeyt gewiß und warhafft kuntschafft gehabt und anzaygt haben, und deshalben den purgermaister von Ueberlingen gepeten seinen herrn zu-
schreyben, das ime doch glaubliche kuntschaft zugeschickt (werde), wie die
leuff allenhalben pej innen stünden, und mich des herzogen halben nit
sonders merken lassen, sunder allein der paurn halb. dem ist ain schreiben
anheut zuchomen, wie e f g ab hiepejgelegter copej haben zuvernemen.
und wiewol ich nit groß sorg trag auf den handel, so ist aber mein getreuer rat, e f g wellen diser und der leuff halben pej gueter warnung
sein, wie ich dem Osterreicher angezaygt und hiemit aber geratten haben
wil; unter andern das e f g zu Peham kuntschaft machen, ob der enden
khain gewerb oder entperung sej. den ist der herzog des furnemens uber
e f g zuziehen, so mueß er in Peham gewislich auch ainen anschlag haben.

Und wie wol er weyt und durch der feint land über e f g ziehen
mueß, das mir doch unglaublich ist, dan er hat khain rayßigen zeug und
ye mer volcks er an sich henkt, so mochte man ine doch mit dem rayßigen
zeug, so zusamenkhomen wirdet, profiand und ander notturfft abstriken,
das sy nindert ziehen, sich auch also weyt unter die feindt nit begeben
werden, so ist doch nichts zuverrichten; es wayß sich auch niemandts in
diser welt zu vertrauen. darumb so wellen e f g ain eyllendts und erstlich
aufpot in dem ganzen land an alle stend außgeen lassen, sich in ain veld

mit aller notturfft zerüsten und sonderlichen denen von abl mit gantzer macht und benen von steten aufs wenigist mit ainem viertehl zurüsten und zusammensein, sopald man sy fordert von stund an aufzusein. und das in bemselben ausschreiben der herzog von Wirtenberg und die aufrurigen paurn nit genant, sunder das solche merkliche aufrur vorhanden und vor augen, das e f g zu beschützen irs fürstenthumbs in solchen aufpitn verwislich und nottürftig sej und das [65]¹) solchs zum ernst-lichsten beschee.

Die paurn am Schwartzwald sein auch gestilt und veranlast gegen iren herrschaften auf das camergericht, das ich hoff, die sachen soll all gut werden.

Aber e f g sein nit lässig, verachten nichts, pieten statlich auf, ob sich ye etwas zutragen mechte, das e f g trostlich und statlichen widerstandt thon mögen. wir wellen uns mit hilf des almechtigen, der e f g nit verlassen wirdet, aller feint wol erweren, so man mit nichts verlassen und stilstet, pis das wasser überhandt nimbt.

Die stet und prelaten missen als ich acht ir volck selbs unter-halten und der abl auf e f g lieferung.

Es bereiten auch dergleichen ander fürsten auch mit gewalt auf-zusten, und Hessen, desgleichen als ich verstee die Pfaltz gleicherwehse. darinnen wil ich mich aber noch heut erfragen und e f g pei uechster post berichten. datum montags nach Valentinj umb XII ur im mittag.

Eingeheftet IV 63²)

Für gewisse und glaubhafte neuzehtung fugen wir euch zu ver-nemen, das die Hegauischen paurn nit gar 1 M stark noch peieinander liegen, sind nit aynhellig sonder untereinander zertrent und ruffen für einander an, das man inen zu ainem bericht verhelf, darauf sind etlich artigll von fried reichen und commissionen gestelt worden, die werden inen inerhalb zwahen oder dreien tagen uberantwurt; sofer sy dieselben annemen, ist der bericht gemacht. wo nit, wirdet von stund an von herr Jorgen Truchsessen den verderben darauf gen und er die paurn mit seinen knechten und pferden, darauf mit prandt und in ander weg an-grehffen, die knecht gewinnen lassen, was sy finden und die paurn als viel sie betreffen megen zu tod schlagen.

----

¹) Durch das Ineinanderheften zweier Briefe ist in der Paginirung ein Sprung von 62 b zu 65 a.

²) wahrscheinlich vom 24. Februar. Siehe Anmerkung unten.

Item unter den gestelten artigleln sind unter andern nämlich
die, das sich die paurn sollen in straff und genad der fürsten ergeben
und bekennen übel und unrecht gehandelt [zu] haben. so das beschicht,
wellen sy fürsten die begnaden und irs leybs und lebens schonen.

Sy sollen auch an end und ort wohin man sy bewegt ziehen, wer
und harnasch von inen legen und zu der fürsten handen stellen und sich
verschreyben, ire lebenlang dergleichen ufruren nit mer zethun. und sollen
pej den gemachten antrag beleyben.

Item wir vernemen, das sy all artigkel anzunemen willens, aber
wer und harnasch hinzulegen sey inen beschwerlich.

Item man khan nit verneinen, das sy gar khain practik mit dem
herzogen von Wirtenberg haben. ursach Erbalin von Reyschach ist pej
den paurn gewest und sy gepeten ine etliche geschütz von Thingen auf
Twyl zu bewegen, das haben sy in abgeschlagen.

Item so hat er II ᶜ wagenroß in Hegau zu den geschütz bestellen
wellen, das haben sy ime auch abgeschlagen, also hat er über Rein pej
denen von den seehaufen und andern gehandelt und pej denselben III ᶜ
paurnroß bestellt, die erwarten also, wenn man sy zu fürung des geschütz erfedert.

Und wiewol erstlich kundschafften khomen, er welle als auf morgen
sambstags ¹) mit seinem volck anziehen, den nechsten zu seinem land und
das III schiff mit vil leuten den Rein herab auf Stain gefarn, so befinden wir doch, das an derselben gar nichtzt und ist die gemein sag zu
Stain, so ain hauptman daselbs hin khäme, er wirde fängllich angenomen, ursach das es von denen von Zurich und gemainen aydgenossen
zum hechsten verpoten, das ine khain knecht zuziehe, wiewol man sorg
tregt, es werde dapej nit beleyben, sondern ime die aydgenossen knecht
nichtsbestominder zulauffen.

Item er gibt auch ainem aydgenossen IIIII fl.

Und nach disem allen haben die von Ueberlingen das schreiben,
so herrn Jorgen Truchsessen zukhomen und ich e f g zugeschickt hab, auch
referirt, aber fur sich selbs nichts davon noch darzu gesetzt.

21. Februar.
IV 22.

Genediger furst und herr! anheut sein von herrn Jorgen Truchsessen etlich kuntschaften alhie geschickt, welche an inen gleichwol wider-

---

¹) Darnach wäre dieser undatirte Brief am 24. Februar geschrieben.

wärtig, den aine vergleicht sich mit der von Ueberlingen kuntschaften, so
zaygt die ander an, das der herzog anzogen sej auf X M starckh und VIIIᶜ
zu roß. und biewehl die kuntschaften ungleich hat man den purgermaister
von Ueberlingen hinaufgeschickt, eylendt sich aller sachen zu erfaren und
von stund an bericht zethen.

Auf solche verlesne kuntschafft haben die Ostereichischen hilf
wider den herzogen begert. darauf ist erstlich beratschlagt, das man
wider durch aygen posten umb die zwen dritttheyl der eylend hilf schreyben
und so tag so nacht als immer muglich anzekommen begern und piten sol.
und mechte gleich gut sein, ob e f g mit ihren rahsigen desgleichen mit
dem fueßvolckh verfaßt, e f g liesse sy anziehen und der zerung auch ander
gelegenhayt halb und sunderlich, ob der herzog auf e f g ziehen welt,
das ich doch nit glaub, das dieselben pej der handt und nit in landt
zu Wirtenberg verlegt wirdet, sehe mich für gut an, das e f g kriegsvolckh alles zu Günzpurg belib.

Man hat auch den Ostereichischen hilff zugesagt, und biewehl
aber khain knecht im landt und sich die paurn pej den pundischen dermassen halten, das inen nit wol zuvertrauen ist, so hat man herrn Jorgen
Truchsessen, herrn Wolf Gremlich, langen Caspar von Augspurg geschrieben, ob sy sambt oder sunder an knecht piß in V M anzezaygen
wißten, die welte man annemen. darneben ist allen pundverwandten derselben ort gepeten, so herzog Ulrich anziche, das sy mit macht auffein
und herrn Jorgen Truchsessen zuziehen und rettung thun wellen.

Ob sich demnach e f g auf ain fursorg auch umb haubtleut und
knecht an dem see oder zu Peham würden, das auch e f g sich aygent-
lichen erfurderten, was und wievol sich e f g kriegsvolck zu iren furstenthumb vertrosten mechten. e f g lassen sich khainer muhe verdriessen, ob
es ye zum pösen sich zutragen wolte, das man sich dargegen manlich
und erlich zesetzen hab.

Ich versich mich entlich, der herzog möchte etwas furnemen, ob
aber dasselb so statlich, khan ich e f g anderer meynung nit, den wie
ich e f g hievor angezaygt hab, berichten.

Ich hab Henslein poten darumb zu e f g abgefertigt die posten
richtiger zu belegen. bevelh mich e f g. datum erichtags nach Juliana.

Man hat auf dem nechst pundstag Martinj I M fl zu bezahlung
etlicher selbe und yzt II M fl zu getaner außgabe erschlagen; daran gepurt
e f g wie dieselben hievor angezaygt; dasselbe gelt wellen e f g auch
mit dem volckh schicken.

22. Februar.

IV 74

Genediger furst und herr! in diser XII stundt mittags sein mir von e f g zwey schreyben zuchomen, hab ich untertenigklich vernomen, und das die zwen britteyl durch e f g berayt gemacht und geschickt werden sollen, habe ich den stenden angezaygt, die solhs zu großen ge- fallen annemen. so hab ich in disen tagen e f g geschrieben, wo dieselben ankhomen sollen.

Zum andern ist vast gut, trostlich und nutz, das sich e f g statlich rusten; und ob e f g solhs aufpots nit bederffen wurden, ist es doch darzu gut, das doch e f g wissen, was sich e f g in dergleichen fellen getrosten mögen. so wirdet es auch zu dem gut sein, so ain practica zu Peham sein sollte, das villeicht dieselben ersitzen und in rue gestelt werden mechte. doch wellen e f g an denselben ort auch nichts verlassen. ich hab auch nit pej mir bedenken megen, das gut sej etwas von den practiken alhie zu erfragen, dan von unsern ist niemandts hie, der diser sachen wissen haben meg. und diewehl e f g den pfalzgrafen geschrieben, acht ich, e f g wurden an denselben ort beschayd und ware kuntschaft erfaren.

Und ob dem von Wirtenberg umbreyter auf dem Norkawe ge- worden, mußte es durch docter Furstainers hilf und furslag beschehen sein. wer gut, das ime nachgeforscht wurde.

Der post halben hab ich Henslin poten von mir geschickt dieselben richtiger zu unterwehsen, wie er auch e f g anzaygen wirdet.

Das Pfalz und Hessen den von Wirtenberg helfen sollen, glaub ich nit. so hat auch Pfalz ire pferde des ersten britteyls gen Stutgart geschickt. desgleichen wirdet Hessen auch schicken, und ist nit weniger dergleichen reden sein alher auch khomen, und auß meiner verursachung ist von den stenden des punds dem landgrafen in Hessen geschrieben, als lange gemaine versammlung an, daß etlich Hessen sich untersteen und dem von Wirtenberg reyter zufuren wellen; darumb benn gemaine pundtsstende nit wenig missfallen tragen. und sofer dem also, das er dieselben absordern und straffen welle. so hab ich als für mich selbs und ganz getrewer meynung mit dem pfalzgrafen rat geredt, ich hör das in Inspruck und hie gesagt werde, das sich der von Wirtenberg pej der Pfalz hilf und trost getrösten solle; und wiewol es die unwarheyt, mechte es doch pej dem erzherzogen auch gemainen stenden der Pfalz unfreuntschaft und unmut gepern, und sehe mich für gut an, er liesse solhs an den pfalzgrafen seinen herrn gelangen. das er zu größtem dank von mir angenommen und wil es dem pfalzgrafen schreiben.

Das der ander dritteyl abgewendt werden mechte, das sollen e f g khain sorg tragen, sondern wirdet noch mer volcks bestelt und erfordert, wie e f g ab zweyen meinen jüngsten schreyben vernemen werden, ist pesser e f g geben auß dem landt XX M fl, den im landt II CM, und pin der tröstlichen zuversicht, der handel solle sich mit gnaden des almechtigen glücklich enden. ich stecth voller kriegs, es haben meine zunftmeyster mit einanders ainen halben schalck oder hasen im puesen, sein aber yzt gut.

Es sollen auch die paurn gestrafft werden nach nottdurfft, sopald uns got gegen den unsinnigen man glück und segen gibt.

Wie ich e f g vormals geschrieben, das solcher des herzogen zug das rest sei, das befinden e f g auß Weyssenfelders schreiben auch. so zaygen etlich kuntschaften, so anheut khomen sein, gleichermaß an, darumb wirdet es palb vergeen.

E f g versehen sich mit ainem guten geringen geschütz, das man an den pässen und wassern und im velb wol prauchen mag. doch das es auch nit gar zu ring oder wenig sei; und versehen sich auf zwey oder drey ort; e g schicken sich wol zu der gegenwer, wurdet e f g nachpaurn und andern feintn ain auffsehen machen, desgleichen die Pehaim anhaims behalten.

Gleich yzt als ich die lezt oder zehl geschrieben, khomen mir brief, das die auß dem landt Wirtenberg und von den erberglen sich außgeschossen und auf IIII M starckh dem herzogen entgegen ziehen und haben alle reysige für und für zu herrn Jorgen Truchsessen gefertigt, und sy wellen auch zu herrn Jorgen Truchsessen stoßen. so werden wir hie auch alles volck für und für demselben hauffen zuschicken. so sein gepott außgangen an all stend auf das starkist zuzeziehen. das ich mich verhoff, ainen treflich raysigen zug und etlich M man in zweyen oder dreyen tagen zusamen zepringen und dem herzogen unter augen zuzeichen. und damit aufzehalten. gott schicke es zum pesten.

Ich merk auch, gott hab lob, das sich auß gegenwertigen leuffen, das Luterisch ding nit allein ringern, sondern auch zertrennen wil, darauf ich die groß sorg gehabt hab. aber es sicht ain yedlicher wol auß den evangelischen früchten, was es fur ain paum ist. ich mechte auch leyden, das der Fucker die prueberlich lieb mit mir habet und teylet.

Graff Gabriel von Ortenburg khombt heut gen Augspurg. ob im e f g ain wilpret schicken welt, das der jud sich desselben auch genaydter bedanken mechte. und wen e f g sagte, ich hete wol anders zugebenden, das ist die warhait, es ist mir also eylends zugefallen, und das der brief lang genug wurde. hab ich solhs e f g anzaygen wollen. bevelh mich e f g. datum auf den tag cathedra Petrj umb acht ur gegen die nacht.

22. Februar.
IV 78.

Genediger furst und herr! Auf heunt sein posten khomen, welche sich miteinander vergleichen, das der herzog von Wirtenberg im anzug ist und sol ain namhafftig voldh zu roß und fueß haben, das ich e f g darumb anzayg, sich in allen sachen zeschicken haben und wissen.

Item es soll ain lauff von knechten herauß auß Welschland sein, ob demnach e f g knecht notdürfftig, das e f g nach denselben trachten mögen.

Man wirdet dem herzog von Wirtenberg widerstandt thun und hat umb knecht geschrieben, und ist die meynung, das etlich pundästende, für ir kriegsvolck gelt erlegen sollen: das ich von e f g wegen nit bewilligt noch abgeschlagen. aber biewehl ye e f g fueßvoldh haben und denselben sold geben, gedenckt mich besser e f g erlegen das gelt. damit ist man des langen anzichen übrig. so behalten auch e f g ir voldh im landt und wollen e f g mich des pei nechster post berichten.

Des herzogen ding ist ain urbering, khan nit erhort werden, darumb mueß man allein ain eyllendt widerstandt thuen. sonst ways ich e f g nichts zeschreyben, den das ich gern wissen wolte, wie sich e f g schicken, ob ain urberinger überfall beschehe, wie sich e f g in die gegenwer schicken wolten oder gedachten.

Es ist auch unter anderm geschrieben, das der herzog, wo ime dieser zug umbschlag, nit mer in Schweyz khomen werde, schuld halber, und darumb so es das rest ist, mueß man auf sein verzweyfln mer sorg tragen.

E f g lassen darnach ain gemain aufpot und sonderlichen mit der rayßigen und landleuten ausgeen, und das doch e f g sehen, was e f g fur ein voldh hab. ich hab auch zu Kelham ligen II ᶜ eimer wein, sein e f g der nottürftig, lassen sy e f g nemen. desgleichen hab ich auch umb IIII ᶜ silbermünzen, nemben dieselben e f g auch, allain das e f g mit eren und pracht derselben widerwärtigen besteen megen. bevelh mich e f g. datum Ulm um XII ur auf kathedra Petrj.

24. Februar.
IV 79.

Genediger furst unb herr! in difer stundt sein mir von e f g zwei schreyben zuchomen, daraus ich erstlich verstanden, baß e f g kriegs-voldth allererst anheut unb morgen anziehen werbe: baß wol zu langsam ist, ban sich yeberman versehen, e f g voldth solte alß heut ober morgen heroben anthomen. aber wie bem, so tragen sich leuff ganz beschwerlich zue, baß gut unb vil pesser were, baß man gefast were, unb ist mein rat, baß e f g ir voldth so tag so nacht unb wie viel e f g deß haben mügen anziehen lassen. ben alß e f g melbung thuen für ben anbern dritteyl gelt zu schicken, baß ist ab unb wirbet nit erlangt werben. barumb so schicken e f g ire zwen dritteyl zum allerfürderlichsten. die not ist vorhanben, wie e f g auß meinem schreiben hernach vernemen werbe.

Anheut ist burch herrn Jörgen Truchsessen alher geschrieben, bes batum stet auf ben XXII tag bises monats, baß sich herzog Ulrich rüst unb baß ime bie aybgenossen gewißlich ben lauf ber knecht zugelassen unb bergundt haben, baß auch etliche senlein anthomen sein unb er seinen anzug nemen wirbet. so zaygt er auch an, baß Schwayter von Sickingen zu Schaffhausen mit LXXX pferben anthomen sey. so sey die sag, baß bes herzogen von Lotringen prueder mit IIII C pferben anthomen unb sole ber herzog piß in X M zu fueß unb VIIII C zu roß stardth werben; unb bieweyl bie Lotringischen reyter khain kuntschaft vermügen, heben wir allhie ain eyllende post auf Ueberlingen geschickt uns basselbs aygentlich zuerkunden.

Man wurbet heroben von gemains punbswegen bestellen unb annemen in ber eyl piß in III ober IIII M knecht. unb hat beshalben erschlagen XXIIII M — bavon wirbet e f g gepuren III M fl — bamit wollen e f g gefast sein.

Desgleichen ziehen die Wirtenbergischen 5 M stardth an unb so bie zwen dritteyl anthomen werben, bie sollen besgleichen bie Wirtenbergi-schen unb baß voldth so herr Jorg Truchseß hat zusammen stoßen. acht bemnach, baß nit unter XI M zu fueß unb XVI C zu roß sein sollen.

E f g lassen mich auch wissen, was von ber Pfalz zu antwort gefallen ist.

Die paurn fallen täglichs von iren herschafften, meren sich ber gestalt, baß es piß an ben Lech reychen werbet. barumb ist von neten, baß e f g von stunban fur unb fur ire lanbleut erforbern unb zureyten lassen. bann gewißlich haben e f g nit ain ernstlich einsehen unb auf-merken, so werben sich bergleichen emperung in e f g lanbt auch erheben; e f g laſſen ernſtlich und im eingangckh ernſtlich handeln. ich trag groſſe ſorg auf meines gnädigen herzog Ludwign gezirglen, denen iſt meins beſorgens auch zu lang mit dem Luteriſchen weſen und frey= hayt zugeſehen worden.

Ju ſumma ain groſſer mercklicher krieg und aufrur iſt vorhanden und iſt die notturfft erſtlich, das ſich e f g vor irem landtvolckh ernſtlich furſehen und in einer ſtatlichen rüſtung anhaims ſein. zum andern, das e f g mit ainem paren gelt pis in VI M fl auſſerhalb der zwayen dritteyl fur den punb gefaſt ſein, dann werden wir den beulen ain monabt erhalten, ſo iſt der gegentayl an gelt im mangel und ſtet dieſer krieg allein auf dem beharren, und das man zum erſten nit zuvil verller.

Item diewehl die paurn in die margrafſchaft Burgau auch anſahen zufallen iſt die notturfft, das e f g volck mit getreuer gewarſame und peieinander pelehben und ziehen, ſich auch khainswegs mercken laſſen, das ſy wider die paurn, ſonder den herzogen von Wirtemberg ziehen.

Ob e f g he vermeinten, pei iren landtſaſſen khainen ſtarckhen rehſigen zeug zu bechomen, wie ich auch ſorg trag, ob e f g dem von Mantua geſchrieben hete umb II oder III C ſtrabiotten, weren pald her= auß zepringen und lieberlich zu unterhalten. das gebe ich e f g zu be= denken, den ich her, die Venediger haben derſelben vil peieinander und gedenke das albegen und aufs lengſt in ainem monabt II oder III oder IIII C herauß zepringen wdren. iſt ain gut volckh auf die paurn; pan welte ſich ain emperung im furſtenthumb erheben, iſt mit niemandts pas, ben mit frembden leutten als ſtrabiotten und Pehamen zuſtillen. datum auf ſandt Matheustag umb II ur nachmittag.

25. Februar.
IV 105.

Genediger furſt und herr! anheut ſein den puubſtenden peigelegte kuntſchafften zuchomen, ſo ich e f g hiemit zuſenbe. desgleichen ſo hat herr Jorg Truchſess II M knecht und her Wolf Gremlich ſol auch noch I M knecht anemen. ſo iſt ain ander haubtmann auch mit ainem ſtarken venlin beſtelt, ſo zeucht das landtvolckh auf V M ſtark an.

Item Pfalz und Menz ſein mit iren reutern der erſten manung in Stutgarten ankhomen, ſo khomen die Wirzpurgiſchen heut alhie an.

Item die paurn alhie umb meren ſich täglichs, ſo fallen auch etliche von inen, dan auf nechten haben wir über V oder VI dorffen geſtilt und vertragen, das ich gewiß acht, ſo die paurn geſtilt, wir

wollen dem herzogen unter augen ziehen auf das wenigist XI ᴹ oder
XII ᴹ starl zu fues und XVII ᴼ zu roß.

Item e f g wirdet morgen oder heut ain post haben um III ᴹ ß,
die wellen e f g mir von stund an zuschicken. bevelh mich e f g. datum
sambstags nach Mathie a° 25.

26. Februar.
IV 81

Genediger furst und herr! auf heut umb XII ur ist von herrn
Wilhalmen Truchsessen inliegende kuntschafft den ständen des punds zugeschickt, und der schlacht in Maylandt halb, davon dise kuntschafft meldung thuet, hat purgermayster von Memmingen auch gleich dermassen
angezaygt, das solhs seinen herrn von ainem knecht so aus Maylandt
kommen angezaygt sei. desgleichen schreybet herr Cristoff Fuchß, des
datum stet auf gestern, daneben zaygt derselbe herr Cristoff an, das sich
der herzog erhebt und auf Tutlingen zuziche. und nach vermag seins
schreibens und vermanens so ligt der herzog auf disen tag vor Tutlingen, aber herr Cristoff zayget auch an, ire kuntschafft sage, das er
sich vor Tutlingen nit legern, sonder dem nechsten auf Stutgarten
zichen welle.

Mir ist auch e f g schreyben des datum stet an gestern umb die
V ur gen der nacht zuchomen, und ist ein gute fursorg und warung, das
sich e f g mit ainem rayssigen zeug schicken der ufrurigen paurn auch
anderer zufall (halben), so sich in disen beschwerlichen leuffen allenthalben
zutragen megen. die paurn sein voller teufel, so ist inen auch nit zu
vertrauen.

Dem Gremlich habe ich seinen brief zugeschickt. ich trag aber
fursorg, e f g wurden pej ime khainen knecht überchomen, den gemeine
stende haben ine vergangenen tagen, umb etlich knecht geschriben, trost er
übel. darauf man ine abermals geschriben und gepeten hat, pis in
I ᴹ knecht aufzepringen. auf allerley kuntschafften ist anheut beschlossen,
das man morgen zu den paurn schicken und mit inen einen anstandt
machen sol, wie man denselben zum gelegensten und liederlichsten finde,
und so das geschicht, des man sich verhofft, wirdet man den nechsten mit
allem voldch so auf heut und morgen ankhomen soll dem herzogen von
Wirtenberg entgegen zichen.

E f g haben mir in jüngstem schreyben geschriben des geschüß
halben e f g bericht zethun; darauf füge ich e f g zuwissen, das der
erzherzog das geschüß unterhalten und verordnen wirdet, aber wider die

paurn haben die von Ulm III notschlangen und I halbschlangen dar-
gelihen zugeprauchen.

Weyter des Wolf Barbier halb wayß ich e f g khainen beschayd
zeschiden noch ime den Wolf auch zuverhelfen. dan der pundischen
voldh nit peieinander, so geschicht auch solhs zuzihen in gestalt einer
eylenden hilf, aber wenn er ye lust hat zukriegen, mag ine e f g mit
irem voldh schiden und von yedem fenlein II sold nemen. das alles
wolte ich e f g schuldiger meynung nit willen¹) verhalten. datum sontags nach Mathie tag a° 25.

p. s. Der ain purgermaister von Norberg bericht mich, das ain
grosse entperung in Beham sein soll und die herrn sollen sich besorgen
ains überzugs von dem pundt, sollen auch zu den stetten umb hilf ge-
schidt, die inen aber abgeschlagen worden, deß mügen sich e f g auch
erkunden und an denselben ort gute kuntschaft haben.

Ich hör sagen, wie auch auß der kuntschaft zum tayl verstanden
werden mag, das der herzog die aydgenossen auf ain prantschatzung des
landts verwisen hab, ist alles gestelt auf ain eyl und verderben des
landts. behelt er, so hat er.

27. Februar.
IV 141.

Genediger furst und herr! in dieser stund ist den stenden des
pundts peyligende schrifften zuchomen, welche ich e f g hiemit zuschicke.
so hab ich auch e f g nechten geschrieben, das man sich entschlossen hat,
des nechsten dem herzogen zuzuziehen und die paurn auf das mall auf
ain ort zustellen. gelingt uns dann mit dem herzogen, wollen wir an
dem widerzug den paurn also abprenen, das sy wolten, sy hetten es
unterwegen lassen.

Die paurn sein warlich wild und seien herr Jorgen, herrn Wilhalmen Truchsessen paurn, desgleichen umb die lantvogtej all auf und
sein warlichen aufruren, so pej unserm noch unser voreltern zehlen in vil
hundert jaren nit gewest sein. doch so hoffe ich, so wir den herzog von
Wirtemberg gestilt heten, die paurn wurden sich demuetigen.

Ich pin ob khainer artiglel mer wunderlicher, dan das sy alle
wasser frej haben wellen. ich hab heuer ainen pach eingefangen und
mit karferchen besetzt, gestet mich ob II C fl, hab mir des pachs sorg.

<hr>

¹) Ed ist hier aus der Construction gefallen.

das schreyb ich e f g schwandweys, damit ich nit abermals poß mer schreyb.

Aber sej wie ime wel. e f g laffen wol auffehen und wo der- gleichen practica erfteen welte von ftundan mit ernft ftraffen. dan in dergleichen fachen ift das peft zum erften widerftandt zethen und das gifft nit auspraylen laffen. und muß e f g ainen guten fchwanth an- zaygen. als dife täg im ratt und außerhalb difer aufruren halbn dif- putirt und angezaygt worden, das die Luterifchen prediger daran fchuldig, als auch niemants widerfprechen megen, ift mir Criftoff Kres in vil reden zugefallen und darneben auch zuverften geben, das es feinen herrn nit mer muglich fei, wending zethen, und verfte wol, das es der neuen leren halb unter den ratherrn nit gleich: ich merk auch, das der Kreß und etlich ander darwider fein, und unter andern reden fagt er, als er yzt alher reylen wellen und ir etlich auf dem plaß peieinander geftanden, der und ander fachen halben reden gehalten, wie fich den zutregt, hete Criftoff Fuerer offentlich angefangen und zu ime dem Kreffen gefagt, fo er zu mir khome, folte er mir fagen und pitten, das ich und all rate e f g raten wolten, die Luterifchen nit einbringen zelaffen und das e f g und derfelben lantfchafft treulich davor verhuett wurden, (das gleichwol nit allen gefallen), denn es were nichts gutes daran. datum montags nach Mathie umb IV ur nachmittag a° 25.

27. Februar.
IV 143

Genediger fürft und herr! um VI ur nachmittag ift mir e f g valder Linhart zuchomen und e f g fchreyben die von Günhpurg betref- fend geantwurt. nun habe ich alheut von wegen des erzherzogen zu ihnen gefchickt und inen den von Günhpurg ift gepoten, e f g knecht an- zenemen. wo das gefchicht, hat es feinen weg. wo nit hab ich inen hievor zum lezten untergeholfen. wolte ich e f g nit verhalten.

Verrer fo e f g die ander manung fchicken werden, gedeucht mich gut, das fy miteinander zögen, wären fy deffer fichrer und das fy fich nit merken laffen, wider die paurn, fonder wider den herzogen von Wir- tenberg zezichen.

Wie e f g ab mereren peigelegten fchreiben vernemen, fo acht ich, das man den herzogen von Wirtenberg geftracks unter augen zichen, fich auch mit ime fchlagen werde, fover er das anderf erwartet. darumb und fo die hauffen all zufamen ruden und villeicht zu feld

ligen muessen, ist die notturft, das die rayter wägen und andre notturft
in ain velb haben.

　　Genediger fürst und herr! ich versich mich gewißlich ainer schlacht,
dan wir wellen mit henden und füssen arbeyten den Schweyhern den
pass abzuziehen. so seien wir ihnen von gnaden gottes starckh genug,
und acht, das wir in IIII tagen auf das lengist in die XV^C pferd und
XI^M guter knecht peieinander haben wellen, und mit gottes hilf den
rest außmachen. nun zaygen mir die rayter an, das sy in ain selb nit
gerüst sein. und damit khain mangel, sy auch pej den leuten peleyben
megen, wil ich mich berhylen inen gelt und wägen aufzupringen. und
wiewol ich deß nit gewiß, so wellen e f g die andern reyter fürderlich
hernach senden und mit denselben wägen auf diese und dieselben rayter
albegen auf XII I wagen. darauff werden sich die reutter verlassen,
versich mich auch, ich welle sy hinaußpringen, verhoffe es soll sich allenthalben zu gut schiden.

　　E f g haben mir geschrieben, das sich e f g um Beham bewerben
wellen zc., biewehl sich aber bie sachen dermassen zutragen, das ich mich
pesserung verhoff, gedünkt mich e f g mügen sy bewerben, aber noch
nit anziehen lassen, dasselb gelt zu ersparen. desgleichen die knecht an
den Lech zu legen, aber die rayssigen lassen e f g auf das sterkist
anziehen.

　　Um VIIII ur vor mitternacht ist purgermaister von Ueberlingen
khomen, der sagt mir gleichermaß wie herr Jörg geschrieben hat. datum
auf montag nach Mathie a° 25 umb VIIII ur vor mitternacht.

1. März.
IV 174

　　Genediger furst und herr! ich habe e f g jungst geschrieben, das
die reuter wägen haben und sich allerding in ain selb richten muessen,
versich mich auch, das auf sambhag all hauffen zu einander und sich
gegen den herzogen zu selb schlagen muessen. verhoff mich, das in wenigen
tagen der herzog sol geschlagen werden. dan an disem ort nit mer zu-
erfaren ist, deßhalben wollen e f g die wägen auf hzigen und den andern
dritteyl fürderlich (senden) und mitgehen lassen.

　　Ich hab auch den reutern so allhie sein brej wägen von denen
von Ulm entlehnet und roß darzu bestelt. mueß alle tag auf ainen
wagen I fl geben und I fl rüßgelt, thuet das monabt in der XL fl,
borpej merken e f g den vortayl, und so e f g die wagen her verorb-
nen, wil ich die andern urlauben.

Desgleichen so lassen e f g das fueßvolckh fürderlich und miteinander ziehen, das dem haubtman nit geschehe, wie dem Stöckl, dem
sein I C angeschriebner knecht abgangen, das nit allein spot, sondern auch
schad ist. ich wil inen auch unter augen schicken, damit sy wißten die
lager anzunemen.

Ich schicke e f g hiepej herzog Ulrichen neuen brief, der anheut
pej ainem edllnaben alher geschickt ist. e f g ernstlichen bevelh, das
man von stat ziche; und vergessen e f g die wägen nit, dan es gienge
ain mercklicher costen darumb; so khönnen die reuter on wägen nit im
veld peleyben; datum in eyl auf den mittwochen in den vier tagen
angender fasten a° 25.

1. März.
IV 175.

Genediger furst und herr! anheut hat herzog Ulrich ainen reytenden pueben alher geschickt mit ainem brief, darinen er anzaygt, wie
er nach seinem landt trachten und sover sich die punds stende mit ime
vertragen, welle er ainen vertrag anemen; wo nit, welle er sein ere bewart haben, mit mer worten, wie ich e f g die copej zuschicken wil.

Auf heutigen tag auch haben sich die von Ballingen an den herzogen ergeben.

Stöckel ist anheut pej mir gewest, zaygt mir an, das ime I C
knecht abgeen und seien in München beliben, und hat auch khain gelt,
seinen schreiber und niemants pej ime, das nit allain schimpflich zu
hören, sondern auch schad ist: wirdet e f g zum pösten ausgelegt. sagt
mir gleichwol, das der merertahl derselben knecht Münchner sei. nun
sy sein wer sy wellen, so sein sy erloß schelmen, dargegen auch e f g
nach ungnaden handeln und mit ruten außstreichen lassen. man zeucht
nit in ainen tanz, sonder an die feindt; das schreyb ich e f g darumb,
ich weyß wol, das an dem gelt einemen niemants mangelt, aber im
mustern geet vil ab. so lassen auch e f g die schreyber und pfennig-
meyster mit inen und pei einander beleyben, den alspald sy für Augspurg
khomen, seien sy in der feint landt gangen. datum in eyl auf ascher-
mittwoch umb X ur a° 25.

2. März.
IV 182.

Genediger furst und herr! anheut seien neuzeytung herkhomen,
daß der Franzoß in Mahlandt geschlagen und gefangen sein sol, wie

e f g on zweyfel dieselben neuzeytung von Augspurg und Jnspruck auß
auch haben megen.

Die paurn meren sich von tag zu tag und haben etlichen steten
geschrieben, unter denen Ulm auch aine ist, und begern, waß sy sich zu
inen versehen und getrösten sollen. indem ist ain grosse spaltung in
den steten. die Luterischen, so arm sein, geben den paurn recht. die nit
Luterisch und die Luterisch, aber reych sein, geben den paurn unrecht.
in suma, der handel ist beschwerlich und oft angestelt auf ain rechtlichen
anstrag. darauf sollen die paurn hjt pis montag antwort geben. aber
darumb ich e f g hjt und hiever mermalß geschrieben und gewarnet
hab, so lassen e f g gut aufmercken und aufsehen auf die paurn haben,
weren pej zeyt, das unglück wechst und nimbt über nacht zu.

Der von Wirtenberg wirdet mains achtens nit pleyben noch
verharen. es sein die pundischen anheut allenthalben anzogen. versich
mich in V oder VI tagen auf das lengst aintweder ainer schlacht oder
das die aydgenossen flüchtigllicy weg ziehen muessen, und doch mit irem
nachteil. wir seien ime von den gnaden gottes starck genug, darzu es
mit mühe khemen, wie ich e f g ainsmals so ich anhaims khome schwand-
wayß sagen wil; und haben e f g pej dem erzherzogen danck und ere
eingelegt, und demnach e f g auch verhelfen werden.

E f g wollen irem solck bevelhen, daß sy zu roß und fueß pej-
einander beleyben und das den knechten pej henden gepoten werde pej
dem fenlin zu peleiben und zuziehen, dan e f g vil knecht abgangen, so
daheim pelieben sein. ich hab inen auch den Hensl poten entgegen-
geschickt, wo sy peleyben sollen.

Der herzog von Wirtenberg hat ain groß geschray erdicht, als
sollten ime Trier, Pfalz und Hessen helfen, daß auch der punbt zertrent
und mitainander uneins, und der pfalzgraf sej e f g entsagter veindt.
solchs hat der herr bischoff zu Costniz alher geschrieben, und darauf sein
hilf anhaims behalten, hat sich erkunden wellen, wie doch die sachen gestalt
sein. er hat auch ein außschreiben an Pfalz und ander fürsten gethan,
wie ich e f g in wenigen tagen zeschicken wil.

Auß der Menzischen canzlej ist mir zuentpoten, daß die acta
zwischen marggraf Joachim und den herzogen von Pommern, wie die
vor dem reychsregiment eingepracht und durch e f g unter des reychs
insigl auß der römischen canzlej begert gefertigt sein, begern die zuer-
ledigen.

E f g haben gut acht auf die paurn in derffern und steten, ist
e f g mayslerkönig auf das jar. bevelch mich. datum pfinztags in den
vierlagen der vasten a° 25.

7. März.
IV 207.

Genediger furst und herr! wie wol ich e f g anheut allerley tröstlichs zugeschrieben, so sein doch darnach poten khomen, das der herzog Herrenberg eingenommen und das zum erschreckenlichsten ist, die lantschaft den meiertahl in abfall, verräterei und meuterei machen. der- halben und sonderlichen den paurn best ritlicher und er zubegegnen, ist beschlossen, dem herzog statlichen widerstand zethun und mit gewalt auß auß dem landt zetreyben und den dritteil der hilf auch bewilligt, die in gelt geschlagen werden sol.

Auf XII ur in diesen tag sein brief von gemainen aydgenossen khomen, die piten irer ratspotschaft, so zu Rotweyl ankhomen, glayt zu geben zu den iren, dieselben pei leyb, ere und vermeydung irs vatter- lands abzefordern, das den gutlich bewilligt worden ist.

Ich hab e f g geschrieben des senbleins knecht, so zu Schongau ligt, das e f g desselben nit nottürftig und bieweil gemaine stende knecht anemen wollen und e f g den halben oder mer monatssold an demselben ort ersparen mechten, so hab ich gemainen stenden solchs angezaigt, die mich gepeten e f g deshalben zuschreiben und zupiten, das e f g inen dieselben knecht uf das nechst zuzichen und vergonnen welle uf gemains punds costen und besoldung. und bieweil ich solchs e f g zu gut ange- richt und e f g die knecht nit nottürftig und damit dem herzogen dester eylender entgegengehandelt werden müg, so gedunkt mich ratsam, e f g wellen von stund an so tag so nacht gen Schongau bevelh thuen, das der haubtmann der end stracks uf Ulm zuziche und auf den tag den er zu Schongau anzeucht sol ime der sold angeen, alhie gemustert und be- zalung gethan werden; wo er auch mer knecht, das sein fenlein pis in V c oder sterker wer, soll alles gemustert werden.

E f g wolle darinen nit säumig sein, ist für e g. sparen den sold. den meins achtens würdet der krieg sich nit so pald enden. ich pin meiner person vielleicht auß der überflüssigen arbeyt oder auß willen des almechtigen nit wenig schwach und besorg, das sich solchs ye lenger ye mer pössern mechte; das ich e f g darumb anzaygge, ob es sich umb mich ye nit pessern wurde, das e f g mitler zeyte gedenken, wen e f g alhie prauchen welten, das ich doch zum lengsten und als mir menschlich und muglich ist, umbgeen und mich nit sparen wil. datum umb I ur nachmittag erichstags nach invocavit a° 25.

E f g lassen den haubtmann zu Schongau anzichen, bieweyl wir

alhie sein, so ist e f g vil sicher. ist pesser alhie den in e f g land
zutriegen.

E f g lassen die raissigen auf die paurn sehen und streyffen und
wo der gleich auftrit sich erheben nit säumen und ernstlich strafen an
leyb und leben, es ist wahrlich not.

7. März.
IV 214.

Genediger furst und herr! ich hab e f g in etlichen tagen nichts
geschriben, das ist ursach, das die poten abgeritten pferd gehabt, das ich
auch all tag auf merer neuzeytung gewart, also das ich ains mit dem
andern hete fertigen megen. aber zum ersten lass ich e f g wissen, das
herr Jorg Truchseß in vergangnen tagn dem herzogen ain fenlein abgenommen und gen Tubingen geschickt und darob pej II^c erstochen hat.
zum andern so seien pis in XIII^c Schweytzer abgezogen und lauffen noch
taglichs von dem herzogen. das ist die meyste ursach, das er nit gelt
(hat), und hat inen verhaissen, so er das landt eineme, inen etliche stet
umb ire besoldung einzugeben, welchs villeicht den Schweytzern ir gemüt ist.

Herzog Ulrich ist in Ballingen pis in den britten tag gelegen
und an gestern hat er sich erhebt und über Necker auf Herrnberg gezogen; darauf sein all unser volckh auch aufgewest und ime unter augen
gezogen. und acht ganz barfür, das er in zwayen tagen entlauffen oder
sich mit den unsern schlagen mueß, darzue wir je starckh genug. aber
das landvolckh, so das durch das hart anzichen der pundischen nit furchomen, were alles umgefallen und entlich so der pundstag der auf reminiscere gelegt nit hindersich gerudt worde, so hete der von Wirtenberg das ganz landt auf heutigen tag innen. denn Khain schloss mit
frembden leutten besetzt gewest ist.

Wie herzog Ulrichen Trier, Pfalz und Hessen geschriben, haben
e f g auß peygelegten schrifften zubernemen.

Die paurn heroben über Ulm, am Bregenzerwald, in der Landt-
vogtei Schwaben, an dem see, sein all teuflisch und tregt sich ye lenger
ye mer zu, wird fürwar besorglicher — nenen sich den cristlichen haufen
und wollen doch nichts cristlichs furnemen, sondern sich gegen iren obern
erhöhen und das ir nemen; und ist so seltzam und manglerlay maynung
und zulauff unter inen. und ich auch ander haben grosse sorg auf etlich
stete, wiewol man das auf das gehaimst halten mueß: wie auch e f g
auch thuen sollen. es sollen auch e f g on zweyfl sein, das die practica

in e f g paurn und land auch ist: und darumb hab ich e f g hievor
gewarnet; das ich nochmals untertänglich und treulich thue, das e f g
wol auffehen lassen. es thuet nott, warlich nott. wo sich auch etliche
paurn rottiren und zesamen geen wurden, das e f g von stund an mit
ernst dargegen handeln lassen und in fengtnis legen, darpah werden
e f g die warheht finden.

Ich vernem e f g haben ain fenlein knecht gen Schongau gelegt,
thuet meins achtens nit nott. und gedeucht mich e f g liessen sy zu
nechster bezalung abziehen, und das e f g rahsige dafür hielte, dan allain
e f g wollen die knecht zu Schongau als ainen zufah und, ob die auf-
rurischen paurn daselbs etwas furnemen wolten, behalten. ich welte yh
gern fechen die rüstung der ambt und landleute. acht warlich es sey gering, das ich e f g darumb schreyb, meiner reden so ich offt gethan
ingedenckh zesten; ich hab aber e f g und meinem gnädigen herzog Ludwig öftermall widerparthey gehalten, und das sich pede e f g merer
rahsigen getrosten, dann aufzepringen sein.

Alspald wir mit dem herzogen gerecht: wellen wir mit den paurn
handln, aber was gestalt, wissen wir unser in dem ganzen rat über fünf
nit. die sach muess still und geheim gehandelt werden.

Bastel Jordan hat mich bericht, das ich e f g die zeyte, wie lang
der krieg weren, wissen lassen solte; das than ich nit thun, pis Wirtenberg verjagt und man mit den paurn ainen anfang macht. dergleichen
der Thwiel halben wirdet es dieser zeyte und sonderlichen der paurn
halb verloren und vergebens sein, man muess dem grossen wasser fürhalten und dusselbe stillen.

Desgleichen haben e f g bevelh thun, pej denen von Ulm gezelt
und hutten zu entleihen. nun haben die von Ulm den mangl, den e f g
ferchten, die hutten wurden inen verloren oder zerrissen. ich hab zwen
hutten dem marschalckh und seinen rehtern mit müe aufpracht. hab auch
dafür pürg und gut sten müessen.

Bevelh mich damit e f g. und verhoff, ich welle e f g pej nechster
post gute neuzehtung schreiben.

E f g sechen durch gotswillen auf die paurn. „wilpret und visch
frei, und niemants nichts zegeben." und dieser teuffel ist mit zepanen
on den hengler. das glaub mir e g. es wirdet heroben auch also
geen müessen: und e f g werden noch die Schwäbischen feur in Payrn
sehen.

postscriptum: der paurn alhie im Ried, welcher in XV^{M} sein,
erstlich nur XVI (C) gewest, von denen hat es gewachsen. hete man die-

selben ernstlich untergedruckt, were man bises vertragen. dem ersten anfang ist zuwidersten.

8. März.
IV 235.

Genediger furst und herr! wer ain krieg furt, der hat das fieber,
yzt khalt yzt hayß. ich hab e f g in nechsten schreiben angezaygt, wie
herzog Ulrich Herrenberg erobert, das auch das landtvolckh alles umgefallen, wie e f g ab dem schreiben so herr Jorg Truchseß uns allhie
gethan hiepey vernemen werden. und als der herzog Herrenberg erobert,
hat er sich von stund an erhebt und fur Beblingen und Sindelfingen
gelegert und die stat Stutgart aufgefordert. als aber der pefel die stat
Stutgart dem herzogen eingeantwurt hete, haben die haubtleut XVI°
knecht darein gepracht, darunder e f g erste knecht auch sein; und das
nunmals Stutgart dermassen besetzt, das es nit in großem far stet. so
hat auch der herzog das großg-schütz in Ballingen lassen und vermaint
die stet alle wirden ime aufsteen und auch villeicht besorgt, man mechte
ime dergestalt begegnen, das er das hinder ime lassen müßte. und sein
an gerayssigen so starckh, daß er nichts schaffen mag. so ist auch dermassen fursehung beschehen, und sovil mir on rum zemelden gezimbt
durch mein streng anhalten und anzaygen gehandelt, das ich mich versich
in zwayen oder dreien tagen pis in VII^M knecht zuhanden zupringen.
alsdan wirdet ob got wil dem spil der poden aus sein.

Aber die paurn meren sich teglichs. und lassen sich allenthalben
merckhen, khain gült noch zins zugeben, davon ich e f g vil geschriben
und gewarnet hab aufsehen zu haben. der abt von Kayshaim hat mir
heut gesagt, wie e f g ein dorff gen Weinbdingen geherig — Laub ge-
nent — darinnen die paurn auch zusamen lauffen und teufflration
machen. ob dem also were, lassen e f g pey der nacht einfallen und die
capitani fahen, wegfiren und gichtigen, darpei werden e f g achtung befinden on weytschweyff.

Ich hab e f g jungst geschriben, das ich mit geenden leyb schwach
und das wil sich nit pessern. trage fursorg, ich werde zuletzt erligen
müessen, und e f g gedencke auf einen, so ich e f g schreiben und sich
mein sach nit pessern wurde, das e f g darnach ainen andern schicken möge.

Ich hoffe ye all sachen sollen sich recht schicken. ich hab e f g
gestern geschriben der knecht halben so zu Schongau liegen: dieselb lassen
e f g aufs gemains pundes costen anziehen zum fürderlichsten. und
e f g erwere sich nur der paurn, dem herzogen wayß ich heroben wol

widerstandt zethen, das e f g vor ime wol sicher, dan es wolle sich alle
welt umbkeren. bevelh mich e f g. datum mittwochs nach invocavit
umb X ur in der nacht a° 25.

9. März.
IV 236.

Genediger furst und herr! wiewol ich anheut frue e f g ain
post geschickt hab, ist mir doch der menge der geschäfft halben, so ich
anheut mit den pundischen anschlegen, ordnen pulfers und anders abgefallen, ob ich e f g Stutgart halben geschrieben hab oder nit. deshalbn
wil ich e g dasselb wider anzaygen, nämlich als herzog Ulrich Herrenberg eingenomen, hat er sich erhebt auf Stutgarten und sich für Veblingen
und Sindelfingen geschlagen. ob er dieselben erobert, haben wir nit
wissen, aber Stutgarten hat er erfordert und anzaygt, ime sollen auch
XVI^M Schwetzer nachsein. und wiewol sich der pefehl an disen und
andern orten übl gehalten, so haben doch die haubtleut pis in XVI^c
knecht gen Stutgart gestellt, das es dermassen besetzt, das der herzog
Stutgart nit erobern. denn er hat das groß geschütz in Ballingen lassen
steen und hat vermaint, ime sollen alle flecken offen sein und ligen die
geraysigen in Eßlingen und Canstatt pis in XII oder XIII^c starck.

Herr Jorg Truchseß als haubtmann ist in anschlegen gewest mit
etlichen knechten und raysigen fur Ballingen zuruden und das geschütz
so der herzog daselbs steen hat lassen zuerobern, welchs ime aber von
den pundsräten auß treflichen ursachen, die lange zu vermelden, abgeschlagen, den gleich nach endung dises kriegs haben die stende die paurn
an der handt.

Auf e f g schreyben mir anheut durch Hensl von Santlich (Sent-
ling) überantwurt fuege ich e f g zuvernemen, das mich nit von nöten
ansicht, das e g zue Schongau und Fridperg fueßknecht haben. den
dieselben gesteen viel und megen e f g gegen den paurn nit erspießlich
sein. so bederffen sich e f g vor den herzogen von Wirtenberg, wie
meniglich zuschreiben ist, nit mer besorgen. ich verhoffe auch wir wollen
ime in VIII tagen thon, was ime zethen ist — mit hilf und grad des
almechtigen. darumb so wellen e f g sich mit raysigen versehen, dieselben khan man prauchen, allain ob e f g L oder LX geraysigen knecht
zu Schongau ligen lassen wolte zu ainem aufsehen und pesser verwarung
der stat, aber zu Fridperg ersparen e f g den troß wol. der krieg het
noch khain ende. wayß niemants wie er sich mit den hellischen paurn
schiden wirdet, und uberig gelt außzegeben ist nit mein rat.

Der paurn halb hab ich e f g hievor vil geschrieben. deßhalben ist unnot e f g mer davon zuschreiben, dann die punbstende e f g auch deßhalben schreiben werden.

So hab ich auch der paurn zu Kempten schreiben gelesen, waßß aber nit, was darauf zu antwort geben werd, aber e f g thuen dasselbs gemach, wurdet die sach glücklich mit dem herzog vollendet, so wirdet gegen den paurn dergleichen ernst gepraucht werden, das ir hellisch ewangelium in kurzen tagen erleschen wirdet.

Das e f g den Adlßhauser mit ainem sendlen knecht anzichen lassen, wirdet den stenden des punbs wol gefallen. unb nachdem ain neue anlag auf den dritten dritteyl bewilligt unb in gelt gelegt, so behalten e f g ben außgegeben halben monabts solb unb lassen das ubrig darauf bezalen.

E f g haben mir in ainem zetlen anzaygen lassen, das sich e f g entschließsten die fließenden wasser frei zelassen unb das wilpret verbehalten (bis acht ich es geschehe schwankwayß), benn ich than das nit bewilligen, müßte wol XL fl gelts verlieren, aber das wilpret sol mainhalben frei sein. ich hoff es werde alles pesser, sopalb der von Wirtenberg getembt ist.

Ich schicke e f g ein copej, wie die aybgenossen uns grossen herrn vom punbt geschrieben haben.

Die guten fremen leut vom regiment zu Eßlingen, barunter gleichwol e f g schweher ist, haben ain lang schreiben alher ben punbischen geschickt unb piten in bisen beschwerlichen entperungen des herzogen von Wirtenberg unb paurschaft ain nachgebenken zehaben, sähen gern, das man sy zu untertaidinger erpäte. haben wir nit thon noch verslen wellen, noch auch vil weniger unsern langhergepraghten ernst unb reputation nit also wie alte hurn verlieren, wiewol ich in bisem thon vil mühe gehabt habe, meine gesellen ains tayls frisch zemachen unb zehalten.

Das e f g den Weyssenfelder alhier wieder haben, sehe ich ganz gern, ban ich mich mit ime wol vergleichen mag unb than, allain so er evangelisch sein wolte. ban der paurn prüderliche lieb ist mir ganz wider. ich hab mit meinen natürlichen unb leyblichen geschwisterigten nit gern getaylt — ich geschwayg der frembbn unb paurn. bin warlich in 4 jaren schwecher nit gewest. unb gebe gleich der sorg nub grossen arbeyt unb sunberlich, ee unb meine gesellen ain wenigs frisch gemacht werden, die schulb. aber so sich yzt die sorgen ringern unb yeberman zum krieg willig hab ich hoffnung, mein sache sollte sich pessern, boch ist auch nit vil baran gelegen.

Der herzog hat den aydgenoffen bezalung irs folds zu Stutgarten zugefagt und diewehl fy auf heut abgefertigt, auch Stutgart nit alfo einemem werden und alfo der bezalung geratte mueffen, habe ich practicirt, das mit den Schwehzern gehandelt werden folle, ob fy unter der geftalt und in bezahlung irs folds den herzogen verlaufften. und wiewol die pundifchen aufferhalb Öfterreych von difer practica nichts wiffen, hab ich doch diejhenen fo handeln follen halbe bezalung bej den pundsftenden zuraten erpoten. ich pin ye der hofnung, es folle in etliche wege geraten, das man des unfinnige mans furder entladen peleyb. bevelh mich e f g datum pfinztags nach invocavit a° 25.

12. März.
IV 256.

Genedigen furften und herren! eur f g fchrehben pej dem Claßl ift mir anheut zulhomen, darauf ich der knecht halben mit den ftenden des pundts geredt, denen gefelt wol, das e f g auf gemeiner ftende befoldung diefelben knecht annemen, deßhalben megen e f g die knechte muftern auffchreiben und fover e f g fur gut anficht ainem yeglichen I ft auf die handt geben und auf das nächft alher ziehen laffen, doch wellen e f g den anzug fürdern und folchen anzug mir pej der poft verlünden: ob fich die leuff mit den paurn wenden wurden, das man die knecht yeder yetzt darnach füren und wenden mege.

E f g laffen ein mufterregifter mir zufchiden und anzaygen, wan inen die monabt angangen fein, fich darnach mit der andern bezalung darnach haben zerichten.

Item und fonderlichen fo e f g fich der knecht annemen, wellen e f g vor der bezalung den knechten anzaygen und fürhalten, das fy wider menigliche dienen und prauchen laffen wellen. denn wir haben pis in IIIIᴹ knecht, die fich wider die paurn nit prauchen laffen wellen, des man alsdann die und ander hab.

Für neuzehtung ways ich nichts funders, den das die Schwehzer abgefertigt fein, aber dennoch mit dem herzogen für Stutgart geruckt, fchieffen in Stutgart, doch allein mit kleinem und khainem maurprechenden gefchütz, deßgleichen thuen die unfern auch herauß.

Und alspald herr Wolfen Gremlichs knecht fo in IIᴹ anheunt zu Rotnpurg ankhomen pej der hand fein, würdet man fich zu velb über den herzogen fchlagen.

Der herzog hat dem regiment zu Eßlingen gefchrieben, wie ich e g zuschicken wil, das versteen wir, das er gern sehe, das sich dasselb in der sachen schlage.

Die paurn sein ungeheuer. ich hab mir meiner larserchen sorg, sunst bekumern mich ir furhaben nit.

Ich hab e f g hieder angezaygt, das dieselben das gelt so auf des Ablzhaußers knecht außgeben an der vierden und letzten anlag, so e f g jungst vor zwayen tagen zugeschickt, für den dritten britteyl ab- ziehen und inenbehalten. deßgleichen ob e f g den yzigen knechten auch gelt geben wellen, das wellen e f g auch an denselben gelt abziehen und darauf das ubrig her fügen lassen. datum sonntags reminiscere umb 9 ur vormittag. e f g   verordnet räte.[1]

14. März.
IV 258.

Genediger furst und herr! gestern in der nacht ist herzog Ulrich von Wirtenberg mit allem seinem volgkh von Stutgarten aufgebrochen und zeucht flüchtigklich wider auf Sindelfing. dem hat man etlich reyter angehengt auf in und sein gschutz zu warten.

Aber die Schweitzer, die auf irer obern erfordern sich in abzug begeben, haben von den punbischen gelait. datum Ulm erichstag nach reminiscere in der zehendten stundt umb mittentag anno XXV.

E f g wellen wir in kurtzts ander sachen halben weiter bericht thun, bevelhen uns.[2]

14. März.
IV 216.

Genediger furst und herr! e f g haben ab jungstem schreiben verstanden, wie herzog Ulrich mit den Schwetzern abgezogen und mains achtens durch die Österreychischn haubtleut mit dem grossen reyssigen zeug wenig außgericht, das man auch dergleich entperung fur und fur gewarten mueß. damit man aber dem Wirtenbergischen schelmen ain straf auflege, sein etlich auß den botschaften und räten erwelt auf mor- gen alhie außzurichten. und biewehl das punbisch kriegsvolckh peieinander ein straiff gegen dem landtvolckh furzenemen, darzu ich auch verordnet pin, und wil auf meinem teyl nichts versäumen und darob ob gottwil

---

[1] Von Eks Hand geschrieben.
[2] Ek und Weissenfelder, von Weissenfelder geschrieben und unterschrieben.

gesund werden und darnach stracks wider die paurn zihn, verhoff dem
kriege solle auch vor ostern ain gute zeyte der poden auß sein. Weyssenfelder wirdet mitler zeyt alhie pleyben. bevelh mich e f g. datum
erichstags nach reminiscere.

postscriptum: e f g finden hiepej allerley schrifften, so vor disen
tagen alhie ankhomen sein, die mögen e f g sur die langenweyl
lesen. ')

15. März.
IV 220.

Genedige fursten und herrn! der Pomerischen acta halben hab
ich doctor Eglh mit dem Mainzischen secretari geredt, das er sich bewilligt
dieselbn acta alher pringen zelassen und das gelt alhie von mir zu-
empfahen. darumb ist unnot, das e f g darumb gen Mainz schicken.

Vetter haben herr Hans von Swartzenburg acht und herr Veyt
von Lentershaim vier pfärt alher auf e g erworderung geschickt, die sind
an nächst vergangen sontag [12. März] mit der marggrevischen hilff
alhie ankomen. und als sy sich bey uns angezaigt, haben wir sy auff
Ulten Marschalch beschiden und im darbey geschriben, das er sy wie die
andern e f g reyter halten woll.

Auch Matheys Jahn in ainem sondern schreyben bevolhen, das
er aller e f g reyter halben ain lauter anzaigen empfach, und die reyter
sovil der über e f g aufferlegte anzall in der pundtshilff sind, gegen den
fueßknechten, ye ain rahsigen fuer drey fueßknecht zu rechnen, ursach,
damit e g an der anzal des fueßvolds auch dest minder abgee.

Wiewol die andern brieff an gestern geschriben gewesen, so haben
wir doch bieweyl nichs sonders genotigs oder eylendts darin gewesen die
post erst auff heut mitwoch nach reminiscere damit gen lassen. haben
wir e f g uns denselben undterthenigclich bevelhent nicht verhalten
wollen.²)

') 1) Ein Schreiben des Reichsregiments d. 7. März, worin gebeten wird
die Sache wo möglich friedlich zu vertragen. 2) Ein Schreiben des Jörg Truchseß,
worin er mittheilt, daß Ulrich Stuttgart blotirt habe. 3) Ein Schreiben des nämlichen über die Werbungen seines Vetters von Fürstenberg und ein Befehl an Wolf
Gremlich sofort nach Rottenburg zu ziehen. 4) Ein Schreiben des Erzherzogs Ferdinand d. 10. März, seinen Vertrag mit den Kemptner Bauern betreffend, nebst
einer Supplication des Bauernausschusses und dem Abschied Ferdinands darauf.
²) Geschrieben und unterschrieben von Weißenfelders Hand.

18. März.
IV 290.

Genediger furst und herr. dem herzogen sein zu Ballingen das groß geschuz nämlich III cartaunen abgenommen. zum andern sein die aydgenossen mit ime ubel daran, hat sein geschuz zu Rotweyl versetzen müssen und den aydgenossen etliche pazen geben.

In der straff der abgefallnen geen wir yzt umb und vermanen dieselben zestraffen, wiewol ich der volg nit gar erlangen khan. die furcht ist zu groß, aber ich wil e f g das furderlich beschreiben. datum Pebenhausen¹) sambztags nach reminiscere a° 25.

18. März.
IV 295.

Genediger furst und herr! anheut uber tisch zu Pebenhausen ist von Rotwayl aus kuntschaft khomen, das die aidgenossen mit herzog Ulrichen in ainem closter nahet pei der stat gehandelt und sein die von Rotweyl untertaydinger gewest. und hat sich der handl dermassen zutragen, das die Schweyzer den herzogen sahen wollen. also ist er durch hilf etlicher durch ainen haimlichen ausgangkh den aydgenossen auß dem closter an ain helzlin entflohen und sich erpärmlich und ellend erzaygt und als sterbens begert. also haben die von Rotweyl ine wider in die stat pracht, denen er etlich geschuz geschenkt und den ubrigen tayl umb VII ᶜ fl verkaufft, also das ainem Schweyzer pei II pazen werden. und daselbs hat er allem seinem gesind erlaubt mit dergleichen reden, er khone weder ime noch inen mer helfen.

Auf heut haben meine mitgeordnete räte und ich mit dem haubtmann der straff halben abgeredt und beschlossen, wie e f g ab inliegender copej vernemen werden. es ist auch darauf in VII ambt geschriben und bevolhen die meutmacher fängklich anzunemen.

Auf montag [20. März] wirdet das pundisch kriegsvolkh von hauffen zu hauffen nach Ulm ziehen, wollen das alles zu Urach musstern und von stund an mit den paurn handeln.

Ich pin von der gnaden gottes auf disem ritt und im kriegswerkh wider ganz gesundt worden, und pin guter hofnung. wir wellen der paurn krieg mit hilf des almechtigen furderlich enden und glucklich, das alles hab ich e f g, der ich mich untertänigk bevelh, nit mügen verhalten. datum zu Pebenhausen sambztags nach reminiscere. a° 25.

¹) Bei Tübingen.

19. März.

IV 294.

Durchleuchtiger hochgeborner fürst! e f g sein mein gantz underthenig dienst alzeit zuvor. genediger herr, in dieser stundt ist mir von doctor Eglen hiein verwarter brieff zukomen, den ich von stundan auff der post e f g zugefertiget.

Veter ist mir gestern von herrn Sebastian Schilling auch ain schreyben bey vergebner potschafft zukomen, das hab ich aufgebrochen, ob etwas genötigs darin war, das nichts versaumbt wurd: wollichs ich e f g mitsambt ainer verzaichnus¹) etlicher benenter doctores, darauf sich die paurn erbieten sollen, zuschick. Ulm sontags oculi in der sechsten stundt zu morgens a° 25. postscriptum: ob mein gn h herzog Ludwig nit bey e f g wär, wissens in e g wol zuberichten.²)

20. März.

IV 315.

Durchleuchtig hochgeborn fürsten! e f g schreyben under anderm inhaltend wan gegen den aufrurigen pauern mit der that yehts furgenommen wierdet e f g zuberichten, damit sy ire grenitzen gen Swaben wissen zu fuersehen, hab ich underthenigclich vernommen und wil inhalt e f g bevelhs dasselb doctor Eglen auch zuschicken.

Aber e f g dannoch gantz underthäniger maynung anzaigen, das solliche aufrur under den pauren hieumb von tag zu tag zunimbt, das stettle Leyphaim hat sich vor zway oder drey tagen ungeberlich auch zu inen verpunden, der sind die von Ulm nimer mächtig: Günzburg halben stett es noch in der wag, yedoch haben die pauren iren freyen einzug, desgleichen Burgau, Yetingen und in suma all flecken und dorfer bys gen Augspurg haben iren verstant, sind an gestern sontags mit auffrechnen feindlein wolgewöret und mit vil harnasch zu Leyphaim und negst dabey zusammengezogen, wie dan Clesse e g pot, als er die post gefiert von Yetingen gegen Burgau, zway feindlen und dabey seinem uberschlagen nach VI oder VII° man ungevarlich hat ziehen sehen, zusambt denselben sind im sunst ire vil all wol gehornascht und gewort begegnet, die all dem hauffen zulauffen. was ir handel und furnemen ist e f g sovil wir alhie bericht worden angezaigt.

¹) Es ist das Theologen Verzeichniß. siehe meine Schrift, Bayerns Stimmung und Stellung im Bauernkrieg p. 32.
²) Weissenfelder.

Sy haben auch bor etlich wenig tagen m g h dem bischoff von Augspurg zway slos, das ain ligt im Algau, das ander zu Pfaffenhausen, auff wollichen beden ain guter vorrat an traib gewesn, eingenomen und sych gegen seinen dienern vernemen lassen, der bischoff und sein diener sind ire feindt.

So ist am sambstag (18. März) das gros dorff Langenau denen von Ulm zugehörig auch zu inen gefallen und zubesorgen, das negst werd an Haydenhayn sein.

Sy understendt sych auch die closter zum tail zu inen zu bringen, wie sy dan dem von Salmanschweyler, Weingarten und ander mer mit angehefster tro zugemuet und ire diener zum tail getrungen haben, das sy sich zu inen verpflichten muessen. dergleichen ubermuet treyben sy vil und lassen sych doch heren, sy wollen niemant nichts thain.

Nu ist ir pundnus gros umb den Bodensee, Algau von da herab hierumb und gar byß gen Augspurg. deshalb vil leut entsetzen haben und etlich etwas klainlaut sind, haben auch bedacht, wie die paurn mochten underainander getrent werden.

Und biewehl sy zu Kempten in der stat auch underwehlen geratschlagt, auch zwuschen der stat und dem abt daselbst ain zwayung gewesen, ist Adam vom Stain und dem burgermaister von Kempten bevelh geben worden in sachen zehandlen. darauff hat gemelter vom Stain den abbt und die stat auff ain austrag vergleycht. sopald das beschehen haben sich rat und gemain in der stat vergleycht, den pauren lainen beystant zuthain, sondern ir leyb und gut zum pund zesehen.

So hat der burgermaister bei etlichn der pauren hauptleuten und reten sovil gehandelt, das er gantz wol vertrost und gentlich vermaint, sover er inen ain entlichen trost geben mog, das inen sollich angeregt verpuntnus an iren eren unverleczlich sein sol. so werden sy sych widerumb zu gehorsam iren herschaften halten und suechen allain weg, wie sy mit fueg mochten wider daraus komen. darauff ist von ainer statlicher vertrostung geratschlagt und gemelter burgermaister mit sambt dem von Rabenspurg widerumb gen Kempten abgevertigt worden, der zuversicht, sy solln das Algau von den andern pauren und widerumb zu irer herschafften bringen, so das beschach, mecht man best statlicher mit den andern handlen.

Und auff e f g bevelh kan ich denselben noch kain entlich anzaigen thain, dan das kriegsvolck ist noch nit heroben aus dem land Wiertenberg. so wär langst zeit gewesen gegen den pauren zu handlen, man ist aber nit gefast gewesen und stet hecz auf dem, sopald das kriegsvolckh alher kumbt, das gar furderlich beschehen soll, secz ich in kain zweyvel, man werd mit den pauren durchgen, dan sy sind so gar erstockt. ob man gegen inen nit handlet, wurden sy selbst etwas fuernemen, darumb kann es nit lang mer ansten.

Doctor Eglh und ander verordent punkts haben gestern am morgen allher geschriben, wie sy willens sind mit dem kriegsvolck herauff zuruken und dabej begert mit deme von Ulm zu handlen, das sy die rahsigen allhie liessen underkomen.

Auff sollich begern haben sych die von Ulm erboten in die acht hundert pfart alhie underzebringen und die alhie solang es dem pund gelegen zelassen, das sy auch der pundt aus der statt und wider darein nach irer gelegenhait prauchen mogen, des die pundischen ain guts gefallen und vermainen, es sol zu diser handlung alhie nit ain ungelegner platz sein.

So versich ich mich, pfleger von Grienwald solt auff heut mit seinen knechten auch alher komen und bis auff weytern beschaid alhie beleyben.

E f g hab ich an gestern ain brieff von doctor Eglh zugeschickt, so ist mir der beygebunden, dieweyl ich an dem geschriben zukommen, daraus mogen e f g mereren bericht empfahen.

Sopald man gegen den pauren handlet, solt es e f g furderlich verkundet werden, wiewol ich mich genczlich verhoff, sofer uns heroben nit misilingt, es werd e g grenzen halben und sonderlich wan das Algau gestilt wurd, kain not haben, yedoch sol man nichts verachten.

Genedige fursten und herrn! wiewol ich aus e f g schreyben das mir neulich tag zukomen verstanden, wie e g das gelt des lecztern anschlags sovil über das so e f g auff die zway lecztern sendlein knecht außgeben, sych noch zuerlegen geburt inhalt doctor Eglens e f g deshalb vorgethonem schreyben alher schicken wollen, so ist doch noch nichts ankomen; dieweyl aber die andern punktsstent ernstlich umb bezalung angehalten werden, wär gut und von noten, das e f g dasselb pald alher ordnet, damit e f g den guten willen und geschray behielten.

E f g wollen mein schreyben gnedigklich vermerken und noch in geheim halten. ich hoff die pauren sollen nit lang beyeinander bleyben. e f g thue ich mich hiemit underthenigklich bevelhen. datum Ulm in eyl montags nach oculi in der funfften stundt vor mittags a° 25.[1]

---

[1] Johann Welffenfelder.

21. März.

IV 333.

Genebiger fürst und herr. mir ist anheut pej e f g poten, dem Martin, e f g schreyben zuchomen. hab ich untertenigklich vernommen und das der herzog von Wirtenberg pej dem grossen raysigen gezeug weglthomen und so pose achting auf ine gehalten, ist pej vilen nit weniger dan pej e f g verwunderlich. was aber ursach deß sein, acht ich sy werden mit der zeyt außsprechen; so wil ich auch in meiner ankhunft zu e f g derselben anzaygung then, das e f g unmöglich zu glauben sein wirdet, wiewol sovil anzaygen vorhanden, das es mir glaublich und durch etliche, den man solhs nit getraut, grosse meuterej gemacht werden.

Und wiewol ich in disen tagen e f g geschrieben und sumarie den handl angezaygt hab, so ist es doch des herzogen halben ergangen, wie e f g auß denselben der ytzigen meinen schrifften angezaygt worden.

Der Schweytzer halb, denen ist vergont worden abzuziehen. des hat wider sy nichts gehandelt werden sollen.

So hat und wil umb die practica darvon ich e f g geschriben hab niemants wissen wollen, wiewol ich wayß, das durch die Österreychischen rete zu Ulm müntlich mit ainem auß dem regiment zu Stutgarten darvon geredt und gehandelt worden ist.

Des geschütz halben dasselbig nämlich III gut quartanen und darzu alle zeytschafft sonderlich IIIᶜ und XXX kugl hat er zu Ballingen steen lassen. und als herr Rudolf von Ehingen daselbsthin mit etlichen pferden khomen und das stätlin wider aufgefordert, haben auf der andern seyten ain herzogischer trumeter das geschütz auch erfordert. aber herr Rudolf hat darein nit bewilligen, sondern das geschütz haben wollen. also haben die von Ballingen sich ergeben, doch gepeten, das man des herzogen voldh so noch im stätlein gelegen und sonderlich den Zwikoppf mit irrn selben haben frej abziehen lasse, das hat herr Rudolf zugelassen, und das geschütz gen Tübingen gepracht. alda stet es noch.

Seiner des herzogen person halb wayß man nit anders, dan er sej auf der Thwiel; wie er auch mit den Schweytzern zu Rotweyl und sy mit ime gehandelt, habe ich e f g hievor auch geschrieben, und demselben sol also mer den weniger sein.

Der flecken halb so er erobert welcher gestalt auch dieselben geselben gestraft werden, habe ich e f g auch ein verzaychnuß zugeschickt und angezaygt, versich mich, solle e f g vor zwayen tagen zuhanden chomen sein.

Zu Stutgarten haben sich die inwoner dergestalt gehalten, so das kriegsvolckh nit hinein khomen, wären sy ee dan ander flecken gefallen; aber als das frembd volckh darinen gewest, haben sy sich wol halten muessen, wiewol ich bericht hab, auch dergleichen von dem Stöckl gehort, daß etlich knecht und auß e f g fendlein ain knecht auf der maurn von dem statvolckh erschossen sej. und in suma, die meuterei ist recht und wol angericht gewest und allain durch got verhindert worden.

Der peut halb wirdet wenig sein, dan ob ich e f g ain quartaun gegen der bezalung ander stende tail erlangen mochte, sunst ist der gewin aller vor ee und ich zu den leuten khomen pin aufgeflogen, haben sich nit gesaumbt.

Des herzogen abziehen und langsamen gewar werden, hab ich mit viln genug an dem ersten tag und fur und fur davon geredt, auch mit herrn Jorgen Truchsessen. des unfleyß aber und anders mochte ime dahin pringen, das ime nit vil haubtmannschaften bevolhen werden mochten, darzu ich auch so lang ich in dem punkt von e f g gepraucht würde getreulich verhelfen wil. e f g wirdet auch auf das mancherley von mir vernemen.

Auf heut ist graf Wilhelm von Fürstenberg sambt etlichen andern haubtleuten alhie ankhomen, haben piß in IIIᴹ knechten, den werden wir auf morgen mustern und auf Ulm zuziehen lassen.

So hat Herr Wolf Gremlich gleichwol in IIᴹ knecht den stenden des punkts wider Wirtenberg gefurt, aber wider die paurn nit ziehen wollen, sondern gepeten ine ruen zulassen. und wiewol wir (die gesandten) ine dafur gepeten, doch zu seinem willen stellen muessen, ist er abgezogen, so haben wir dennoch mit den knechten gehandelt und unterstanden sy zu bewegen dem punkt wider meniglich zedienen, haben sy gleichwol uns ain fremde bestallung und begern furgehalten, darauf wir sy geurlaubt und ziehen haben lassen. versich mich aber auf demselben hauffen, ein oder zway fenlein knecht mechten dem punkt dienen werden. und diewehl Herr Wolf Gremlich e f g diener ist, mechte ich leyden, er hete sich anders erzaigt.

Das punkdische hör solle sich in XVᶜ zu roß und VIIIᴹ zefueß strecken. auch daran sol khain mangl sein. mich sicht aber die sach der massen an, das derselb krieg in ainem monadt nit ende haben, sonder sich lenger verziehen werde. darauf wollen e f g mit gelt und anderer notturfft gefast sein und nachgedenken.

Die paurn sterken sich ser und fast, wiewol ich gehoff, sy sollen irer puberej nit geniessen, wan anderst etlich stet furbehalten und sunderlich Ulm.

In disen tagen ist ain vischer von Amersee zu Tubingen und zu dem wirzhaus, darinen Utz Marschalckh gewest, haist zu der kronen oder rösen, gelegen. derselb hat etlich sachen mit dem wirdt geredt, was es sei, hat der wirdt nit sagen wollen, allain sich merckn lassen, er habe pei dem vischer sovil verstanden, das e f g ires kriegsvolcks in acht tagen pesser daheimb dan im fürstenthumb Wirtenberg zu geprauchen haben werden. diewehl dan der vischer wol erfragt werden mag, und von Tiessen sein sol, wollen e f g demselben nachfragen und aufsehen lassen. mechte er betreten und gefragt und etwan ain arckwon pei ime vermerkt, darnach were mit ime ernstlich zuhandeln. e f g verachten der poßwichter practica nit, es geet und rahet wehl; pei zeht, pei zeht muß man weren.

Mein g f. e f g schwester ist auf Hohenurach, hat mir lassen vischen und visch geschenkt, pin aber nit pei ir gewest. ob sy mich aber erfordern wurde, wil ich ir raten gein Pehren ain zehtlang pis sich dise leuff verenden zezichen.

Ich versich mich in dreien tagen wider gen Ulm zukhomen, desgleichen das alles kriegsvolck in der hast zusamen rucken und sich die rahsigen gein Ulm und Ehingen und das fueßvolck in der mitte diser zwehen stet auf ainen gelegen platz legern werden.

Ich wahs e f g nit mer neuzehtung zuschrehben, dan das man sogar die churfursten am Rhein soll aufpieten. wider wene wahs ich nit. datum erichtags nach oculi in Urach a° 25.

22. März.
IV 319.

Genedige fursten und herrn! als ich e f g bevelh doctor Egkhen wie e g in meinem negsten schrehben angezaigt zugeschickt, ist mir hieeinliegende Antwort von im zukomen, wie e f g gnediglich vernemen mogen.

Nu sind aber beed burgermaister, die wie e f g aus meinem negsten schrehben vernomen mit den pauren zehandln bevelh gehebt, an gestern widerkomen und anheut dato mit ir relaction gehort worden, zaigen sumarie an: wiewol ire vil im Algeu geren in der gute und auff erber zimlich weg sych vertragen liessen oder ain geburlichen rechtlichen austrag annemen, so wellen sych doch die drey hauffen, das ist am Podensee, Algau und Baltringen, darin die hhsig gegent begriffen, nicht von einander sündern lassen. und nach vil hin und wider gehabter disputacion auch sonderlich der von Memingen, alda der pauren rett beyeinander gewesen sind, underhandlung ist beeden vorgemelten burgermaistern, die sych fuernemlich nit von der punds stent wegen, sondern

als fuer sych selbs und doch als pundtsverwanten in den sachen zehan-
handlen angemast, ze antwort gefallen, sy mogen leyden, das die wie
sy ab inligend zetel¹) verzaichnet sind gutlich in sachen handlen und sover
sy die sach in der guete nicht hinlegten, haben sy noch zur zeit auff
kain entlichen rechtlichen austrag bewilligen wollen, sondern so es den
weg ergriff und sych die sach stossen wurd, sol man erst darvon reden.
und wiewol sy die prediger und glerten, der namen unterstrichen und
lang nicht begeben wollen, so haben sy doch zuletzt zugelassen, das
sy darzu nicht solten gebraucht werden, sondern die andern ausserhalb
und on sy handlen. nu haben aber die bed burgermaister die antwort
als fuertreglich nicht annemen wollen. daraus erfolgt, das sy von
yedem hauffen zwen und also sechs irer rett alher schicken sollen, die
auch zuversichtlich anheut alher komen werden, mit dem bevelh wie
obgemelt, die wierdet man horen und nach gelegenhait der sachen inen begegnen. yedoch kan ich mich aus vil ursachen nicht versehen, das die
sach hingelegt werd, man mues ain kuren mit inen abstossen. und bieweyl sich die Algeuischen über des man sych anderst versehen nicht sundern wollen, mogen e f g auff docter Egken schreyben gedacht sein.

Dan wiewol ir gesanten noch nit ankomen oder gehort sindt, so
kan ich doch bey mir nit finden, das ihr fuerschlag den pundsstenden
annemlich sein mogen. dan obgleych yetzt ain stille wurd, so west man
doch hinnach nit, woran man were, sonderlich diewehl sy vermainen von
irer berainung nit abzesten.

Sy haben beden burgermaistern zugesagt gegen niemants nichts
furzunemen, bis man inen vom pundt antwort gibt, die wierdet mit
guten bedacht beschehen.

Netter genedig fursten und herrn wierdet gar glaublich angezaigt, wie die paurn weytern verstant und fuerschlag haben, vermainen
auch, sy westen ain romischen konig zu machen. wie oder durch wen aber
sollichs beschehen sol, kan ich e f g noch nit lauter anzaigen. sy werden
in suma nit wais ich durch wen vil vertrost.

E f g schick ich hiemit von selczam wegen ain druck der pauren
artikel, wie mans hie auff dem markt fail hat. sover sy e f g und
yederman annemlich sind, kan man dest pas von aim frid reden.

Das kriegsfolck aus dem land Wiertenberg ist am zug herauf
und versich mich docter Egkh sol pald alhie ankomen.

Was sych weyter begibt, wil ich e f g denen ich mich underthenig-

---

¹) Cornelius, Studien 22.

clich bevilh nicht verhalten. datum Ulm am XXII marcij umb ains
nachmittag a° 25.

Pfleger von Grienwald ist gestern alhie ankomen, haben die pundischen ob den knechten ain gut gefallen.

Alhie ist bey den burgern ettlichn zunfften ain klaine zwatzung
gewesen, die ist alle in sonder still, gancz freuntlich und wol hingelegt
und vergletzcht worden.[1])

23. März.
- IV 305.

Durchleuchtig hochgeborn fursten! anheut balo um sechs ur vormittag ist e f g schreyben an doctor Eglhen lautend mitsambt des
pflegers von Grienwald knecht musterregister alher komen, wollichs ich in
doctor Eglhen abwesen aufgebrochen, dan er ist gestern zeitlich mitsambt
den andern verordenten punsktretten von hinnen verritten, die abgefallen inwoner des lands Wiertnberg wie e f g aus seinem auch meinem
vorigen schreyben verstanden zustrafen. und wiewol er vorhin raß genug
über sy ist, so wil ich im dannoch e f g schreyben bey negster potschaft
zuschiden.

Der hilff halben die e f g zu thain bewilligt versich ich mich,
es werd numer biewehl herzog Ulrich nimmer vorhanden ist nicht not
sein. den yezt stet die handlung allain darauf, wie man der pauren
(die dan noch furber zu irem mutwilligen fuernemen beharren) pundt
zertrenne und sy straffen mog. e f g schick ich hiemit artikel[2]) die sy
gemacht und verkünden haben lassen, daraus werden e f g die gloß und
werckh ires evangelischen fürnemen verstehn.

Dan von wegen der knecht versich ich mich gentlich e f g werden
sondern dank verdienen. hez werden die stendt zusamenkomen, wil ichs
anzaigen und verfuegen, das inen under augen geschickt und ires ziehens
halben beschaid gegeben werd. wolt ich e f g mich denselben underthenigklich bevelhent in eyl nit verhalten. datum Ulm pfinztags nach
oculi a° 25.[3])

----

[1]) Johann Weissenfelder.

[2]) Diese Artikel tragen folgende Ueberschrift: „handlung und artikel so furgenommen worden auff aftermontag nach invocabit (7. März) von allen roten der
haufen, so sych zusamen verpflichtet haben."

[3]) Weissenfelder. Der Brief scheint mir auf den 16. März, also „pf. nach
reminiscere" datiert werden zu müssen.

26. März.

V 38.

Genedig f u h! e f g schreyben was begern unser gn herr der erzherzog an e f g gethan und das wir mit vleyß solicitirn sollen, das von den pundischen furderlich gegenhandlung furgenomen werd, ist an gestern nachmittags und ich doctor Eglh bin in derselben stund auch alhie ankomen, wellich wir bed underthenigclich vernommen.

Nu ist aber vor zukunft desselben schreybens aus etwo vil be- weglichen ursachen und sonderlich, das man zu dem angriff nit gefaßt gewesen und das kriegßvolck noch alhie nit ankomen, auff der paurschaft gesanten anbringen, wie e f g aus mein Weyssenfelders schreyben von derselben zukunft hievor bericht empfangen und ettlicher underhandlung ain anstandt bewilligt, auf weg und maß wie e f g auß behligenden artikeln vernemen mogen.

Und wiewol der hehangezaigten abrede und stilstants halben vil und manigerlay disputation gehalten worden, so ist doch beschließlich durch das merere sollichs erhebt worden.

Nichts minder sind die rahsigen alhie und zu Ehingen ankomen, darzu das fußvolck auf ain meil wegs hie umb in die nehet beschiden worden und zeucht nu hernach. man ratschlagt auch täglichs, wie und wellicher massen der angriff furzenemen sey und wiert sich mit allen dingen gefaßt machen, und so es die zeyt gibt nit sehren.

Verrer hat herr marggraff, dergleichen herzog Ott Heinrichs und herzog Philips tet von Laugingen alher geschriben und hilf begert wider die paurn, doch noch zur zeit nit anderst, dan das die Bayrischen ire und die Pfälczischen geschickten rehter und der marggraff zusambt seiner verordneten pundischen anzal ain zusatz auf tausend oder funfzehnhundert man zu gemain pundts costung zuschiden gebeten, wollichs inen noch zur zeit nicht bewilligt, sondern mit guten ursachen hofflich abgeschlagen worden.

Diewehl sich aber das feur an allen orten also anzunt, ist fuer gut angesehen worden den pundsstenden zu schreyben, das yr yeder noch ainen drittail an leuten oder gelt bereit machen, damit sy, so es die notturfft erfordern wurd, denselben in dreyen wochen alher schicken, wie e f g in kurcz ain schreyben wiert zukomen.

Der Frenkischen rehter halben haben wir noch zur stund nichts gehort, wissen auß aincher sorgfeltiglait halben nichts zu erfragen: wo uns aber etwas anlangt wollen wirs e f g nicht verhalten.

Sobald man ben angriff thain will, wollen wirs e f g zu wissen
thun, darnach zu richten.

So es zu tatlicher handlung komen sol, mocht villeycht von
noten sein, die post zu verändern oder durch ander weg zufertigen. demnach haben wir dem poten bevelh geben, wie er e f g wais zu berichten.

Hans Schindel ist nechten mit dem gelt alhie ankomen. doch
ist er den pauren kaum entriten. e f g thun wir uns undertheniglich
bevelhen. Datum Ulm am sonntag letare zu nachts a° 25.

pundtsrät zu Ulm.[1])

27. März.

V Blatt 41.

Der anstandt mit den paurn ist mir ain getraulich layd. wäre
ich auch darpej geweft, verhofft ich mich, ich wellte es gewendt haben.
montags nach letare.

Genediger f u h! als e f g mir in vergangenen tagen geschriben
haben, das ich vlehs haben solle, e f g balbierer den Wolf unterzepringen.
darauf hab ich gehandelt, das er zu gemeinen velbarzt angenomen
worden. doch soll er sich von stund an alher unverzüglich verfuegen und
darnach richten in das velb zu ziehen. des solbs halben wil ich ime meins
achtens ain zimlichen bestandt machen. datum montags nach letare a° 25.

28. März.

V 62.

Genediger furst und herr! wiewol gemaine versamlung mit den
ufrurigen paurn ainen anstandt bewilligt und ganz laybliche mittl furgeschlagen haben, so trage ich doch gleichwol sorg, das die paurn nit so
verstendig sein sich der pilligkait zugebrauchen und selbs angreyssen und
des anstands nit erwarten werden. deshalben wollen e f g ir kuntschafften in das Algäu machen, ob sich dieselben paurn von den andern
absondern oder mithelfen wollen, desgleichen so wollen e f g ire sachen
in guter gewarsam haben und die paurn nit zusamen lauffen lassen,
sondern pej zeht weren. ich hab e f g jungst von ainem vischer am
am Amersee geschriben, was e f g derselben ort erfaren und ob etwas
daran wäre, so wollen e f g straffen.

Die zwen stende des punds der fursten und grafen hendch sein bej mir gewest und angezaygt, das sy vernemen, wie e f g mit einem raysigen zeug verfast und desgleichen ain fueßvolk aufpringen mogen, ob sich denn e f g auf gemeinen costen der pundsstende dahin bewegen lassen wolten, so der pundt heroben angtryffen werde, das e f g oder derselben pruder mit ainem aygnen hauffen zu roß und fueß auch in die paurn fielen und handlen; vermainen sy die stet alsdann zu inen zuziehen und sich mit e f g umb solchen zug zubertragen — das auch e f g den stenden daran sondern wolgefallen erzaygen werde. haben mich auch gepeten, solchs bej fürderlicher post e f g zuzuschreiben, das ich hiemit thue.

Ich hab e f g in ainem meiner brief von Urach auß geschriben, wie der hertzog von Wirtemberg wegkhomen, was pöser prattica auch der enden im land gepraucht und noch täglichs gewebt werden, und der-gestalt, das khain frid sei und zu besorgen, der hertzog werde noch ein-khomen. und gedeucht mich gantz ratsam, das solchs dem ertzhertzogen angezaygt werde, einsehen und wendung zethen. es ist warlich ain er-schrockene meutterej gewest und noch, und was e f g gefällig mügen e f g auch berichten. bevelh mich. datum erichtags nach letäre.

2. April.
Augsburger Archiv.

Lieber herr haubtmann![1]) als wir die verordneten ret angestern wider gein Ehingen khomen sein, ist mir euer schreyben bej ainem meßler überantwort betr. meiner gn h bevelh des kriegsvolch halbr, und gleichwol an der sontag nacht vergangen haben mir mein gn herrn irer f g gemuet auch zugeschrieben. nun wolte ich ye gern alles das, so gemainen stenden zu guten raychen mechte, da yyt die grözt not vor augen, dan. die paurschaft im landt Wirtemberg, so sich in etlich hauffen getaylet und all fleten einnemen, ain treflich geschütz erlangen und sich dermassen stercken, das man sich nichts anders dan einer tapfern wer besorgen mueß, werden nit seyrn, wie ir wißt, das sy fur und fur ziehen; sollen nun dieselben paurn ain wenig überhandt nemen, so wurden die andern paurn all wider umbfallen, wie dan yyt pei euch und pei den obern hauffen sich erzaygt, das meins verstandts ain mehrere gegenwer gemacht werden mueß. so ist der Lech auch nit gestilt. dann in diser stund sein mir von meinem gn h von Landsperg auß abermals geschriften

---

[1]) An Hauptmann Wilhelm Gut.

zuchomen, darinen sein f g mir anzaigt, das in Leders und Dendlingen
in VII^N paurn ligen, sollen auch XIIII starckh püchsen auf redern pei
inen haben. ob das ainem friden gleich, habt ir selbs zugedenken.
nun meiner gn h kriegsfold belangende habt ir auß irer f g schreiben
den genaygten willen verstanden. ir f gn tragen aber die fürsorg, solten
ir f gn ir kriegsfold zu roß und fueß gemainen stenden in ir besoldung
zustellen, das sy alsdan dasselb zu irem gefallen und wohin sy wolten
und vielleicht in andere fürstenthumb und in die weite prauchen wurden.
darauß aber ersteen mochte, so der Lech nit gestillt und villeicht irer f g
fürstenthumb, so das an kriegsfoldh und besazung und in der steube des
punds diensten in anderer art und nit zu erreichen were, überzogen und
beschedigt werden mechte, das ban irer f gn beschwerlich und zu schaden
raychte. wen aber irer f gn kriegsfold in der nähe als den Lech, Mündl,
Chamlach und dieselbe ort herab pis an die Thonau geprauchtt und so
sein f g überzogen oder dergleichen entperung zustiende, das sein f gn zu
besazung irs furstenthumbs ires kriegsfold nottürftig und prauchen
mechte, acht ich genzlich ir f zu werben gemainen stenden auf disem wey
irer f gn kriegsfold zu geprauchen nit abschlagen. datum Ehingen den
anderen aprilis a° 25.

5. April.
V 165.

Genedig fursten und herren! E f g haben von dem Jordan
der am sontag vergangen alhie außgeriten allerlay anzaigen und sonderlich, das die paurschafften den bewilligten stilstant nit gehalten und die
punbischen zu der gegenhandlung sind getrungen worden, genugsamlich
verstanden.

Und an gestern erichtag ist herr Jorg Truchsaß mit dem hore
von Biblingen aus fuer Leyphaim gezogen, alba die pauren ain groß
lager gehebt; haben sych mit funff venblein heraus gethan; und als die
renner an sy komen und die andern auf sy gedruckt, haben sy sych in
die flucht begeben, sind ir vil erstochen und ain guter tail in die Tuna,
das sy sy selbs ertrenckt, in der flucht genott worden. etlich ander in
das stettle komen, die haben sopald sy belegert worden, sych in gnab und
ungnab ergeben und so daß umb gnab angeruefft, das sy dermassen von
herr Jorgen sind auffgenommen worden.

Dergleychen haben sych die von Guntzburg, alba die pauren auch
ein leger gehebt und sonderlich die gemain in der pauren verstant und
puntnus gewesen, auch gethon.

Und ist nu an dem, das gegen den eroberten und gefangen ge-
burlich straff sol furgenomen werden.

So sindt auch an gestern, wie man Leyphaim hat belegern wollen,
die Hessischen reyler mit etlichen Ulmischen und unser pundtrett raisigen
knechten von hinnen aus auf Elhingen werez, das die pauren ingehebt
und geplundert, gezogen, sind ir aller ungevarlich anderhalb hundert
pfardt gewesen, haben mit drey fändlein pauren, die ungevarlich auff
XV^c schazen, getroffen, sy in die flucht pracht, bei III^c erstochen, II^c
gefangner ungevarlich hereingefuert, die andern sind inen entloffen.

Also haben die pauren gestern ain posen aspect gehebt. wir
achten auch, es sindt ir den tag ob tausent umbkomen, und ist nu der
paurn halben gethon.

Ire zwen vom kay. regiment und etlich von obern stellen sindt
alhie in arbait ain bericht zemachen.

So ist der Clezle am montag zu fueß alher komen, hat sein ros
zu Augspurg sten lassn, den wollen wir auch pald wider abfertigen, e f g,
denen wir uns underthenigelich bevelhen, haben wir das nicht verhalten
wollen, datum Ulm mitwochs nach jubica a° 25.

pundzrett pey zu Ulm.¹)

7. April.

V 241.

Genedige fursten und herrn! e f g haben wir in unserm negsten
schreyben, wie die pauren zu Leyphaim und um Elhing erlegt sind worden,
in eyl angezaigen gethan und seyther erfaren, das an den peden orten
wol vier tausent erstochen, ertrunken und gefangen worden sind.

Und ist ain ganzer erschröcken in die pauren komen, das sy seyther
vast lauffen und gnad begeren, und wolliche sych also anzaigen, werden
in gnad und ungnad des punds aufgenomen, darein sy sych auch willige-
lich ergeben. und wierdet inen sonderlich im ayd eingebunden, das sy
der pauren puntnus, die sy ain bruederschafft nennen, nimmermer an-
hangen und dieselb den widerwertigen aufschreyben sollen rc.

Wie auch herr Jorg Truchsaß als obrister veldhauptman die
bedt siet Gunzburg und Leyphaim nicht anderst aufgenomen und Günzburg den rahsigen, Leyphaim den knechten ergeben, mit denen sy sych fuer
den plunder und prant ablaufft und vergleycht.

Aber aus den inwonern und verwanten hat herr Jörg syben mit

---

¹) Brief von der Hand Weissenfelders.

dem swert richten lassen, darunder zwen von Gunhburg, und ist der
prediger von Leyphaim, der den pauren zu diser aufruer vil anrehezung
gegeben und sy sonderlich bewegt, auch mit dem swert gericht worden.

So hat man gestern zu Rau, denen von Ulm zugehörig, die sy
auch dermassen ergeben, funff gefangen und aus inen als die capi-
tanier zwen mit dem swert gericht.

In dem obern Ried von hieaus als umb Baltringen und gegen
Bibrach werz ist noch ain hauff pauren, bey dennen auch ettlich vom
Podense und Algau sein sollen, die hetten als uns angezaigt wierdet,
lieber gnab dan krieg, sind under inen selbs unains und hungerig. und
sind zween verordent vom regiment und ettlich der obern stet in handlung ain vertrag und frieden zwischen dem pundt und inen zemachen,
was darin beschlossen, sol e f g (nit) unangezaigt belayben.

Wir werden bericht, als solten e f g ainen halben viertail aus
e g merckten und stetten gen Ayhach gemant haben; sover das unsern
gn h den jungen fursten zu Reuburg nit zu gut beschicht, gedeucht uns
e f g mochten denselben uncosten noch zur zeit ersparen.

Ich Weyssenfelder bin willens aus doctor Eghen gutbebunden
in wenig tagen von hinnen zuberrucken und e f g aller sachen halben
verrer bericht zuthun. e f g denen wir uns unterthenigelich bebelhen
wolten wirs nicht verhalten. datum Ulm freytags nach jubica in der
andern stundt nachmittag.

pundsrett yezt zu Ulm [1])

10. April.

V 270.

Genediger furst und herr! [2]) in diser stund ist der, so auf der post
zu Ranhoffen liegt, zu mir alher chomen und ettlich mundtlich anzaygen
gethan. nun hab ich den Weyssenfelder an gestern alhie verreyten lassen,
acht e f g haben von ime allen bericht, wie es alhie allenthalben stet;
und damit ich e f g auf des postpoten werbung antwort gebe, hete mich
nit von nöten angesehen, das e f g den handl diser zeyt so beschwerlich
achten, dan vil fursten und ettlich hunderttausent man muessen er zer-
prechen, ee es an e f g langen wirdet. die paurn so auch am Lech sich
gesammelt werden sich nit understeen ain stat zubelegern, dan sy wolten
mit sausten umbschlagen. und gedunckt mich he nit so sorglich. dan es

---

[1]) Von Welssenfelders Hand.
[2]) An Herzog Ludwig in Landsberg.

sein ander paurn ain Lech dan sy alhie sein. es haben unser reyter IIᶜ XVᶜ paurn geschlagen, gefangen und verjagt. so ist auch der haas dermassen in ineu, das sy lieberlich zu stillen sein und huldigen sich täglichs vom Mindeltal und Chamlach. so sicht mich doch ganz nit fur guet an, das e f g die viertl auß den steten und marckten erfordert haben.

Denn e f g irer nit bedürffen, mit inen auch nichts andern schaffen und außrichten werden, dan ainen grossen unnuzen cossten verlieren, die stetleut in ainen grossen unlust pringen und bewegen, und wer wayß, was sy allerley practicen horen und mit inen, auch durch sy mit andern practicirt werden. ist auch noch mein rat, man laß sy wenden. so höre ich e f g haben etlich Peham bestelt, bedunkt mich auch unnot, aber so es beschehen, mogen e f g des landtvolcks dester pas entperen.

Item wie es des berichts halben gestelt, werden e f g von Weyssenfelder vernemen.

Mich wil auß vil ursachen bedüncken, e f g stellen sich zu klainmütig und haben etwan kuntschaften, so von dem gemain paurman aufsgeen, welche nit allein fell (fehl), sondern auch so streflich und ungereimbt, das darauf als raiß (?) paurn anschlegen nit zusorgen oder zu pauen sey. und wil e f g in gleichen handel ain exempel anzaygen. die paurn von Langenau pej Elchingen haben auf sonntag judica (2. April) den paurn so zu Leyphaim gelegen geschriben, das sy sich für Ulm legern wollen, sein des irreten furnemens gewest Ulm zu gewinnen, und haben doch ir etlich tausent Weyshorn nit gewinnen megen, sein davon geflohen.

(Es) hat sich zwischen den knechten und gemeinen stenden ain grosser unwil erhebt und dermassen, das sy nit ain tritt ziechen haben wollen, man bezale inen dan ainen monadtsold, wie inen ir oberster Wilhalm von Furstenberg versprochen haben sol. nun hat man mit inen von mitwoch pis an gestern morgen gehandelt, haben aber nit ziehen noch mit inen reden lassen wollen, dan sy seien bezalt, also das der handel ganz ubel gestelt gewest ist. darauf seine etliche auß uns alhie, barunder ich auch, verordnet gewest und haben den handel nach erwegung aller sachen dahin gepracht, das man den knechten den monadtsold yzt halben und nach außgang des monadts den andern halben tayl bezalen sol, wie auch beschehen. und ziehen auf morgen mit unserm her wider an den nechsten auf Baltringen, um alba die Algeuischen und Podenseischen paurn mit hilf des almechtigen zuschlagen. und begeren

nichts anders, denn das die paur ainen standt thelen. sein auch der
tröstlichen zuversicht mit unserm hör ain solche still zemachen, die ganz
Teutsch(land) zu gut khomen sol; wir sein auch den paurn starckh und
gerust genug.

Ob sich die paurn am Lech untersteen wellten etliche e f g derffer
zu überfallen, ist mein rat e f g wollen sy ersuchen und begeren lassen,
des müssig zesteen, und die, so e f g zusteen, nit bedroen noch in ir
pundnis zedringen. wo das aber beschehen, müßte e f g dagegen handlen,
sy werden meines achtens nichts thuen.

So laß sich e f g mit nichte bereden, das e f g mit iren paurn
oder landsvolckh wider die paurn fechte. e f g nemen ir rayßigen zug
und knecht. es ist khain hauffen, e f g sein ime starckh genug.

Die paurn im Rieß sein gericht und veranlaßt.

Dem marggrafen sollen e f g LX pferd geschickt haben auf gemeins pundtskosten, der hat sich anheut beclagt, das ime noch von khainem pundtsstand khain pferd zugeschickt seien, sover den e f g die LX
pferd geschickt haben, lassen mich e f g dasselb wissen, wil ich das gelt
innenbehalten.

Die jungen fursten von Bayern haben auch erlangt, das inen
etlich pferd geschickt oder dafur der monadtsold bezalt werde. gegen
denselben wissen sich e f g der verzaynung wol zu halten. damit bevelh
ich mich e f g. datum Ulm montags nach palmarum a° 25.

12. April.

V 309.

Genediger furst und herr! anheut und in diser stund ist mir
e f g schreyben sambt etlichen kuntschaffien zuchomen. und wiewol ich
e f g hievor geschrieben und angezayigt, das mich nit fur not angesehen,
gelegenhayt aller sachen nach, ainen solhen costen auf sich zu laden, der
maynung ich noch pin, wie auch e f g auß nachvolgenden meinem
schreyben vernemen megen, befinde ich und mercke aber bej allen obrigkeyten ain grosse und erschreckliche kleinmütigkait. ich wayß auch, das
die paurn an khainem ort, alda man sich zur wer gericht, nichts erobert, sonder mit schaden abgezogen. aber auß erschrecken und das man
sich nit weren wil, hat der comenthur zu Mergentheim stat und schloß,
desgleichen ain gut hauß ob Mergenthaim verloren und in fangknus der
paurn khomen. desgleichen so hat der pischof von Wirzpurg Lauda,
Jagsberg und etlich mer schlosser und stet verloren, wayß sich in Wirz-

purg nit sicher, welches doch zu verwundern ist. dan die paurn on
geschuz, on wer und vortayl dermassen handeln sollen.

Und biewehl e f g ye zu Landsperg sein, mag ich gleichwol gedencken, das e f g hjt abzuziehen und von den feinden zerrücken oder das
volckh abziehen zelassen beschwerlich sein mochten. ich khan aber darpej
nit gedencken, obgleich die Algeuischen paurn XII^M starckh, das sy plünder-
halben peieinander pleyben, nach Mynchen strahssen in dem land thun
mögen, dan inen e f g mit geschuz und getahsigen — wil des fueßvolcks
geschwaygen — dermassen untrue machen wege, das inen nit müglich ist
etwas ze schaffen oder peieinander zu beleyben. so sein e f g so starckh,
das sich e f g gegen inen in iren vortayl legen und den ab- und zue-
zug strahssen und anders erweren und ob got wil ere ob inen einlegen und
schaffen mögen. es wirdet auch pej inen khain stand sein.

Und als e f g anzaygen, das sich pej IIII^M starckh pej Schongau
gelegert, darumb wegen e f g auch iren vorteyl einnemen lassen oder
gegen inen handlung mit den rahsigen und geschuz furnemen, sy werden
nit steen. es ist allein ein unvernunftig versuchen, sy haben doch khain
mauerprechende geschuz, mögen auch nichts beharren, wie den e f g
und irer f g kriegsverstendig selb bedencken wegen.

Des punbischen hörs halb hab ich e f g angezaygt, das solchs
auf Pibrach zuzeucht und ligen heut umb Baltringen. und wiewol ich
gelegenheyt der ort nit wayß, werde ich doch bericht, das unser hör auf
der aynen sayten das Algeu und gegen ime die Oberlendischen haussen
hab, versech mich auch, man werde sich morgen und dise tag dermassen
gegen inen schicken, das inen von nöten sein werde alle haussen zusamen zurucken und das e f g wol sicher sein werde. Schongau halben,
ob sy das stetlein belegern wolten, so wollen e f g dasselb in alle wege
entsetzen und retten lassen; e f g sein inen doch ye mit geschuz und ge-
rahsigen zu uberlegen, sy werden auch nit peleyben.

Neben dem allen fuege ich e f g ze wissen, zusambt das in IIII^M
paurn geschlagen und gefangen sein, haben sich in VI oder VII^M paurn
in gnab und ungnab ergeben. es sein auch auf heutigen tag etlich vil
derffer von der Mindl, Iler und Chamlech alher geloffen und huldigen(ung)
erworben. es ligt alles an dem, das man sich in die gegenwer schicke.

Das ich auch handlen sol, damit alles kriegsvolckh auf das Algeu
verordnet werde, dasselb ist diser zeyt nit zubegeren, denn hievor entlich
beschlossen ist, disen zug dermassen anzunemen; wurde auch nit geändert,
sondern mer erschrecken pringen. darzu begern ir der fursten mer als

Wirtenberg, Pfalz, Wirzpurg inen zuzeichen, wirdet aber alles ge-
wagert und mechten e f g auch abgeschlagen werden. man versicht sich
aber, so diser hauff gestilt, es habe darnach in allen Teu(t)schen landen
wenig lasts.

Aber nichts destweniger wil ich danach vleiß furnemen den herzug
daselbst hinzewenden und was mir verrers begegnet e f g so tag so
nacht zurichten, hab ich e f g in eyl nit wollen verhalten, unterlengt-
lich pilend, e f g wollen meine schreyben genediger maynung annemen
und versteen und sich gegen die paurn, sofer sy e f g angreyffen werden,
welchs ich doch nit gedenke, trostlich und on übergeben aynichs vortayls
erzaygen. datum in der III stund nachmittag mitwochs nach palmarum a° 25.

13. April.
V 312. [1]

Genediger furst und herr! [2] die paurn, so zu Puchla und Straß
ligen, haben den obern steten geschribn und um gotwillen angeruffen
sich irer zu belaben und ainen vertrag zemachen. und wievol zu inen
verordnet, ist doch ir schreiben allererst ankhomen. das ich e f g darumb
anzayg, das der pauern sach unbestendig, und so nur II^c pferd sich der
enden sehen liessen, wurden sy selbs nit beleyben.

Ter Paltringisch hauffen ist unter einander unains und zertrent,
irer bil wellen und haben sich gehuldigt, etlich sein zu den Podenseischen
haufen geloffen, darumb hat herr Jorg Truchseß uns in diser stund
geschribn, das er denselben nachrucken und ere einlegen wolle.

Ich gedenke auch die paurn, so vor Füssen ligen, sollen sich auch
zertrennen, und sonderlichen, so sy e f g gewar werden, und wen der
platz und herte (het?) vorhanden wäre, ob sich dan e f g sehen liessen,
sein warlich die paurn pej uns halb todt; und acht, das die andern
paurn auch nit mer thon werden.

Tie paurn im Rieß gelegen, wiewol die grafen von Oting die
abrede zwischen inen und der paurschafft aufgericht nit annemen noch
bewilligen wollen, seyn sy doch all verloffen und zertrent, acht auch sy
werden nit leychtlich wider zusamen gepracht werden.

Unsre reuter in dem vorzugth sollen an gestern af etlich paurn
gestossen und bei 1^c erstichen haben.

---

[1] Eine Copie steht VI 2.
[2] An Herzog Ludwig.

Als ich disen brief zumachen wollen, ist potschaft khomen, das die paurn so in X^M starckh vor Walse herrn Jorgen Truchsessen zugehörig gelegen flüchtig abzogen und unsers hörs nit erwarten haben wollen und sein gen Weingarten¡ gezogen. also wil her Jorg heit in der nacht aufsten und benselben paurn zuziehen, das man sich auf morgen ainer schlacht versicht, und sol daneben ain practickh fur uns auch sein. got schicks zum pesten!

Der Paltrisch hauffen paurn sein gar zertrent und anheut die rechten senblsuerer sich in genad und ungenad des pundts ergeben. lauffen hauffenweyß zue, das es derselben paurn halb gethan ist.

Für sonder neuzeytlung laß ich e f g wissen, das yzt spat kuntschafft aller khomen, das meins gn h schweher paurn auch mit macht aufsein und ain stat Turlach eingenomen haben und nach Pforzhaim trachten sollen und wollen ime das neu heylig evangelium, das er sich auch unterfangen, nach irem rechten verstandt ansagen.

Die von regiment und steten, so zwischen den pundischen und den paurn gehandelt, sein albie abgeschiden und uns den gelimpfen und das zugelegt, wo der Schwebisch pundt yz¡ nit vor augen und in der were, das das ganz Remisch reych Teutscher nation verloren wäre.

Die von Memingen, so pisher beschuldigt worden, das sy auf der paurn seyten gewest sein, sollen sich gewendt und III^C knecht bestelt haben, welche allain auf den rat warten und die Luterischen müssen sich in iren haeussern enthalten und sich drücken, und wiewol mit inen von gemeiner stende wegen ernstlich geredt und geschrieben, so ist doch meins achtens die mayst ursach, das ire paurn yzt montags umgefallen und das die paurn in vergangen tagen die stat unbemelter sachen einnemen haben wollen etc. ich wil e f g yeder zeyt berichten und e f g sein mir nit klainmütig; wir wollen uns ob got wil nit allain der paurn erwern, sondern auch noch vil merern und hechern dan die paurn sein.

Ich hab warlich pisher nichts erschrockenlichers befunden, dan ain unerhörte klainmütiglait aller obern. wo man sich auch ain wenig zu were gestelt, haben die paurn nichts erobert. und sein an gestern vor ainem schlechten hauß zu der were Kelmünz genannt herrn Jorgen von Rechperg zugehörig gelegen, haben müssen abziehen. deshalben ist in diser sachen der gröst krieg die oberiglayten zu ainem manlichern gemüet zepringen; alsdan ist es am endt der paurschafft, wie Weysenfelder onzweyfel e f g auch bericht hat.

Insonderheit pit ich e f g wollen disen brief meinem gnedigen

herrn herzog Wilhelm von stund an zuschiden, damit sein f g dieser
leuff auch bericht empfahen. sein f g khönen auch mein schrifft pas
lesen, dan e f g, der ich mich untertengllich bevelhe. datum auf den
antlaßtag zu VIII uren nachmittag a° 25.

13. April.
V 311.

Genediger furst und herr! wiewol ich e f g an gestern geschriben
hab, das der zug gegen den Pobensee furgenomen und beschwerlich zu
ändern sej, hab ich doch nichts desstweniger darin gehandelt, das anheut
in der nacht herrn Jorgen Truchsessen nachgeschickt und bevolhen worden
ist, sich gegen ainen hauffen paurn so an der Iler liegt zuwenden und
denselben khainswegs hinder sein (sich) ze lassen, wollte ich e f g unterteniger meynung nit verhalten. desgleichen wiewol die paurn im Rieß
die abrede, so zwischen iren herschafften und inen aufgericht, angenomen,
haben doch die Grafen von Oting dieselben und meins achtens unpillichen
abgeschlagen, das also dieselben paurn nochmals in der aufrur sten.
gleichwol schreybt mir herr Reinhart von Reuneglh, das er sich anheut
mit IC und XXX pferden gen Monhaim gethan, und wolle e f g reuter
zu Wembbing zu ime bescheyden und gegen denselben paurn handln.
was darauß wirdet, wil ich e f g yederzeyt berichten. e f g wollen auch
bises mein schreyben meinem gn herzog Wilhelm anzaygen lassen. datum
auf den antlaßtag a° 25.

15. April.
V 330.

Genediger furst und herr![1]) e f g schreyben des datum stet am
antlaß tag (13. April) in der sibenden stund ist mir an gestern zu
gueter zeyt worden, und wiewol ich e f g von stund an antwort
geben habe wollen, sein doch unser kriegsfolckh so nahen pej den feinden
gelegen, das ich mich all stund neuer zeytung versehen und dieselben
e f g mitschicken wollen, welche auch in der VI stundt nachmittag anheut
chomen sein, mögen e f g vernemen und die von stund an so tag so
nacht meinem gn h herzog Wilhelm zuschicken.

Aber auf e f g schreyben und des erzherzogen begeren zayge ich
e f g an, das die strabiotten von gemainen pundt vorlengst durch herrn

---

[1]) An Herzog Ludwig.

Erwin von Pilham bestelt. desgleichen so hat der erzherzog den sienden von wegen der XIIᶜ knecht auch geschribn und gepeten dieselben in gemeins punbts costen anzunemen, welches ime bewilligt, und sollen dieselben knecht auf Landsperg zuzichen, wie ich e f g hiever auch angezaygt hab. deshalben gedenke ich, des erzherzogen triegsvoldth werde klain sein. ob nun e f g gelegen sein wil sich mit ime zu ainem krieg zubegeben, das bedenken e f g wol. so acht ich, die punbischen mechten in danckh annemen, das e f g auch den angriff thäten auf gemeines punbts costen, so besorg ich doch, das e f g miller zeyt aussgeber und umleger sei. wen aber e f g bezalt wurde, ist auch zweyflich. zu dem ist ain grosser zweyffel, wie e f g selbs melden, ob sich das landtvoldth ausser landts furen und geprauchen liess. deshalben wil von nöten sein, dasselb vor aller handlung zu erfaren, so aber e f g ye gern handln und angeregte beschwerden sich nit verhindern lassen wollen, mögen e f g melden, wie stardh e f g zu roß und fues. was auch hierinn ir gemuet sey, versich ich mich, yeber zeyt von den sienden des punbts bergleichen schrifften auch obligation umb den kriegscosten zuerlangen.

Das aber Jordan gemeldet haben sol, e f g solle auf gmeins punbts costen angreyffen, darinn irt er sich und hat auch nit recht gemerckt. wol ist mein meynung gewest, das der groß costen noch zur zeyte wol erspart, wo man den aber ye haben müßte und wolte, versehe ich mich pej den punbischen zu erheben, das e f g auf gemainen costen handln möchte.

Des erzherzogen schreyben und die furgeschlagen mill betreffende weys mein freundt Weyssenfelder e f g guten bericht zethon und sonderlichen, was ich in denselben allen, so davon ze melden, gehandelt, wie mit ungeschickten und andern reden und wortten ich hab handln müessen; wil an demselben ort mit hilf des almechtigen nichts versäumen.

Menß, Pfalß, Wirzburg, marggraf, die jungen herrn von Payrn, Aychstet, Wirtemberg haben umb hilf angeruft wider ire paurn, denen allen, ausserhalb Aychstet, ist ir yedem zugelassen IIᶜ pferd anzunemen auf gemeins punbscosten. und heut spat sein brief khomen, das der bischof von Bamberg belegert, sein hof und closter zu Bamberg alle geplündert und stet die sach übel genug.

Von Fuessen, das dieselben Oesterreychisch worden sein, wolte ich ainem vor acht tagen gesagt haben, das der erzherzog die besaßung hoch genug rechnen werde.

In der schlacht zu Leiphaim den gestrigen und fordern tag als V

Vogt. Bauernkrieg. 28

fenlein paurn und darunder II⁰ erstochen und II⁰ gefangen, ist khain pundischer erstochen noch schadhafft worden. bevelhe mich e f g. datum sambßtags in der palmwochen umb VII ur nachmittag a° 25.

E f g wolle in München meinem gn herrn ansagen lassen, das sein f g einen halben monatsoldt alher verordnen auf e f g kriegsvold.

18. April.

V 345.

Genediger furst und herr!¹) was allenthalben sich alhie umb zu-getragen, haben e f g auß meinem gestrigen schreiben²) verstanden.

Zum andern schreyben die pundträt e f g umb II⁰ pferd. sover dan e f g den übrigen und zum tayl unnußen costen ringern und dem-nach e f g geratßigen in rüstung behalten, ob e f g not thun werde die-selben zugeprauchen an der handt haben, mochte nit unratsam sein, e f g wilfaren den pundischen in irem begeren. ich acht, das die besoldung nach außgangdh des monadts und auf ain pferd XII fl. gewiß sei. so mochten auch die reuter mer vil gewinnen ob den paurn. das alles haben e f g zu bedencken, und sonderlichen, so die reuter in der art wegen sy mer, das e f g und den stenden des pundts zu gute khomen mag, außrichten dan in Landtsperg stilzeliegen.

Ich hab e f g mermalles gen München, auch jüngst gen Landt-sperg geschrieben, auch den Weyssenfelder zum maysten von mir retlen lassen, ubrigen costen zu ersparen und abzeschneyden, aber von München ist mir gar khain antwort und von e f g dergestalt geschrieben, das ich gleich mich verner zu raten enthalten mueß; wiewol ich mich selbs ge-dencken laß, ich solte um diße emporung und sachen, was allenthalben gefar darauf stünde oder nit, und als ainer der täglichs dyt darpey, mer wissen den wol VI ander. diewegl aber e f g die uncosten geselt, laße ich mir den nit mißfallen, gepurt mir auch nit darwider zereden. wenn sich aber e f g selbs herter kriegen, dan die paurn e f g schaden thun mögen, so werden doch zuletzt e f g mit in selbs ainen anstandt machen. das wellen e f g genediger maynung versten. ich thue als ain getrewer diener und bevelh mich e f g. datum erichtags in den osternfeyrn a° 25.

---

¹) An Herzog Ludwig.
²) Kein Brief verhänden.

18. April.

V 344.

Genediger furst und herr! die paurn am Bodensee haben sich an gestern ergeben, die fenlein herrn Jorgen Truchsehen überantwort und die mittl wie inen die furgeschlagen, welche Weyssenfelder weyß und ich e f g zuschicken wil, angenomen. wolte ich e f g eylends nit verhallen. e f g schaffen nunmals das fueßvold alles ab, aber die geraissigen lassen e f g noch in ainem tag oder zwayen nit verrehten, dan den schelmen nit gar zuvertrauen ist, das sy an den widerzug thainen tück hinder innen lassen. datum erichtags in den osternfeiern umb 2 ur nachmittag. a° 25.

19. April.[1]

VI 5.

Genediger furst und herr! wie die paurn Weinsperg stat und schloß durch verreterei der inwoner[2] erobert und etliche vom adl jemerlichen erwürgt, haben e f g in meinem schreiben e f g vor zwayen tagen zugeschickt vernomen; und schick e f g hie inen verschlossen die nemen derer[3] vom adl, darunder etlich knaben gewest. und haben die poßwicht die fromen etlichen gesellen furtzlich als sy die gefangen fur die stat auf ainen platz gefurt und jemerlichen ermordt. ich hoff aber zu got, es solle in kurzen tagen mit ernst und gleicher maß gerochen und vergolten werden, darzu ich nit allein raten, sonder sover ich darbej pin mit der handt verhelfen wil: dan in unsern landen dergleich schalckhaftig handlung nit gehört worden ist.

Zum andern füge ich e f g zewissen, das hyt auf mentag nechten, als des punds oberster ainen bericht mit den paurn angenomen, darunder

---

[1] An Herzog Ludwig.

[2] Herzog Wilhelm schreibt die Schuld geradezu dem Reichsregiment zu: „durch das regiment lässig gehandelt, dan sy haben dy paurn in dieser ort gewiß und dy flecken mit notturfftiklich besetzt und bewart". In dem Brief an Erzherzog Ferdinand del München 19. April.

[3] Blatt 6 sind sie mit getheilt: Herr Ludwig grave zu Helffenstain. Tietrich von Wahler und sein son. Hans Conrat Schenck von Winterstetten vogt zu Wichingen gewest. Hans Tietrich von Westerstetten. Fritz von Neuhausen. Jörg Wolff von Neuhausen. Burckhart von Ebingen herr Rudolffs son. Rudolff von Hürnhaim. Philips von Bernhausen. Rudolff von Gülterhofen. Sebastian von Um. Burchard von Riexingen. Wehprecht von Riexingen. Eberhart Sturmfeder. Hanns Ebel von Hopfleten. Wolf Rauch von Helfenberg. Jörig von Kaltenthal der jung.

auch her Wolf Gremlich samt der graf Haugen von Montfort und etlichen von Remessig gehandelt, hat sich zugetragen, das herr Wolf mit
dem vogt von Iettwang Caspar genant ainen unwillen angefangen und
mit einander zu schlagen khomen und hat Caspar den Gremlich gar
wenig in ainen armen unter der handt verwundt, davon Gremlich von
stund an gestorben ist. bevelh mich e f g und wollen e f g dise neuzehtung meinem gn h Wilhelm von stund an zuschicken. datum mittwochs
in den osterfeiern a° 25.

19. April.
VI 4.

Genediger fursst und herr! wie herr Jorg Truchsass gleichwol
ausserhalb unser aller bevelh ainen bericht mit den paurn angenomen
und das sy ire fenlein im velb überantwort, umb verzehhung gepeten
und die mittl so inen hieber furgeschlagen, der copej ich e f g pej nechster
post zuschicken wil, angenomen und bewilligt, haben e f g auß meinem
jüngsten schreiben meinem gn h herzog Ludwigen in eyl und darumb
gethan, damit sein gnaden das landtvolck abziehen liesse und der costen
erspart werde. on zwehfel nunmals vernomen; und acht genzlich der krieg
sey mit den Algeuischen und Podenseischen pauern auf das mal gericht.
nun seien aber die Schwarzwelbischen und Hegauischen paurn auch starckh
aufgewest. haben Hüssingen den Schellenbergern ir schloss eingenomen,
auch ander mer plundert. dasselb feur ist khomen in das fürstenthumb
Wirtenberg und in ganz Frankenlandt, also das Meuh, Pfalcz, Brandenburg, Wirzpurg und Bamberg umb hilf angeruffen, denen man zuziehen
und die paurn derselben landtsart auch straffen oder stillen wurdet. wie
lang sich aber derselb krieg verziehen, wahß ich e f g nit wol anzuzahgen
und wil die notturfft erfordern, das sich e f g auf zwen monadtsolt
der ganzen hilf, das ist der dreien viertahl wie e f g dieselben hht in
velb haben rüsten und berayt machen. gleichwol mechten e f g die hzig
anlag des vierblen viertehls, welcher in summ thuet II^M VI^C LXXII fl.
zu statten khomen. so hat man auch alhieumb ain steur aufgelegt auf
ain hede feuerstat VI fl, das ich mich verhoff, an demselben ort solle auch
gelt gefallen. und so den knechten nit ain monadtsold bezalt hette
werden muessen der stat Lauphaim halben, darin uns unsere terele haubtleut pracht und gefurt, wollten wir mit dem prantschazen mer den halben
und schier ganzen krieg verlegen haben. zu dem so wil ich arbeyten,
das im land Wirtenberg und allen andern orrten mit prantschazen und
straff gelt gemacht und e f g desgleichen ander stende ainsmals von

anber leutn gelt unb nit auß irem petyl kriegen, versich mich, ich wil
ye, ich wil es erheben unb ain anbere ordnung helfen machen, ban pisher
geweſt iſt. aber nichts beſtominder, ſo wollen bannoch e f g ſich auf
ain fall ruſten, ob es hieneben nit von ſtatten geen ober bas gelt von
ben paurn unb ber landtſchafft nit ſo fürberlich eingepracht werden
mochte, bas pej e f g khain mangl erfunben wer. e f g haben ainen
groſſen coſten gehabt unb meins achtens überflüſſig. wiewol ich baſſelb
wiberraten unb e f g barumb geſchrieben, habe ich boch khain geher, wie
wol ich bennoch gelegenhayt bes kriegs unb farlichkeyt mer wiſſens, ban
vil anber gehebt, boch es mechte vielleicht auch gut ſein, ſo müſſen bie
landtſchafft ben coſten auch bezalen.

E f g wellen auch verſchaffen, bas ain halber monabtſolb auf
bie II ſenlein knecht e f g zugehorig barzu ben vierbten viertayl an gelt
zum fürberlichſten, unb iſt es ymer muglich, noch biſe wochen alher gefertigt wurbe, ben ber knecht monabt auf montag ſchirſt wiber angeet.

Damit auch e f g unb anber ſtenbe beſto geringer belegt werben,
haben wir allen geſelſchaften zu Augſpurg geſchrieben unb umb L ᴹ fl
ain halb jar zuletyen gepeten; thuen ſy bas, iſt gut, wo nit, ſo iſt ain
practica wiber ſy vorhanben, bas ſy ain peſſers thun werben. benn ich
unb meine geſellen vernemen ye, ſo ber punbt biſen peulen erſtet, barvon
allen furſten unb erberglen ir reſt geſtanben unb ber paurn entlich furnemen geweſen, wie ſy zum tayl ſelbs bekennen, alle furſten unb ben
abl zubertretyen unb zu erwürgen, bas wir für bas ganz reych regirn
wollen ober nit. ſovil unb wiewol ich e f g bas ſchwanckwatyß ſchreyb,
mecht es bennoch bie warhayt zum tayl auch ſein.

Was ber erzherzog mit Fueſſen gehanbelt, wirbet je nit in guten
ausgeen, unb will er ſolhs beharren unb Fueſſen behalten, ſo würbet
er ime ſolhen mißtrauen unb laſt auflegen, beme er noch nie gehabt,
weyl er in beutſchem landt geweſt, unb iſt zubeſorgen, ber punbt werbe
ine mit gewalt unb herckrafften bahin bringen Fueſſen wieber zugeben.

Unb nachbem e f g gen Müldorff in aygner perſon reyten, ſo
wellen ſich e f g an bemſelben ort nit zu verre einlaſſen, baneben auch
ben erzherzogen erferbern, bes carbinals halben in ben punbt zenemen;
ben er hebt wiber an zu practiciren unb bas er ye gar in ben punbt
ſein wolte. bas alles habe ich e f g nit ſollen verhalten, ber ich mich
auch unbertänigllich bevelhe.

Die punbiſchen haben m g h herzog Lubwig um II ᶜ pferb geſchrieben;
iſt mein rat e f g wellen bie ben ſtenben nit verſagen, ſonbern anziehen
unb umb Pfaffenhanſen unb Minblhaim unb benſelben orten auch etwas

gewinnen laſſen, wie ſy nur vil gewinnen und reÿchen werden. und
ſchicken e f g die paß gerüſteſten. in alweg laſſen demnach e f g piß in
hundert pferd umb Schongau und Landtsperg, bis das land heroben
beſeßt würdet. datum mitwochs in der oſterwochen.

20. April.
VI 18.

Genediger furſt und herr! wiewol ich an vorgeſtern e f g geſchrieben und angezaÿgt hab, das die uſrurigen paurn im Alge und
Podenſee vertragen, wie dan her Jorg Truchſaß uns alhie zugeſchrieben
und auch der Eiſchen und etlicher Algeuiſchen halb die warhaÿt iſt,
hat doch gedachter Truchſaß heut in der nacht wider geſchrieben, das
ſich piß in VIII M ſtarckh auß dem obern Algeu in ſein herſchafft Aÿchſtet
gethan haben. und wiewol er in hoffnung ſtee, dieſelben auch in den
friden zupringen, wolle er ſich doch dermaſſen daran ſchicken, wo ſy nit
bewegt werden mechten, den friden anzenemen, von ſtund an gegen denſelben zuhandln welchs ich e f g hiemit anzaÿge, ſich allenthalben beſtpas
darnach haben zerichten.

Der II C pferd halben den punbiſchen zeſchicken hab ich e f g
mein gutbedunken hievon angezaÿgt. und bedunkt mich noch ratſam,
e f g wollen ſolhs nit abſchlagen.

Die jungen furſten von Reuburg haben iren rentmeÿſter alhie
pej den punbtsraten gehabt; ab dem hab ich ſovil vermerckt, das mich
gedunkt, das ſich dieſelben furſten beſchweren, das e f g inen in irem
obligen und erſuchen khain pferd geſchickt, ſo hab auch Perlichingen, ſo
zu Wembbingen ligen ſoll, inen auch nit zuziehen oder verhelfen wollen.
welchs ich e f g darumb anzaÿg, das darnach e f g ſich dermaſſen gegen
denſelben furſten halte, damit ſy die vertrag nit anzyehen oder ſo ſich
ainsmals die nott pej e f g auch begeben, das ſy ſich alsdan anch ent
ſchuldigen wurden. in dem wiſſten ſich e f g ſambt irem pruder meinem
gn h wol zehalten. datum in eyl pfinztags nach oſtern in der VII ſtund
vormittag a° 25.

20. April.
VI 19.

Genediger furſt und herr!¹) ich hab e f g an geſtern und vorigen

---
¹) An Herzog Ludwig.

tag die merdmessige handlung so zu Weinsperg ergangen und die nemen der edeln,[1]) was auch mit dem Algenischen und Pobenseischen hauffen durch herrn Jorgen Truchsessen im veld aussethalb unser aller wissen gehandelt und angenomen, das sich auch über solchs herrn Jorgen Truch-sessen schreyben etliche paurn auß dem obern Algeu zusamen gethan mit et-lichen mierern anzaygen geschriben und zugeschickt. und so dieselben mein schrifiten e f g nit zuchomen weren, müessen die post geirrt und auf München zuchomen sein. in dem so seien anheut aber neuzeytung thomen, das etlich ambt im landt zu Wirtemberg auch abgefallen und wenig trosts, dan das ganz land umbfallen und die paurn zusamen ziehen werden. es sein auch die regenten im fursteuthumb Wirtemberg wie albegen klain-mutig, reden dem erzherzogen ubel; und glaub, wer thom und das laudt einnemen wolte, das sich der gemein man und die erbergten an denselben ergäben; sagen auch unverholen, das sy von dem erzherzogen verlassen und so er inen nit mer dann II^C pferd geschickt, sy wolten dergleichen entperung und unrat abgewendt und gestilt haben, wie mir ganz glaub-lich ist. denn wo man sy werdt oder mit ernst darob helt, than ich nit sehen, das der enden emtperung sein. und ist mir warlich ain grosse torhayt, das der herzog Fuessen besetzt und sich ains grossen kriegsvolds pej e f g und den pundtstenden berümbt, und wil also sein landt durch ain klainen und geringen costen verlieren, und nit allain das landt Wirtenberg, sondern ist ime das ganz Hegau und Schwarzwald ab-gefallen und sagen seine eigne leut, so die sameten schuech in das landt thomen, sej es nie wol gestanden. hab ich e f g nit mügen verhalten mit dieser erforderung, das e f g nur vleyssig aussehen haben, das die paurn nit zusamen gelassen und mit ernst gestrafft werden. der erst er-schrecken thuet vil. so ist warlich weder mit vernunfft oder guten worlten pej den paurn nichts zu erheben, wie ich das pisher in diser handlung befunden hab, sondern sein all wutig und unsinnig.

In dem ist mir von e f g ain schreiben chomen betreffend die II^C pferd, so e f g den pundischen schicken sollen, darinen auch e f g melden, was ich fur mich selbs handl, damit e f g ain erstattung ires uncosten beschicht. nun ist nit weniger, e f g tragen ainen grossen un-costen, welcher zum tayl erspart sein mechte; aber doch so tragen sich demnach die leuff so beschwerlich zue, das ich mich hierinen auch irren mechte und vielleicht pesser ainen klainen schaden den verderben zu ge-dulden. dan warlich ist diser handel über die fursten angefangen und

betrifft der fursten rest. ich pin auch nit unbedacht gewest, wie ich
weg hete erdencken megen, ob pej den punbischen ain ergezlichkeit zuer-
holen gewest. aber ich hab nit megen erdencken, das ich was erlangen
hete megen. deshalben mich ratsamer gedeucht und noch, stilzuschwehgen
dan zehandeln und nichts zu erlangen. wiewol den fursten, wie ich e f g
geschrieben hab, hilf und peilegung erkennt, ist doch solhs beschehen auf
streng anhalten und anzahgung, das ir paurn in mercklicher entperung
sein soll. und dasselb zetempfen beschehen, wie den e f g so ir dergleichen begegnet, davor der almechtig sein wolle, auch mit getrost wurden.
und in suma, an mir solle khain vleiss erwinden sein, wo ich was zuerlangen verhoffen haben mechte.

Die II^C pferd betreffend [1]) ist noch mein rat und gutbedunden
e f g wollen solh piten nit abschlagen, dan dadurch legen e f g den
uncosten derselben pferd von iren f g zum andern. so ist die warhayt,
wo e f g dieselben II^C pferd nit schicken und an das ort gen Mindelhaim legen, so ist zu besorgen, das derselb zirckh pis gen Augspurg
wider umbfall, dan das recht ger khan man nit trennen. und ye verer
das her von Ulm sein, ye mer werden die paurn zu entperung und
abfall genaygt, werden auch den aufschlag gelts so inen auferlegt nit
bezalen. darauß e f g zwifacher schad: mit dem abfal der paurn und
das e f g das gelt so man einpringen und davon das kriegsvolckh ent-
richten aus irem seckl bezalen mußte, in dem das e f g ainen guten
willen on irn schaden erlangen megen: dan die II^C pferd von gemeinen
stenden versold werden. demnach ist e f g nit zuraten solhs abzuschlagen, sonder das e f g solhs zuschrehben, dergestalt das auf ain
pferd XII fl bezalt; ob auch e f g flecken von den feindten mit hörs krafft
überzogen, da e f g macht haben, dieselben rehter zu rettung irer f g
landt auch zugeprauchen hab, dieweyl dan da(s) lager zu Mindelhaim
und an den veinden taglich und vil zu gewinnen ist, acht ich die reuter
solten es auch nit abschlagen. das alles hab ich e f g in ehl nit wollen
verhalten.

E f g wollen gut aufsehen haben lassen im landt.

Ich pin anheut ob der rät ainem auß dem Paltringischen hauffen
gewest und mit zimlicher frag erfaren die rät und trost der paurn.
will morgen widerumb an ine.

<hr>

[1]) Laut Brief des Herzogs Wilhelm vom 22. April werden die 200 Pferde
bewilligt, aber so daß sie nur bis Mindelheim zu streifen haben, da zwei Haufen nach
Kuntschafter Aussagen sich anzuschicken die Absicht hätten, bei Teutkingen und Goien
in Bayern einzufallen.

Der pfaltzgraf hat geschrieben, das er sich zu fueß und roß rüsten und den paurn entgegen ziehen wolle. es ist warlich der erschreden vil grosser, dan die paurn furnemen oder tun mögen. datum pfinztags nach ostern aᵒ 25.

21. April.

VI 31.

Genediger furst und herr! anheut sein mir von e f g zwey schreyben zuchomen, und weyß e f g diser zeyt nichts neue zuzeschreiben: dan ich solhs alles in disen tagen zum tahl e f g und derselben pruder gen Landsperg zewissen gemacht und geschrieben habe. ich versich mich auch, das die punbträt alhie geteylt und etlich dem her nachvolgen, die andern alhie peleyben werden. und diewehl ich mich versich, ich müsse dem hör nachvolgen und doch an demselben ort nit post gelegt werden mag, sofer dan e f g ratsam und gut bedencht zwen poten pej mir zehaben, welche auf Ulm und fürter auf die post wie sy hzt ligt verordnet werden, damit e f g yeder zeyt was gehandelt bericht wurde; das stet pej e f g denselben nachzugedencken, und so ich deshalben e f g in kurtz schreyben wurde, mich darauf irs gemuts zuverstaendigen.

Geet der krieg fur sich in das landt Wirtenberg, Pfaltz, Mentz, Wirtzburg und Bamberg, werden e f g wunder hören, wie wir kriegen wollen. ich hab auch anheut meinen mitpundträten ain ordnung furgehalten, das ich verhoff, wir wollen ainen solhen krieg füren, der sich selbs verligen und ain ubertretung zwingen (?) soll.

Was e f g furfelt, megen mich e f g gen Augspurg wissen lassen, ich wil auf montag ob got wil wider hie sein. datum Ulm auf freytag nach ostern in der XII stund aᵒ 25.

P. S. E f g sollen sich des entlich verlassen, das ich e f g hier oben nichts versäumen wil. was ich auch in disem thun allein geschafft hab, werden e f g von andern gewar. und ist es müglich, das ain furst im punbt vortahl habe, sol es e f g beschehen.

24. April.

III 39.

Genediger furst und herr! als ich anheut alhie anchomen pin, haben mich etlich bericht, das der ober Algeisch hauffen ire potschafften zu herrn Jorgen Truchsessen verordnet und den vertrag aller maß wie die in dem nidern Algeu und am see bewilligt und angenomen, haben sich auch uber e f g beschwert, das mit den iren nit stilgestanden, sonder

durch e f g gegen inen mit weren und prant gehandelt werde. darauf
e f g von den stenden des punds geschriben, wie e f g nnmals empfangen und vernomen haben. diewehl ich aber von dem Weyssenfelder auch
durch ain schrifften meins gnädigen herzog Wilhalm verstanden haben,
das sich zu Tendlingen und Soien etlich paurn rottirn sollen, hab ich
umb VII ur vor nachts die pundsrät versamlen lassen und inen angezaygt, wie mich ir schreiben e f g des stillstandts halben gethan angelangt, dagegen ich inen aber nit pergen wolle, wiewol e f g nit genaygt
wider den vertrag mit den Algäischen pauren zehandeln, seien doch dieselben pauren in aiuer treflichen anzall wider zusammengeloffen, und
wollen ir lager in e f g furstenthumb zu Tengling und Soien nemen;
darumb sy wol zu bedencken haben, das solhs e f g ganz nit gelegen,
gegen denselben pauren stilzesten und also des vorstraychs zugewarten
und iren vortayl zu verlassen. darauf haben sy zu biser stund ain post
zu dem Truchsessen abgefertigt und geschriben, das er mit den Algeischen
haubtlenten mit ernst handle, das sy die iren und so zu iren hauffen
und gezirch gehorten abfordern wellen. dan were oder welche uber zwen
tag also peieinander peleyben, zegen denselben werde man wie gegen den
feindten handeln. haben mich gleichwol auch gepeten, solhs e f g anzezaygen und mit der that nit zuverfaren, sonder bises beschaybs zugewarten.

Und diewehl ich ye gedencke, die pauren werden nichts furnemen,
sonder seien allein auf das prennen zusamen geloffen, so wollen e f g
dennoch gute kuntschafft ob inen machen, ob dennoch nach außgang der
zwayen tag was ob inen zeschaffen wäre. doch wellen e f g in alweg
mich vor wissen lassen, wie sich die pauren halten. darauf ich auch e f g
der pundsstende gemuet berichten wil.

Bamberg ist veranlast mit seinen unterthanen, der hat gepeten
umb ainen rat und peistandt von dem pund, ist ime aber abgeschlagen,
damit nit gesagt werde, der pundt hete in solhe handlung bewilligt und
dergleichen eingang bej andren fursten zuverhindern.

Es haben etlich wenig paurn die stat Grebing in stifft Aychstett
eingenomen, meren sich teglichs. diewehl es dan Tietfurt nahen ist und
damit es nit an dieselben ort auch khome, ob demnach e f g den pfleger
zu Tietfurt bevelh thun sich zu denselben hahllosen pauren zu verfügen
und inen zu sagen, das sy e f g furstenthumb und die iren mussig steen
und zu inen nit fordern noch rayhen, ben wo dasselb beschähe, wolle e f g
mit aller macht wider sy ziehen und handln. dan dergleichen potschafft
und werbung haben die von Norberg pej inen auch thun lassen. ob
demnach e f g bedacht were ainen zusatz mit L pferden gen Kelham zu-

legen, dan ich hab auf dieselben als grob und weinzirl leut nit wenig
sorg. e f g ambtleut der end haben ainen Luterischen pfaffen gehört, der
vil poß in dieselben leut eingepildet und noch thutet. und wiewol ich
denen von Kelham solhs nit vergunen wolte, so acht ich doch, sej ain
flecth in e f g gezirdh, bej denen ainer solhen torhayt zu besorgen, so
ist Kelham ainer, hat ain grob aygenwilligen pösel und volck.

Nun ist demnach Kelham ain solher flecken, darauß das fürstenthumb und zuvor e f g gezirdh vergifft werden mechte, dem wellen e f g
nachgebenden. aber in dergleichen fällen ist nit zusehren, bedarff kurzen
rat und schneller handlung. e f g nemen ain exempl bej andern fursten
und lernen irn schaden mit derselben ungesell zufürchomen. alle paurn,
so auf dem ganßen Nordaw und wenn ir noch XXX mall sovil weren,
heten Grebingen nit erobern mögen. darumb bevelh ich mich e f g.
datum montag nach quasimodogeniti a°.

postscriptum: die Schwaben sagen mir, das Algew vis gar gen
Mindelhaim grenß und Schongaw lige auch in dem Algew.

25. April.
III 23.

Genediger furst und herr! Wie ich e f g geschriben und angezaygt hab, die entperung im stifft Aychstet, also hat der bischoff wider
anheut umb hilf angerufft und gepeten e f g ze schreiben, ime 1c pferd
auf gemains punkts costen und bezalung zu zeschicken, welches ime zugesagt und bewilligt, wie auch e f g deßhalben geschriben wirdet. dieweyl
ich aber e f g in meinem schreyben untertenig und getreuer maynung
angezaygt hab, das mir für gut ansehe ainen zusaz gen Kelham oder
Dietfurt zelegen, sover dan e f g gemüt dermassen stiende dieselb ort
zuverhüten, so mechte solhs on e f g darlegen und costen, sondern in des
bischoffs besoldung auf ain pferd XII fl. beschehen, dan dadurch wurden
e f g all flecken und unterthanen umb die Altmül und andern orten
beschirmen und anhaims behalten, wolte e f g untertäniger maynung nit
verhalten. datum erichtags nach quasimodogeniti a° 25.

26. April.
VI 76.

Genediger furst und herr[1])! yzt in biser stund ist mir von e f g
ain schreyben zuchomen die paurn zu Soien betreffend, und was Wayssen-
felder und ich mit einander verlassen und abschied genomen haben, zu-

---
[1]) An Herzog Ludwig.

chomen; hab ich untertenigklich vernomen und demselben gemäß, doch
warlich mit höchster und größter muhe, als mich ye ain ding anthomen
ist, erlangt, das herr Jorg die obern Algeischen paurn ersuchen und
zwen tage den friden anzenemen zulassen, mitler zeyt mit dem hör stil
ligen und wo sy den friden nit annemen werden, gegen inen mit dem
hör zichen und handln sol. neben dem diewehl der costen e f g hochbeschwerlich und doch gut wär, das e f g das kriegsfolckh in rüstung peieinander und in anderer leut costen, damit demnach in e f g furstenthumb all enterung desstatlicher verhuet werde, behalten mechte, so wirdet
an e f g gesonnen auf gemeins punbts costen alles kriegsfolckh sambt dem
geschutz ain monadtlang zubehalten, wie das alles mein schreiben und
der punbischen schreiben, so nach meinem schreiben außgangen und neulich e f g zuchomen sein, außwehsen. so hab ich auch e f g geratten
solchs nit abzuschlagen und das rat ich noch auß vil guten ursachen. und
wiewol ich in dem khain ursach des abschlags bedencken mag, allain das
verlegen und das e f g die bezalung piten sollen; noch ban deß alles
unangesehen, so wollen e f g ir selbs zu guten sovil gelts aufpringen
an punbßlenden costen und die weyl darstrecken. ich gedencke weg zu
finden, das e f g mit den costen bezalt werden meg. ban solchs zu beschuzung
e f g furstenthumb und e f g person zu eren und guten rayhen mag.

Der dorffer halb so sich an e f g ergeben haben und das ich e f g
den vertrag betreffend zuschicken sol. dasselb ist auch geschehen. und so
haben e f g daneben, wie die Paltringischen paurn gehulbigt haben, aber
diewehl die angezaigten dorffer den Algeischen hauffen anhengig sein
möchten, so wollen e f g sy die artigll im vertrag eingelehbt schweren
lassen.

Verrer füge ich e f g zewissen, das auß mercklichen ursachen gemaine punbtsrät verursacht worden, nun räte auß inen herrn Jorgen
Truchsassen zuzuordnen, und haben den Menzischen, Hessischen rate und
mich von der fursten wegen furgenommen. nun hat sich aber Österreych
hochlich beclagt und mit ungeschickten wortten aindringen wellen. so haben
aber die andern erwelten von der fursten, grafen, prelaten und steten wegen
in peisein des Österreychischen sich mercken lassen, sover ich nit reyt, das
ir khainer rehten wolle. hab ich mich gleichwol gegen Österreych ine
meiner person halb an disem ort geren zu entwehchen und alhie zupe-
lehben angepoten, welhs sy vielleicht angenomen. aber diewehl die andern
an mich nit rehten wollen, haben mich die andern punbtsrät erpeten und
dermassen furgenomen, das ich demnach e f g zu eren solchs nit abschlagen megen, wiewol mir warlich meiner person dem leger und her nachzevolgen und den haubtlenten in ir zum tayl ungeschickt aygenwillig

handlung zereden ganz beschwärlich und ungelegen ist. das zazg ich e f g darumb an, das ich furter nit hie, sondern pej dem her sein werde. so hab ich meinem gn h herzog Wilhelm geschriben vor etlichen tagen und dergleichen angezahgt, ob auch sein f g gelegen sein wolte mir zwen poten zuzesenden, darpej ich pede e f g der zufallenden leuff weder zeht berichten möchte. das stet pej e f g wolgefallen.

Der wer halben, das dieselben den paurn genomen werden soltn, ist wol die mehnung gewest, aber von herrn Jorgen in den vertrag verlegt, wiewol man in bedacht und furnemen stet den Paltringischen hauffen ire weren zenemen.

E f g wollen mein gestumpfte und unbedachtliche schrehben genediger mehnung versten, dan ich warlich sovil muez nit hab, darinen ainichen vleiß zugeprauchen; bevelh mich auch in aller unthertthenigkeit e f g. datum mitwochs nach quasimodogeniti umb die V stund nachmittag a° 25.

Nachschrift. Morgen wirdet Diepold vom Stain mit IC und LXX pferden auf die paurn strahfen und die dorffer verpreunen und gegen inen handln, welhs darnach die paurn irrig machen wirdet.

26. April.
VI 73.

Genediger furst und herr! iu eyl füg ich e f g zewissen, das Stutgarten und das gauz landt Wirtenberg zu den paurn gefallen ausserhalb Urach, Tibingen und was dasselb umb sein mochte. zu dem haben die von Haylprou die paurn eingelassen, und ist zubesorgen, das sy in wenigen tagen die evangelischen stete daselbs umb inhaben werden, wiewol sy pej inen ubel hausen. und tragen sich an allen orten auß ubersehen und zusehen der obrigkeit beschwerlich handl zu und dergestalt, das zu besorgen, wo nit ernstlicher gehandelt, das man nott lehden muez. zu dem so haben die paurschafft zu Haylpronn auzzaygen lassen, das ir gemnet und furnemen sej, allen adl piß auf den kahser auzzutilgen[1]) und nimer zugedulden.

Neben dem und noch beschwerlicher, so sein uns anheut schrifften von herrn Jorgen zuchomen, wiewol die Obcralgeischen durch ire gesandte den vertrag anzenemen zugesagt und gehsl gegeben, haben sy doch denselben noch pißher nit volg gethan. und als ich daneben bericht werde, sollen sy nit willens sein denselben anzenemen. diewehl dan dieselb last

---

[1]) Heilbronner Entwurf.

e f g zum beſchwerlichiſten und ſorglichiſten iſt und wiewol entlich be-
ſchloſſen worden, das das pundiſch hör den nechſten auf das landt Wirtenberg zuziehen und mitler zeyt die IIᶜ gerahſigen diſen zirch heroben
beſchuzen ſollen, hab ich doch bedacht, das ſolhs e f g und derſelben
land nachtahlich were in vil weg und nemlich, das e f g ain groſſen
unlehblichen coſten zu erhaltung irs kriegsvolcks tragen, das auch demnach ir furſtenthumb uberfallen und, zum aller ergiſten, die paurn im
landt auch zum aufrur bewegt werden mechten. und demnach mit allem
vlehs und hechſter arbeyt den handl dergeſtalt gemacht, das man iu diſer
ſtund herrn Jorgen ain eylende poſt zugeſchickt und bevolhen hat mit
allem kriegsvolck ſtilzeliegen und den Algeiſchen zuſchreiben, das ſy in
II tagen den nechſten den angenomenen vertrag beſigln, aufrichten, ſchweren
und fertigen; wo das nit beſchehe, wolle er gegen inen mit der that
handln und angreyffen. welhs er auch thun ſol. zum andern ſoll man
e f g ſchreyben und piten ir kriegsvolck zu roß und fuß ain monabt
lang auf gemains pundts coſten ſambt ainem velbgeſchuz peieinander zubehalten, und ſo herr Jorg auf das Algei ziehen, das e f g an dem
andern ort umb Schongau auej angreyffen ſolten, damit e f g die ver-
fluchten paurn zimlich ſtraffen mechten. und biewehl ich eyl halben das
ich auch nit wahß wie e f g mit irem kriegsvolck iu handlung oder rue
ſteen, dan geſtern iſt das ſchrah herchomen, e f g ſein über Lech auf die
paurn zogen, und iſt umb Mindelhaim ain groſſer lerman unter den
paurn geweſt, und die ſagen, die obern paurn zu Tenglingen haben ain
eylende potſchafft zu den andern paurn umb hilf wider e f g gethan
und angeruffen. aber in dem die ſachen ſtunden wie ſy wellen, ſo gedenken e f g der pundtsſtende begern nit abzuſchlagen, ſondern nemen
die unterhaltung von inen auf e f g perſon ir volck und geſchuz zu gut
und entlich an, damit e f g in der rüſtung auf andern coſten beleyben
mag. der krieg iſt nit auß und hab ſorg, er werde ſich allererſt recht
anfahen. man muß demnach e f g darneben auch zulaſſen, in irem fur
ſtenthumb ſover es nott thun werde auch ir notturfft zuſchaffen.

Und wiewol ich e f g mer urſachen anzaygen wollen, hab ich doch
eyl halben ſolhs nit thun mögen.

In ſumma: e f g wollen die beſtallung nit abſchlagen. ſol der
krieg ſich weyter einreyſſen, gedencke ich ſover es e f g gefällig zu practiciren, ob e f g obriſter wurdet und irem vortahl auch ſchaffen mechten,
wie ich e f g furo auch anzaygen wil. datum mitwochs nach quaſi-
modogeniti a⁰ 25.

29. April.
III 91.

Genediger furst und herr! anheut in der Xden stundt zu nechten ist mir von e f g ain schreyben, des datum stet zu Landsperg auf freytag nechst vergangen [28 April], zuchomen, darauß ich vernem, das e f g mein schreyben noch auch der stende des pundts schreyben nit zuchomen, und also auf der post täglich gehandelt und verloren werden. deshalben wer von noten, die sachen an benselben ort näher zuverordnen. dan ich hab e f g angezaygt, das ich sambt ander räten in das lager verordnet worden, verriten und nil mer zu Ulm pin. zum andern, so haben die pundtsstende e f g geschrieben und gepeten, das e f g ir her zu roß und fueß ain monadtlang sambt ainem veldgeschutz peieinander behalten wellen auf gemains pundts costen, welchs ich in zwayen schreyben geratten hab auß etlichen ursachen, e f g auch angezaygt und sonderlich, das e f g ir her peieinander behalten und besehen mechte, wie sich demnach die leuff allenthalben zugetragen hetten, und demnach auf eines andern costen, wie e f g mir dergleichen mermalls geschrieben haben. deß alles, noch auch das den stenden antwort geben sei, e f g in iren schreyben gar chain meldung thuen.

Aber das e f g vermainen den pundtischen die IIc pferd nit zeschicken und das ich e f g deshalben entschuldigen soll, gedünkt mich nit ratsam, und sonderlichen biewegl ich nit verstee, das e f g das ganz kriegsvolck peieinander auf gemains pundts costen behalten wellen, dan dieselben IIc pferd sambt noch IIc so zu Ulm liegen, werden allenthalben pis an den Lech straßen und mitler zeyt das hör an (andern) orten ist aufrur und zusamenlauffen der pauren verhütten. in und mit dem ist demnach e f g furstenthumb auch bewart. so hab ich e f g vormals geschrieben, das es der Algeischen paurn halb oben und unten chain mangl mer haben solle, und so aber e f g weder das ganz kriegsvolch noch auch die IIc pferde schicken und also pede abschlagen wollten — das ich doch chainswegs raten mag --, so wellen e f g dasselb gemainen stenden von stund an abschreyben. dan man IIIIc pferd in der art behalten mueß. e f g bedencken aber so pede weg und sonderlich die IIc pferd yzt abzuschlagen, das es dennach e f g ainen unlust gepern mechte.

Der Algeischen paurn halb hat es die gestalt, das die in dem untern Algeu den vertrag und bericht angenomen, des gleichen haben die haubtleut des obern Algeu den bericht auch angenomen, geschworn und bewilligt von wegen aller hauffen des obern Algeus. und ist allain der fall, das die haubtleut irs anmassen chainen geschrieben sondern allain

ainen mundlichen bevelh angezaygt, und doch erpeten ainen schriftt-
lichen gewalt von gemainer landtschafft den obersten sambt iren fenlein
zuzeschicken und deßhalben gehsel gegeben und im veld gelassen haben.
deßhalben ich mich derselben ort auch khains umbschlags versich. und
wiewol ich e f g hievor auch angezaygt hab, das ich mit grosser mühe
erhebt, das das punbisch hör pis der Algeisch hauffen auch die paurn
so umb Schongau gelegen peieinander behalten und den Algeischen geschrieben, den gewalt und anders in II tag aufzurichten; und wo das
nit beschähe, das man mit dem hör auf sy ziehen sole, so ist doch der
handel durch herrn Jörgen Truchsäßen ganz fur gewiß geacht, und allain
das solhs nit beschehen, were des wegs verursacht und deßhalben das
Eßlingen von den paurn aufgefordert und die reychsslete der enden umb
das Wirtennbergische landt ganz kleinmuetig und iren gemeinden nit
vertrauen mogen. das man auch besorgt hat, der Aßperg und Tübingen
werden auch verloren; und sonderlich diewehl die rede ist, herzog Ulrich
solle zu Stutgarten anthomen sein, mit dem her auf das landt Wirtenberg verruckt. und liegt anhevt zu Tutlingen und soll morgen auf [das]
Pallingen und fort auf Tübingen und Stutgart. dasselbs wirdet oder
sol der pfalzgraf mit ainer trostlichen anzall rahsiger zu uns stossen.
das alles heten e f g verstandt gehabt, wo mein schrehben geantwort
worden.

Aber wie dem, so wellen sich e f g zum fürderlichsten entschliessen
und den punbtsräten antwurt geben. und so es ye nit anders sein mag,
die IIC pferd oder zum wenigisten IC pferd nit abschlagen.

Der aufrur halben gegen den Aychsletischen und dem Jntall trage
ich nit grosse sorg. es sein ellend paurn. wen man nur ainsmals etwas
gegen inen handelt; diewehl man inen aber zusicht und nit mit ernst
strafft, so hört das geleuff nit auf. wellen alle gern frej sein. das alles
hab ich e f g unterteniger mehnung nit wellen verhalten. ich werde
morgen zu Pallingen pej den haubtleuten sein, pflicht von inen annemen,
auch ain ordnung des gewinnens halb helfen aufrichten. hab ich meinem
gnedigen herrn herzog Wilhalmen auch e f g angezaygt, das gut were
etlich poten pej mir zehaben: ob auch e f g den Wehssenfelder oder ainen
andern miller zehzt gen Ulm gefertigt heten, von dem e f g heder zehzt
fürderlichen bericht aller sachen haben mechten. doch so ist der Wehssenfelder nit übel pej e f g auch — aus etlichen ursachen, so ich wahß.
datum Riedlingen auf sambztag nach quasimodogeniti umb XII ur in
der nechten.

30. April.

III 93.

Genediger furst und herr! e f g schreyben und was den pundts-stenden auf ir begern und ersuchen, das kriegsfolckh zu underhalten, zu antwort von e f g ervolgt, hab ich alhie zu Hettingen auf dato entpfangen und hievor e f g main unterteuig gutbedunckens angezaygt, das ich noch nit verändern mag, auß den ursachen das e f g und derselben pruder mich mermals ersucht und geschrieben haben, weg zugedenken, damit e f g ires costens ain ergeczlich(keit) gethan und des zum tayl übrig sein mechten. darauf ich nichts anders erdenken hab mugen, dan so die oberalgeischen paurn nit gericht sein wolten, das e f g das kriegsfolckh zu Schongau unterhalten, e f g ir fürstenthumb damit in ains andern costen beschützen mechten, das auch das pundisch hör gegen denselben Algeischen iren anzug nemen solten. diewehl aber der Algeisch hauffen vertragen und an demselben ort auch ain zweyfel sein mechte, hat mich nit fur unnuß angesehen, das e f g dannoch ain monadt unterhalten, darburch auch vil verhuet wirde. und wiewol e f g sorg tragen, das man ir kriegsvolck in ain frembde ort prauchen mochte, gedencke ir gemuet sei nit dergestalt, sonder das Mindltall und die grenzen am Lech zu bewaren, so acht ich auch, wo gleich e f g fueßvolck auß den steten sich selbs verminbern wolte, so haben boch e f g frembb kriegsvolck in der pundtsstende costen anzunemen, dem landtvolck anhaims zuziehen zuerlauben und pej ainem banck ober gelt, und barneben pej den pundtsstenben bas gelt und besolbung zu erlangen. das alles stet pej e f g. und wiewol e f g mir schreyben haben lassen, das ich copej des zuschreibens den stenben gethan finden (?) sol, ist boch dieselben vergessen, bas ich nit weyß, was e f g denselben geschrieben haben. ob sy mir auch solch e f g antwort zuschicken werben, wayß ich mich barinen wol zuhalten.

Aber der IIᶜ pferd halben khan ich in khainen weg raten, das e f g inen solchs über das vorig zuschreiben abschlagen. gedenckt mich, e f g habe beß nit ursach, dan so die IIᶜ pferd alhie peleyben, werben sy auch umb den Lech strayffen und denselben sovil muglich bewaren, so bederffen e f g der ubrigen pferd im landt nit, dan Iᶜ pferd an der Altmul und Iᶜ am Jn megen allen unrat verhueten. so mügen e f g yedr yezt ir hofgesindt zuschicken, in suma, wil man anderst handln, so ist khain enperung im anfang so groß, sy mag mit Iᶜ pferden gestilt werben. man mueß aber rasch durchgen und die paurn mit vorteyl angreyffen. boch laß ich solchs e f g kriegsverstenbigen bedencken. ich

pin ain zahlloser schreyber, und vermain doch, ich wolt mit IC pferden
vil auzrichten und doch nit piten, flehen und wayß was verfagen. es mueß
gestrafft und hart gestrafft fein. das ubl und abfall der unterthanen
läst sich warlich mit guten fanfften wortten nit auzrehten. zu dem fo
weren e f g an dem und umb den Lech in ainer rüftung auf anderr
leut coften, fy wirden auch auß dem landt nit prauchen, trüge fich dan
zu, das e f g auch ein überlaft zuftende, mechten fich irer f g reuter
nach geschidlichkeit irs obrften alzeyt derselben vorchomen, wie ich dergleichen urfachen meinem gnedigen herrn herzog Ludwigen anheut auch
zugeschrieben hab.

        An der Altmul und stifft Aychftet trage ich ganz wenig forg,
fover man dagegen handlu wil. ich wayß auch warlich, welcher in derselben ort X pferd hat und wil pej tag und nacht arbayt haben, ob den
paurn halten, zu feinem vorteyl auß den hölen (die es vil und gut hat)
unverfechlich anfprengen, das er damit IC und IIC paurn schlecht. man
mueß auch in folhen fallen und ftrayffen nit lang ratschlagen und vil
forgniß außrechnen. es mueß gewagt und behendt beschehen, dan die
armen ellenden leut die paurn mogen folhs nit leyden, werden auch
khainen widerstandt thuen. und fo ir nur X erftochen, ift es in derselben ort gethan. aber ich finde layder in difen forglichen leuffen wenig
wör, fonder vil klainmutigkeit. ich beger auch nichts, ban das ich ain-
mall e f g reuter und haubtleut vom handl raben hörte (das ich ain-
mall ir gemuet und urfach hörte). es ift aber nit allain in Payrn fonder
an allen orten. ich wil mirs auch nit zumeffen, fonder dem almächti-
gen, mich auch damit nit rümen. ich acht es aber dafur, hete ich nit
fo fer und vil geschrien, und were in dem handl fo klainmutig geweft,
die fachen mechten auf difen tag vil pöser oder auch villeucht peffer fein.

        Und als e f g im ende mir bevolhen, das ich mit den punbts-
ftenden beschlieffen und handln fol rc., pin ich nit pej inen, fo wirdet
auch auß urfachen des berichts gegen den obern Algeischen hauffen nicht
gehandelt. aber damit bennoch e f g an kriegsfolck zu mer fursorg pej
handen heten, das auch e f g fur ir landtfolck zu fueß frembb annemen
heten megen, hab ich gemaint, e f g folten ir begern oder zum wenigiften
mit den IIC pferden nit abgeschlagen haben. e f g bederffen auch wenig
forg tragen, das man e f g weyl von irem furftenthumb prauchen oder
an frembbe orten schicken, wurde man aber daffelb begern, fo müfte es
ye an dem ganzen Lech, der Mindel, Chamlech und denselben krayß
umbher ganz wol fteen, auch e f g wie im zug erlich und wol halten.
man mechte fich auch yeder zeyt dermaffen schicken, das fy e f g in die
henbt feben müeffen.

Der Oberberger ist anheut auch zu mir alher khomen und ange-zaygt, was ime von der Altmul fur kuntschaft zuchomen sein. und die-weyl es ain geschickter rascher und wol reytender gesell ist besonders an derselben ort, hab ich im auf sein person allain hinab gein Tietfurt be-schiden, das ich e f g hiemit anzayg und wayß khainen, der e f g an demselben ort und im stifft zu einem bevelh und straffenber rott mer sein mag. e f g wurden auch befinden, wo ine e f g reuter zuschafften, was er in wenigen tagen außrichten werde.

Das ganz landt Wirtenberg ist umbgefallen, alle welt ist erlöbt und verjagt. so haben etlich paurn den Asperg belegert, wolten den graben. es haben auch etlich paurn Hohenstauffen genomen, alda ist khain mer, und ist warlich war, wo nur XX paurn peieinander sein, sagt man von ainem grossen hauffen. deßhalben damit die paurn nit gar überhandt gewinen, das auch alsdan die andern paurn all wider zu inen schlagen, hat man das pundisch hör auf das landt Wirtenberg wenden müssen, zu dem soll der pfaltzgraf und mer fürsten stossen, und liegt das hör aufheut zu Tutlingen, soll morgen gein Pallingen und furo auf Herrenberg und Stutgart ziehen. zu dem wil ich morgen reyten und verleyben.

Ich wayß sonst diser zeyt e f g nichts neues zeschreiben.

Die sag ist gewest, herzog Ulrich sei mit IIII pferden gein Stut-garten khomen. ob es war oder nit, wayß ich e f g khainen rechten grundt anzuzaygen, bevelh mich e f g in aller untertenigkeit. datum Hettingen auf sontag misericordia domini a° 25.

postscriptum: so e f g mir verrer schreyben werden, so wollen e f g die briefe Wilhelmen Gussen haubtman zuschicken, der wayß mir die heder zeyt antworten zulassen.

3. Mai.

VI 145.

Genediger furst und herr! wiewol ich e f g auf ir und irs prueders meins gn h hertzogen Wilhelmen schreiben von München auß an mich gethan geantwort und pej Mertl poten zugeschickt, hab ich doch nichts destominder den pundträten geschrieben und die weg, wie e f g mir zugeschrieben, als durch mich selbs angezaygt, darauf ist mir antwort gefallen, das sy e f g erpieten der IC pferd annemen und es diser zeyt darpej beruen lassen wollen. anders oder mer hab ich durch schrifften nicht außrichten mögen.

Das die paurn am Lech abzogen, hör ich gern, damit e f g des coſten an demſelben ort abkhomen, aber dennoch were mein untertenig gutbedunken, das e f g etliche pferd in Landsperg oder Schongau ligen laſſen mit bevelh, ſo ſich der enden wider etwas zutragn ire hundert pferd von ſtund an wider zu inen zu fordern.

Das Wirtenbergiſch land iſt ganz abgefallen auſſerhalb Tibingen, Pallingen, Tutlingen und Urach, ſollen anheut vor Urach ziehen, aber die von Urach ſein unerſchroken, ſchreyben ſy wollen 4 wochen verhalten. ſo würdet anheut das pundiſch hör zu Tübingen ankhomen, das ich ye verhoff, wir wollen daſſelb volck lüderlich zu gehorſam pringen, darauf fort und in die Pfalz und andere urſecher ziehen.

Die uſrureriſchen paurn in ſtifft Aychſtet pin ich des bericht, das dieſelben paurn die Norbergiſchen paurn auch zu inen erfordert. aber die von Norberg haben zu inen geſchikt und ſagen laſſen, der iren müſſig zeſteen, oder ſy wollen über ſy ziehen. alſo haben ſy ſich der Norbergi- ſchen paurn entſchlagen.

Pfalz und Aychſtet ſein auch wie andere. es iſt aber ain gewiſſe ſtraff von gott. aus urſachen ſo e f g bedenken haben die von Norberg gepeten dazwiſchen zuhandeln. aber ich verſtee, das die Norbergiſchen, ſo ire paurn nit angelangt werden und ſtilſizen, die aufrur der Pfalz und Aychſtet wol vergonnen, treyben ir geſpot darauß.

Nun hab ich e f g gleichermaß und was hierinnen furgenomen ſei, vormals mein torhayt auch angezaygt; und iſt noch mein grundt und die pöst ſalben, das man ernſtlich ſtraf. wen auch die ſachen mein und ich her wäre, wolte ich die ſchreyer von Tietfurt, Rietenburg und andern orten von ſtund an leyb und gut ſtraffen, in gefangnus werffen, darinen behalten, und welche zu den paurn geloffen in ewig zeyte nit mer einkhomen, und wo ſy betreten, mit dem henqler ſtrafen laſſen.

Und warlich wen e f g den halben zuſaz von pferden und knech- ten zu Tietfurt und Kelhaim haben, wie e f g ſchreyben und den halben zu Ingolſtat, ſo behalten e f g das ganz landt. aber man mueß ob inen ligen, ſtrayffen, erwürgen, an mer dan an ainem ort auf ſy halten. das werden e f g in der that erfinden.

Es haben vorigen tag XII pferd IIᶜ paurn angeſprengt, darauß ob XL erſtochen, die andern ſein in ain moß entloffen.

Wer die paurn verſchont, der zeucht ſeinen veindt. darumb wollen e f g mit ernſt gegen inen tandeln laſſen.

E f g wollen nur unerſchroken ſein und gut aufſehen haben. ich vermain, man ſolle all paurn in Payrn mit Vᶜ pferden ſchlagen. gott wirdet auch pei e f g ſein, den diſe ſtraff von den untterthanen iſt

allain pej den Luterischen pößwichtern. bevelh mich e f g. datum auf
den dritten tag maji a° 25.

Zettel: Die von Urach haben der paurn poten so inen den feindß-
brief von den paurn zupracht genott, daß er den brief und ain groß
sigl hat fressen muessen.

22. Mai.
VII 77.

Gnediger furst und herr¹)! als ich an gestern (21. Mai) abents
alher kumen, hab ich allßbald erfarn, das bj artigkht des vertrags, so f b
mit den paurn aufzericht en vorhat und wie derselb vertrag gestellt werden
soll, durch den statschreiber von Kempten alher gebracht worden. und
wiewol gemelter statschreiber nit bevelh hat mit den bundßstenden darauf
zehandln, sondern allain für sich selbs dem burgermeister zu Kempten
beßhalb anzeigen gethan. so haben doch die bundßrät darob sunder groß
beswerd und des erzherzogen halben sondern unlust und zum thail
misstrauen. . . . . .

Unb befind wol, das den bundbischen biser zeit also zu achten un-
muglich ist e f g an leuten oder gelt so eilendts als wol von noten wär
ain statliche hilf zethain. denn sy haben uber angesezten vleyß und
unangesehen das sy inen das gelt auf bi hand geben in etlichen tagen
nit 300 knecht aufbringen mogen, die sy da heroben brauchen. . . . . .

Darumb verhoff ich mich des vertrags halben, der e f g von f b
unb derselben comissarien surgeschlagen worden, ain guete antwort, das
es e f g alles hahm und zu derselben gelegenheit gestellt werden zuerlangen.

Wiewol ich mein handlung und werbung nit auf irn ratschlag
oder zuegeben deßhalbn stellen will, sonder inen mit meinem anzeigen
ursach geben wil, das sy müessen mit mir darvon handln und ir gemuet entdecken. yedoch will ich noch in zwaien stunden sehen, wo es
hinauß will.

Ter burgermeister von Kempten hat mir gesagt. das bi Uberall
geuischen zum merern theil des vorbewilligten vertrags wol wärn er-
settiget gewesen, sind aber villeicht durch etlich, bi sy darvon weisen
sollten, verursacht worden sich in dise handlung zu begeben. in suma
man thraut dem erzherzogn übel.

Tie obern stet am Bodensee und im Allgeu halten der aufrur
halben und wie dieselben zu rue bringen mechten, yezt einen tag. als

---

¹) Weissenfelder an Herzog Ludwig.

ich bericht bin, halten sy guet farb, wie e f g hinnach zu meiner zukunft
vernemen werden. . . .

datum Ulm montags nach vocem jucunditatis in der achten stund
vormitag a° 25.

25. Mai.
VII 113.

G f u h! fur neuzeytlung fuge ich e f g zu wissen, das der herzog von Lotringen Elsas-Zabern, so des pischoffs zu Strasspurg ist,
darumben sich auch die paurschafft umbgeworfen und versamelt heten,
erobert, ausgeprent und pis in XXᴹ paurn erstochen, und ist pej inen
so gar khain wer gewest, das auf des herzogen tayl nimants umb-
khomen ist.

Zum andern ist herzog Friedrich von Sachsen gestorben.

Zum dritten so ist pfaltzgraf Ludwig churfürst an erichtag h̄zt
23. Mai) mit seinem kriegsvolch zu roß und fuß zu Haydelberg ange-
zogen, zu unserm kriegsvolch, so auf gestern zu Messpach¹) aufhomen,
gestossen. und auf dem weg seiner g ungehorsame paurn am Pruchrain
und derselben ort zu gehorsam zepringen. wie mir auch an gestern
gleichwol ain potschaft, doch nit gar gewiß, nachkhomen und gesagt, das
der pfaltzgraf pis in XIIᴹ paurn erschlagen haben sol.

Ich und andere pündisch rete so pej dem her ligen sein auf Stutgarten zugeritten, die landtschaft um gelt zu schatzen und daselbs in
underhaltung des kriegsvolchs gelt zemachen, aber versich ich mich pis
auf sontag schirsten zu beleyben und nachmals widerumb dem hör nach-
zeziehen.

Anheut ist Hans Schindler zu Marpach zu mir khomen und von
den camerschreiber ainen brief an mich pracht. und erstlich meins gut-
bedünckens, so ich e f g zugeschribn, versich ich mich, e f g werden iren
willen pej den punktstenden erlangen, den ich inen zum tayl in ainer
schriften wol abzogen und anzaygt hab, was ainigen trost sy fur all
andern fursten an e f g haben. zu dem wirdet es e f g gröste notturft
sein, dan der hülfen sovil erlant, auch so ain grosse suma gelts bezalt
werden mueß, das e f g pillichen ainen vortayl bedenchen und furnemen
und wollen e f g von irem begern nit steen.

Unterhaltung irer f g kriegsvolch betreffend, wie ich e f g jungst
geschribn, hab ich an dem gelt, so von e f g alher geschickt worden, pis

---

¹) Weiler bei Mergenthal im Odenwald.

in XXII^c fl. erspart. von demselben und nit von dem punbischen gelt ist e f g kriegssoldh zu Füessen auf ainen halben monabt bezalt, verhoffe mich, der krieg solle herniden in dieser zeyt geendert werden; wie er auch ain eude haben (wirb), so der Frandisch hauffen geschlagen wurde, wie ich mich zu dem almechtigen ganz trostlich verhoff.

Ob mein g h herzog Ludwig den paurn über Lech zuziehen und mit dem punbischen kriegssold, so zu Ulm auf IIII^c pferd und II^M knechten (bewilligt) gesterckt werde, so wellen e f g sein gut gnaden warnen und ermanen, das sein f g unangesehen, was seiner gnaden von den punbsräten bevolhen werde, allenthalben prantschazung und in häusern (?) welche auch sein f g wol einpringen mag eineme, darvon mag sein f g ir kriegssold auß demselben und nit e f g seckl unterhalten.

Zum andern ob man auf Meimmingen oder Kemplen oder derselben verwanten ziehen, das man dieselben schelmen wol anhalt — denn auß benen zwayen steten ervolgt der Algeisch krieg und alles unglückh.

Zum dritten ob ye seinen f g was glücklichs zustende, wie ich nit zwayfl und in den almechtigen so unzwayflichen trost stelle, das sein f g khainen bericht aneme auch bewillige, es sei den zuvor der von Eleingaben seins schadens vergnugt, wie solchs auch die punbseainigung vermag und man e f g darinen khain wanzgerung then, noch ayntchen bericht aufferhalb daß aneme mag.

Das sich e f g in das velb herab wünschen, darumben und das e f g herniden weren, wolte ich I^M fl. ärmer sein oder bezalen. dan vil erspart wurde, und ich wäre der hoffnung e f g ainen zufall ze machen, der nit weniger sein solte. dan ob e f g im krieg were, das sich auch e f g herschaft und groß pessern solte an landt und leuten.

Weinsperg ist auf sontag vergangen (21 Mai) ungeplündert verprent und so rasch und eylendts, das ich khain gresser feur gesehen noch sehen würde. und auf denselben tag zwen groß pößwicht ainer ain haubtmann, der den grafen zu und unter die spies gefürt und mer vil pößwichtstückh gethan hat, abermals an ainem paum langsam und recht gepraten. zu anderer straf ist man diser zeyt nit gefast gewest. der ander ist ain peutmahßler gewest, den hat man den kopf abgehauen, sunst ist man täglichs in arbeyt derselben schalcken mer zu betreten.

Das e f g den Pusch angenomen und zu den punbsrat geprauchen wellen, daran haben e f g recht und wol gethan, den er ist ain geschickter frumer gesell.

Zum letzten das e f g. die Oberpfalz und marggrafen zu Ingolstat ire rät zusamen schicken wellen, darinen wellen e f g des gewarnet
sein, das sich e f g in khainen weg in ainich sonderhaufen ausserhalb
der pundischen einlaß und das auß nachvolgenden ursachen. der marggraf ist verdorben, seien im auch all sein paurn abgefallen und wollen
in nit leyden. zum andern so hab ich anheut von ainem ort kuntschaft,
da man das wol wayß, das er erstlich der sachen ain zuseher gewest und
verhofft, so der pischof zu Wirspurg, Bamberg und Nerberg not leyden
solten, sich villeicht dadurch zu pessern. so sich aber die sachen umbwen-
den und er auch angetast, wolte er ander auch gern in das spil pringen.
zum dritten so ist er in der Luterischen sect dermassen vergisstet, deshalben und khainer andern ursach, so get je über inen die straff und handt
gottes. und nemen e f g ir nicht anders für. e f g haben es auch gesehen, das diser lauff allein auß dem Luterischen wesen erstet, das auch
got dieselben also verplendt, das pej inen khain wer noch widerstandt ist.
wan e f g die großen mecht bern, so hjt von iren unterthanen not leyden, bedencken, das e f g die ain ander und mechtiger voldh haben dan
dieselben, pisher auß sondern gnaden und fursehung des almechtigen,
deine allein und nit e f g macht noch schicklichkeit solle e f g lob, danck
und ere geben, vor ufrur in iren furstenthumb verhüt. und darumb so
wellen e f g sich ober e f g furstenthumb mit ine nit vergissten. zum
vierdten so mechten sich dise ufruren taglichs dermassen wider erheben,
das pesser sein mechte, e f g understende sich und ir furstenthumb selb
zu beschüzen, so doch die hilf, solte es sich verlengern, mit der landleut
hilf gelaßt werden mueß, welche sich auch ausser landts nit prauchen
lassen wollen. und auß allerlay mer ursachen, so e f g pas und mer
zubedencken haben.

　　Neben dem und das e f g augenscheinlich sechen und spüren megen,
wie got die Luterischen straff und all ir macht nichts hilff, sonder haben
nit yemand sich ze weren, sein verplendt; so stet es umb Nerberg der
gestalt, so man in acht tagen inen nit zu hilf khombt, das ir stat verloren, ist pej inen khain manhayt wer und vernunft, und die so hievor
alle welt haben regiren wollen, von iren geschüz, macht und vernunft
gesagt und sich berumbt haben, sein hjt vor iren paurn nit sicher und
wissen ire stat vor den paurn nit zuverhüten.

　　Es ist davon nit zuschreiben, wie es daselbs zugeet.

　　Ob mein gnedig h. herzog Ludwig ye in des Algeu zichen welte,
welchs pej mir dennoch in vil weg disputirlich ist, so dan die pundsröt
seinen f g IIIIC pferd und IIM knecht, so sy angenomen haben, zuschicken,
mit denen helen sein f g pis in XIC pferd und VM zu fueß samt dem

guten geschüt, so weren sein f g nun starckh genug, den wir herniden über VIᴹ knecht und XIIᶜ pferd yzt nit haben, lassen uns danach be-bünden, dem ganzen hauffen zestark zesein. bevelh mich e f g in aller unterteniglait. datum auf unser herrn auffarttag a° 25.

27. Mai.
VII 111.

G f u h! wie ich e f g vergangen tagen der neuzeytung halb von dem herzogen von Lotringen geschriben hab, also ist es die warhayt, das er ob XXᴹ paurn zu Elsas-Zabern erschlagen und ligen die paurn also obeinander unbegraben und mit zuchten zeschreiben seien dieselben tobten also erstunken, das vyl weyber in der laubsart verlossen, ire kin-der sitzen lassen, welche also auch hungers sterben und verderben. nach-mals hat der gedacht herzog yzt auf samstag uner ainen hauffen paurn auf IIIIᴹ erschlagen und zeucht gestracks auf ander hauffen, so derselben ort noch aufrurig sein, das ich mich versich, er werde ain still den ganzen Rein ab machen.

Unser punbisch hör hat sollen auf den stiften Mentz und Wirz-purg und auch die Pfaltz zum gelegensten anziehen. also hat der pfalt-graf so hoch und ser angeruffen, das sich unser hör auf Prüssel zogen. daselbs der pfaltzgraf sein soldh an dem Pruchrain gestraft, in Prüssel elliche haubtleut erobert und mit dem schwert richten lassen, also das der pfaltzgraf sein soldh an disem ort zu gehorsam gepracht hat. in der zeyt hat sich ain trefflicher haufen vor Wirzpurg erhebt und sein auf dises landt Wirzpurg gezogen, haben Neuestat widerumb eingenomen und wil-lens geweft Hayplron und das landt zu erobern. also haben unsre haupt-leut den pfaltzgrafen ersucht mit den unsern zu ziehen, der sich willig gestelt und zeucht der pfaltzgraf, pischof von Trier, herzog Ottheinrich in aygen personen und auf XIIᶜ pferd und IIIIᴹ zu fues starckh mit unserm her den veindten des nechsten zue. verhoff ye, heut oder morgen sollen dieselben paurn geschlagen und der krieg damit beschlossen werden.

Die punbsrat zu Ulm haben meine mitgesellen und sonderlichen mich erfordert von stund an hinauf gen Ulm ze reyten. so pitet mich der rat herniden, das ich pej dem her pleyben sol. indem sein mir e f g. desgleichen von Weyssenfelder schriften zuchomen, was der erzherzog mit den Algeischen gehandelt und was pej den punbischen zu Ulm erlangt sei, wie auch der erzherzog ainen anstandt mit e f g und den Algeischen gemacht werden sol. das alles hab ich auß e f g und derselben pruders und zuletzt auß Weyssenfelders schreiben verstanden: und sovil mir möglich

und pej meinen miträten erlangen mag, wil ich bleis haben in abgner
person auf furderlichst und gen Ulm ze reyten, und nachdem he gut were,
das dem erzherzogen sein furnemen gespert, auch die paurn umb ir ungehorsam und poß stuch und nit allein die paurn, sondern die von
Kempten und Memingen, darvon dise puberey iren ursprung hat, gestrafft, das kloster Steingaden durch die poßwicht zum tayl seins
schadens ergezt und e f g ir reputation behalten und ainen erlichen bericht erlangen, welchs alles mit ainem zimlichen kriegssoldh zu erholen
wäre. sover dan e f g stallich geholfen würde, wolte ich lieber zu demselben, den andern raten und helfen und sonderlichen, so die paurn her-
inden in kurz geschlagen wurden, wie ich nit zweyfl. solte aber solchs
nit erlich und prächtlich verpracht werden megen, so wollen danoch e f g
darob halten, das zu dem, das sich die Algeischen erpieten gegen e f g
furstenthumb und verwanten zu halten, auch Steingaden und desselben
schadens ain vergleichung begert und darob gehalten, das auch der artigkel
in des erzherzogen vertrags, das e f g all gefangen lebig lassen, in den
vertrag nit gesezt, sonder sover es he sein müste ausserhalb und neben
des vertrags bewilligt und lebig zelt werden. aber mechten e f g den
handl noch acht tag aufschiebn, doch das e f g auf all weg den vertrag
zwischen den Algeischen zum pesten abreden und deshalben e f g ain bedacht zu nemen zue- oder abschreyben zugelassen werden mechte, wolte
ich zu Ulm mich erfaren und erlernen, was e f g hilf gethan und furchomen were. das alles wolte ich e f g in eyl nit verhalten, denn mir
die schreiben von e f g, irem pruder und Weyssenfelder allererst anheut
geantwurt worden sind. und geben in eyl auf den XXVII. tag mai
a° XXV.

Ich liege hie pej der landtschaft gelt ze machen.

Ist es e f g unglich und doch on nachtayl, so wellen e f g den
Algeischen vertrag pis ich zu Ulm anthomen mag nit annemen.

1. Juni.

VII 108.

E f h! In biser stund hab ich e f g schreyben und ein copei
des Algeischen stilstandts empfangen, darneben auch vernomen, das e f g
begern stet, dem her nachzevolgen; das ich dan für mein person willig,
aber die punktiret zu Ulm haben uns alle auf drej oder vier tag zu
inen und sonderlichen durch sonder personen mich erfordert. und bieweyl
meine mitpunktsrät all hinauf gen Ulm reyten wellen, mueß ich un-
sicherhayt halb, dan bos her auf heutigen tag nit weyt von Wierzpurg

mit andern meinen mitgesellen auf Ulm verrucken, alsdan wider zum leger zu verrucken.

Götz von Berlichingen ist mit etlichen tausent paurn von Wirtzpurg abgezogen auf Haylpron vielleicht in maynung unsern her zugegen und were zethon. als aber die unsern des gewar, sein sy stracks Haylpron zugezogen, ist Götz mit seinem hauffen zu Neckersulm gelegen, davon haimlich gezogen und das stetlin mit etlichen paurn besetzt. und als die unsern daher gerudt, haben sich die paurn erstlich zu der were gestelt, doch sich nachmals in gnad und ungnad begeben, aus denen sein etlich und LX genomen, etlich darauß mit dem schwert gericht und die andern fengllich mitgefürt und Götz ist mit den andern paurn verloffen. also zeucht das ganz her auf Wirtzpurg, versich mich, gewißlich den heutigen tag oder morgen sollen sy vor Wirtzpurg sein. und so daselbs endt gemacht als ich hoff fürderlichen beschehen, sol wider das her den nechsten herauf ziehen und die Algeier straffen.

Von Ulm auß wil ich e f g meinen bericht thon, datum in eyl. Stutgarten pfinztag nach exaudi a° XXV.

Das furstenthumb Wirtenberg bezalt den punbtsstenden XXXVᵐ fl, XVIIIᵐ in X tagen und die andern in VI wochen.

2. Juni.

VII 187.

G f u h! als ich an gestern alher komen, hab ich von dem Pusch und andern verstanden, das nit yederman der handlung zu Jnessen gefallen gehebt und der abschied daselbst gemacht nit recht ist verstanden, haben zum merrern tail vermaint, die tagsaczung und außtrag darin begriffen sei von e f g und also ein entlicher vertrag bewilligt; wollichs aber gemelter abschied nit inhalt, sondern stett e f g bewilligung allain auf den stilstant. demnach hab ich anheut mein werbung vor der versamblung in gegenwurtigkait der Osterraychischn gethon und haben die Osterreichischn allspald darnach gepeten, dieweyl e f g den stilstant bewilligt und die f b diser zeit von iren underthonen beleftiget und in sorgen sten mueß, das ir b kriegsfolck nit zu irer d und herwiederumb sy zu inen mogen, sey ir bitt, gemaine punbstent wolln den anstant inmassen e f g auch bewilligen, dan man sey doch nit gefast in mitler zeit etwas mit der tat zu handlen. sind also die Osterreychischn und wir nemlich Pusch und ich abgetreten. darauf haben sy die hauptleut zu uns geschickt mit dem anzaigen, wie die punbsrett so zu höre verordent yezt am heraufziehen sind ir all stunbt gewärtig, mit denen wollen sy

die sachen beratschlagen mit sonder beger, das ich mittler zeit albie ver-
harren wöll.

Nu ist gleych in der stundt der inligend[1]) brief von doctor Eghten
komen, den ich darumb aufgebrochn, ob er auf e f g schreyben den bewilligten anstant belangent sein gutbedunncken anzaigt, damit ich mich
in der handlung dest pas het wissen zu halten. darin ich befunden,
das er alher kumen wirdet, demnach hab ich der hauptleut begern nit
abschlagen mogen und wil also der sachen zu gut doctor Eghten zukunft,
damit allen handlungen halben lauter an einander berichten mogen,
albie erwarten.

Als ich gleych dis ober geschriben, ist mir die post von e f g
und darin zukomen, was die comissari von Fiessen e f g geschriben. nu
wolt ich gleych geren bey den punbteretten mit der antwort eylen, wans
aber die von zukunft der andern rett nit zu erlangen. versich mich
gleychwol, sy sollen noch heut oder zum lengsten morgen albie ankomen,
verste auch wol, das der außi:tag, inmassen der zu Fiessen gestelt und
in abschied komen, bei den punbstenden nit erhebt noch bewilligt wierdet'
mochten sych aber villeycht, das ich doch noch nit wissen mag, in berrer
handlung mit den pauren begeben, wie sy des mit den andern reten bere
sy alher warten rettig werden. diewehl aber villeycht nit gut sein mocht
die comissari so lang an antbort zu lassen, wär auf e f g wolgefallen
mein underthenig gutbedüncken, e f g hetten den comissari geschriben,
wie mich e f g der handlung zu gut zum punbt hetten geschickt, wären
meines berichts was mir daselbst begegnet gewärtig; so e f g dieselb
zulem, wolten e f g inen e g maynnug darauf nit verhalten, wie e f g
sych auf dergleychen oder pessern maynnung wol wissen zu entschliessen.
ich halt auch suer beschwärlich, das e f g in ainem lengern stilstant
solten bewilligen, dan ye solt f b die tagsatzung dem abschied gemäß und
nit ires gefallens suernemen. was mir begegnet, will ich e f g surderlich
berichten und e f g mich hiemit unbterthenigclich bevelhen. datum Ulm
rehtags nach exaudi in der zehenden stund vormittag a° 25.[2])

7. Juni.

VII 224.

E f u h! Von e f g sein mir zway schreyben ains an mich
allain, das ander an meine meine mitgesellen und mich weysendt zu-

---

[1]) Der Brief Ecks dem 1. Juni.
[2]) Johann Weißenfelder Licentiat.   e

.

chomen. darinen e f g die ufrur so sich in der grafschaft Tirol und
stift Salzpurg erhebt, anzaygen, habe ich untertenigllich vernomen und
wollen Pusch und ich den punktäräten den handl sumarie anzaygen und
irs rats begern, wie e f g bevelh stet und, was uns peden begegnet,
e f g zum fürderlichsten berichten.

Zum andern verstee ich auß e f g schreyben, das e f g in übung
stee ainen bestendigen verstandt mit den paurn zemachen, das auch e f g
gemüet stende nach Müldorf zu trachten 2c.; darauf e f g mein torhayt
ze heren begern, welchs ich e f g zethun schuldig und sovil mir muglich
und menschlich ist, auch geren und ganzwillig gern thun welle. der
handl ist aber so weytleuffig und dermassen teglichs verändert werden
mag, das mir von Ulm auß zuratten, was pej Salzpurg gehandelt
werden solle, unmüglich und e f g undienstlich. wil aber denoch e f g
mein gemuet anzuzaygen nit unterlassen, mit unterlaniger pit, e f g
wele solchs genediger meynung versten und annemen.

Und erstlich hab ich mit dem Weyssenfelder allerlay geredt, was
mit dem erzbischof zu Salzpurg in disen leuften zehandln, und wie sich
e f g an demselben ort mit gutem willen und eren pessern und irem
furstenthumb ainen nuz schaffen mechten, acht e f g habe nunmals mein
gemuet an demselben ort verstanden, und gedencke noch. e f g were
nuzer dem pischoff auf seinen costen ain kriegsfolck und mit macht zuzeziehen, dan ine zu verlassen und auß disen ursachen: e f g müssen in
disen leufften ain kriegsfolck pej ir haben und ye statlicher daßelb sein
und unterhalten werden mecht, ye fürstenbiger solchs e f g wer, so dan
solchs e f g für sich selbs beschwerlich, ist mein torhayt noch, so e f g
solchs kriegsfolck durch ire nachpaurn verlegt und mit inen und frembden
darlegen e f g furstenthumb beschüzt werden mechte, e f g solte daßelb
nit abschlagen noch waygern. so gedunckt mich ye diser handl sej nit
andersten, den wen seins nechsten nachpaurn hauß preut, und wer nit
retten und verschlaffen wil, das derselb auch nit sicher sei. ich gedencke
mich gleichwol, das der frid und stilsizen gut und darin ich fur mich
raten und nichts liebers sehen welte sover der frid dermassen wäre, darauß nit größrer unfrid erstünde; deshalben hete ich gedacht e f g solten
dem stift Salzpurg auß vil und noch mer und nachvolgenden ursachen
und sonderlichen auf sein costen mit aller macht zugezogen sein. und
wiewol e f g vermainen mit den Salzpurgischen und Tirolischen paurn
ainen bestendigen verstandt zu fridlicher peiwonung zemachen, so werden
doch e f g darinnen khainen glauben finden, und ist noch pej khainem
hauffen paurn khain trau, glaub, zusagen oder verpundnus nie gehalten
worden. der pösel thuet das, ist auch sein art nit trauen, glauben und

ere furchomen. und so sy starck den pischofen irs gefallens gedrungen, werden sy e f g nit verschonen. wer wayß was practica auß Jnspruck dahinder auch stecken und ob dieselb in dem stift Saltzpurg eindringen, was e f g darauß ervolgen mechte. in dem allen und über die färlich-keit, so e f g landen und leuten darauf stet, so werden sich e f g mit solchen verstandt zu vere schimpflichen nachreden nit wol verhüeten; wayß auch nit, ob es e f g gezimen welle mit den Tirolischen paurn ainen verstandt ze machen. und so die von gemeinen stenden des punbts ge-strafft werden, was allenthalben pej den punbischen und der graffschaft Tirol dem erzherzogen und andern gedacht werden mechte, wiewol vil-leicht an demselben ort ain verantwortung und entschulbigen gefunden werbe, sober der verstandt mit den paurn bestenbig und nit betrüglich were, das mich doch auß ergangen geschichten und wie pej allen paur-schaften erfunden ist, khain mensch auf erden bereden würdet. ich besorg aber ye e f g leut, so vielleicht müd sein und bas enbe nit bedencken, oder auch die paurn gebn e f g zu versten, bas bas stift Saltzpurg zu ainem weltlichen furstenthumb gemacht und e f g sopalb als yemandts anber barzu genomen werden und solhs e f g zu guten khomen mechte. in dem, wollen mir e f g verzeyhen, ist affenwerck. got lebt noch und würdet gewißlich und entlich nit beschehen. bas es aber war sej, so sehen e f g, wie den paurn ir furnemen von ainem ort zu dem andern gewendt und barob die herrn und unterthanen gestraft werden. also wirdet es an bisem ort auch ergeen. und ob bisen affen sein etlich fur-sten, so dem stift Wirzpurg und Bamberg auch in gleichem fall gern abgezogen, selbs verberbt, und wiewol Wirzpurg sein stift gar ver-loren, hat er benselben boch auf heutigen tag wider inen. und ob es gleich auf bise stund barzu khomen, der pischof zu Saltzpurg und alle pfaffhayt erschlagen und der ganz stift in der paurn henbn stiend, die ine e f g zustellen wolten, auch ban werden e f g in rat pej cristlichen fromen leuten nit finben, benselben bergestalt anzenemen. e f g vorfor-bern, so pisher fur alle geschlecht der welt in reychthumb und langen abelichen herchomen regirt, haben bergleichen furnemen in sy nit pringen lassen, sonbern stift und grosse gotzheuser erpauen und gestifft. ob ir gute maynung vor got angenem ober nit, bas sicht man auß irem her-chomen und ist war, wie ich yzt gemelbt hab, bas khain geschlecht in der ganzen welt aufgezaygt werden mag, bas sein fürstlich alt herchomen und in solchen königlichen und mechtigen reychen stat anzaygen mag als Bayrn. solhs kombt nit auß irer vernunft, sonbern von dem allmechti-gen. und auß bisen ursachen glaub ich nit, bas e f g ainen bestenbigen verstandt mit der paurschaft machen, noch, bas e f g barob aynichen nuz empfahen mogen. und hat mich noch khain schreyben von e f g in disen sorglichen leufften so hoch und ser erschreckt, dan mich gedünckt ye, wiewol ich den handl villeicht nit verste, es sei alles auf ainem sandigen grundt erpauen und alles hanffenberg. das alles wollen e f g genebiger mehnung versten, anderst wirdet mich nimandts bereden. doch der almechtig mag es zum pesten wenden.

Müldorfhalben, so es dem pischof nit wider, desgleichen das vogtgericht und noch mer stete, so an e f g grenzen, anzenemen, damit e f g furstenthumb destpas entschütt und ire unterthanen vor disem elenden geprechen verhüt wurde, hab ich dem Weyssenfelder (gesagt), das es nit arg oder zu unterlassen sei. wo solchs zum pesten mit der paurn vorwissen oder on dasselb beschehen sol, darinen muß man die gelegenhait der leuff und der paurn leger, so sich all stund verendern, bedencken und die so den sachen gesessen und erfarung haben, ir aufmercken des stuls halb haben, welches ich alhie nit wissen haben mag.

Zum letzten wollen e f g mir genedigklich verzehhen, ich weyß noch wol, das meine schrehben, so ich e f g hievor mermallen gethan und die kleinmütigkeit aller oben angezaygt, pej viel leuten so villeicht gern unfäll sehen oder nit gern fechten oder vermainen mit rue zesitzen, verdächtlich sein mechten. man sagt von grosser anzall der paurn, von grosser wer und rüstung und khan den handl nit zu groß machen, der paurn sind mer vil tausend, so doch zu zehten nit sovil hundert erfunden werden. genediger her! es seien ir lauter frösch, und wen ir gleich noch sovil tausent weren, so müssen e f g hindurch und nit anderst gedencken, es sei der Türk vorhanden, sich wern oder darob sterben oder verjagt werden.

Ob mit einenung Müldorff und anderer flecken, doch mit vorwissen des pischoffs, e f g mit den paurn khainen verstandt oder ir vorwissen erlernen wolten, sich e f g aus unwillens gegen den pischof anemen und vermercken liessen. wie e f g pisher viel unpillicher irthums mit dem stift gehabt etc. zahg ich e f g zu mereren nachgedencken an. dan mit dem paurn verstandt ze machen, ir vorwissen wollen haben und in all ander wege mit inen ze handeln, ist des nächsten nachpaurn hauß prennen ze lassen und nit ze retten, darnach ains mit dem andern verprennen lassen.

Es sein die Algeischen, Podenseischen und Wirtenbergischen paurn gestilt worden, sein auch vil tausend gewest und mer, so gut als der krepsein narrn XXX, und man plehbt dennoch vor inen.

Das erst zahchen e f g verjagens und verderbens wirdet sein khlainmütigkeit und so e f g gedencken wollen disen handl mit den paurn

mit vernunft oder milligkeit abzustellen oder das e f g vermeinen wolten
friedlich pej inen zu sitzen und so e f g gegen inen nichts furnemen,
das sy dergleichen auch thon werden, ist alles nichts und pej den paurn
khain trau noch glauben, gewinnen sy die oberhandt, so hert auch auf
ir trau. ir vorhaben ist alle fursten und oberkhayt abzethun. solchs
alles hab ich e f g auf ir begern unterthänig und getreuer mehnung
wollen anzaygen. und anderst than und wil ich e f g nit raten, dan
das e f g sich mit der gegenwer der paurn aufhalten den rechten ge-
strackten weg fur sich nemen und nit auf vil ander landt unpillicher
wayß zu erobern und dieselben zusambt den iren zu verlieren gedenken.
werende handt macht guten bericht; doch daneben irs vortayls mit guten
eren und rechten nit zu vergessen; pessers wayß ich nit. so pin ich auch
der handlung nit verstandig und laßt sich auch so verr und von den
sachen, so sich all tag ungleich zutragen, nit ratschlagen. datum mittwochs
nach pfingsten den sibenden tag iuni a° XXV.

7. Juni.
IX 111.

Genedige fursten und herrn! auf e f g befelh uns der Salzpurgischen und Tirolischen paurn halbe zuchomen, haben wir den punbtsraten solche handlung summarie angezaygt und iren rat darinen e f g
mitzetaylen begert. darauf ist uns zu antwurt gefallen: wiewol von
unnoten, das wir in diesem fall rats begerten, biewehl aber die ufrurigen
paurn für sy selbs khain geschüz, sondern dasselbig f d nemen und
über iren willen prauchen wurden, das dan e f g in kraft der punbts-
aynung und der verwandtnus nach dasselb geschüz nit passiren lassen
sollet.

Und wiewol uns auch von unnoten angesehen auf das anzaygen
und handlungen mit den paurn geübt pei den punbischen rat ze suchen,
haben wir doch e f g befelh geleben und antwurt annemen miessen, welch
e f g gleichsopald zu unstatten als guten raychen möchte. dan solten
e f g darumb das geschüz fürgeen lassen, mögt es ainen verdacht gepern,
solte dan e f g dasselb nit passirn lassn, ainen merer schaden pringen.
man verderbt vil mit fragen.

Weiters genedige fursten und herrn haben die Österreychischen ain
missive von dem erzherzogen den punbsraten überantwurt, darinen er
begert von gemeiner stende wegen ain potschaft gein Inspruch auf den
lantag montags schirst nach trinitatis zu verordnen. also sein von der
fursten wegen furgenomen, das e f g auß uns zwayen ainen hinein ver-

ordnen sollen, welchs wir zu e f g stellen. gleichwol haben wir gefordert,
das e f g die potschaften schicken solten, damit man sich demnach auf
demselben tag aller sachen und sonderlichen, wes gemüets der erzherzog
gegen den stift Salzburg und derselb ufrurn halb were, erlernen mechte.
doch haben wir gedacht, die Österreychischen solten (sich) bewegen haben
lassen, so e f g ainen rat von München auß geschickt heten. aber sy
haben ainen auß der versamlung haben wellen. darauf megen sich e f g
entschliessen und so tag so nacht ir f g gemüet deshalben uns eröffnen,
dan der tag ist auf montag schirst oder zum lengsten erichtag darnach in
Inspruck ze sein, so mechten sich die paurn nit lang aufhalten.

Die Österreichischen Tirolischen paurn (als etlich vil vernemen)
werden vor dem lantag nichts furnemen noch geschütz herauß füren, wie
ich D. Egkh auch vermain, das die sachen nit so geförlich oder sorg-
feltig sein megen, das man sich auch der paurn wol erwere, so man
anderst darzu thun wol. datum in eyl mitwochs in den pfingstfeyern a⁂ 25¹).

Genedigen herrn. als die post allerding gefertiget und gleich
rehten wellen, ist mir peigelegter brief zuchomen e f g bene zuschicken.
und dieweyl mich auch das wunder gepissen, was doch diese zwen pöswicht
e f g schreyben solten, hab ich den brief aufprochen und gelesen, das sy
mein person zu den bösen handlungen finden. nun wayß ich mich in der
zwaher personen mahnung auf das mal nit zuschicken. ich wayß, das
sy mir feindt und nit gern pei inen im rat haben und wo sy mir
schwartz zaygen, sech ich wayß. sy verhoffen sich vielleicht auch, wo ich
nit bei handen, ire sachen zum pesten ze richten. so mechte es auch ir
ernst sein, und vermain villeicht, ich werde vil außrichten und wayß
hierinen e f g ye nit anzezaygen, wie sy es meinen gut oder pöß. den
ich wil den handel e f g haimgestelt (haben) und doch wil ich nit feyrn,
mittler zehte sovil mir muglich all finanz erfaren; und sogleich e f g
mich gen Inspruch erforderten, bennoch thuen, das mich gedünkt e f g
nutz und ere zu sein. und ob e f g mich nit verordnen oder erfordern
welten, so wollen doch e f g den schelmen antwurt geben auf peide
wege. ir vil vermainen, ich solle wider zum her rehten, und wayß nit,
was ze thun ist. in summa, was ich e f g für gut bedenke, werde ich
thun und nichts anders.

Post scripta. ist von denen von Nernberg ain schrift alher an
ire punsräte khomen, wie die zwo stet Wertzpurg und Schweinfurt, daneben die paurschaft von Franken pei inen kläglich angesucht und gepeten
haben, in der sachen zu taibingen, darinen sy sich vast wol halten und

¹) Geschrieben von Eck in seinem und Jerg Puschs Namen.

volgen wellen. denn sy fein bericht, der punbt welle sy uberziehen, als
ob got will auf heutigen tag beschehen ist.

Götz von Perlichingen und anber haubtleut haben sich ungefarlich
zwo stund vor bem, als die paurn zu Künigshofen geschlagen, von ben
paurn gestolen und sich angepoten, mer leut ze pringen.

Ob e s g ab mainem schreyben, so ich anheut frue e s g gethan,
aynich missallen haben werben, so wellen e s g gebenken, das ich es getreuer mapnung gethan und nit zwapst, wo sich e s g barinen recht-
geschassen und unverzagt halten, das e s g sig, ere erlangen und sich auch
barneben peisern und reychern megen. und wellen e s g die leut, (die)
nichts anders dan ben hanbel zu beschweren wissen und klainmutig babon
reden, maypen. es muck sein, die wernb hanbt pringt guten srib. und
wer ich pei e s g, wie wolte ich anbers und scherpser barvon reden,
dan zu schreiben (sich) gepuren wil. bevelh mich e s g. batum ut in literis.

K. Juni.

VI 24.

Genebiger surst und her! als an bem pfingstag unser her zu
Königshossen auspprochen und auf Wirzpurch ziehen wollen, haben sy
ben Wirtenpergischen marschalck mit II^C pferb vorhingeschickt vor Wirzpurg zu scharmützen und zeprennen, bamit man im schloss getrost und
sehen mochte, das ber punbt vorhanben und sy retten wollte. also hat
ber Frankisch hausfen so zu Wirzpurg gelegen in VII^M, ben hausen, so
erschlagen ist zu Koenigshossen, welchs sy noch nit gewist haben, zuge-
geschickt. und sein also über bas geu mit einem guten geschuz und
wegen gezogen und sich des marschalds mit ben II^C pferben nit angenomen,
sonbern vermaint, es sey sunst niemants vorhanben. und als ber marschald
ir gewar worden, ist er wiber hinber sich gezogen auf ben hausfen, deme
sein etliche pferb zugeben, und haben mit ben paurn in ainem weyten
lanb baran sezen muessen. und sopalb die paurn in gewar, seyn sy ge-
slohen, puchsen und wagen hinber inen verlassen. und bennoch hat man
sy erritten und irer in III^M erslochen. verhosse, ber krieg hab an bemselben ort ein enb. batum in grosser eyl. pfinztag srue nach ostern.[1] a^o 25.

Zettel: Die paurn so zu Königshossen erschlagen, wie ich e s g
geschrieben habe, sein VII^M gewest und ir über V^C nit babon khomen.

---

[1] Ec hat sich offenbar verschrieben. Es muss heissen Pfingsten. Die Schlacht
bei Königshofen war am 2. Juni.

20. Juni.

VII 305.

G f u h! Auf sambstag nechstvergangen pin ich mit den andern verordneten räten alhie ankhomen, deßgleichen auch das punbisch hör und hat sich Bamberg sambt dem ganzen land in gemeiner stende des punbts gnaden und ungnaden ergeben. so ist der pfalzgraf mit seinem her zu Würzburg abzogen und iu summa, der handl ist heroben gestilt. und wiewol her Jerg gern seinen weg in das Hegau und Schwarzwald genomen, ist doch der zug auf Meiningen[1]) fürgangen. und ich versich mich, auf pfinztag schirst werde man alhie anziehen, den weg auf Nernberg, von danen auf Nerling und von dannen auf Lauingen, daselbs über die Thona und den nechsten ab Günzpurg und Leyphaim auf Memingen. das zayg ich e f g darumb an, all ir sachen darnach wissen zu richten. Bamberg ist anheut auf XIIᴹ fl gestrafft und geschazt. und wiewol wir in bevelh gehabt haben ain gemein kriegsfolckh an, zenemen, so ist doch vor unser ankhunft Pfalz abgezogen, haben khain neu fueßfolckh bechomen megen.[2])

Es werden von e f g reutern piß in L oder ein wenig mer pferd abgehen auß ursachen, das sy nit gerüst, auch ire pferd verloren haben. deßhalben wirdet die notturft sein, dieselben pferd zu Ulm in XI oder XII tagen zum lengsten zuersezen. das alles welt ich e f g untertänig maynung nit verhalten. was mir verrer begegnet, wil ich e f g yeberzeyt berichten, der ich mich unterteniglich bevelhe. datum Bamberg den XX. tag junij a° 25.

22. Juni.

VII 317.

G f u h! wiewol ich e f g bej Clasel poten geschrieben, wie das punbisch hör also auf heut alhie anziehen solten, haben sich doch die sachen auß den verzogen, das XII anheut mit dem schwert auf dem plaz alhie gericht wurden.

---

[1]) Herzog Wilhelm war damit gar nicht zufrieden. Anmaßung nennt er diesen Schritt im Brief vom 24. Juni an Kanzler Lösch.

[2]) Wilhelm antwortet darauf am 25. er habe gerne gehört, daß das bündische Heer seinen Anzug auf Memmingen nehme. Das fordere auch die Nothdurft: dadurch werde der Aufruhr in Salzburg, Tirol und Algäu desto besser gestillt. Und da der Stillstand mit dem lezten Juni ablaufe, so möge Ed von Nördlingen aus melden, wann das bündische Heer vor Memmingen ankomme und ob durch die Bundesstände die Verlängerung bis zum 14. Juli angenommen hätten. Er werde sich mit seinem Kriegsvolk darnach richten. (VIII 8.)

Aber auf morgen frue sol man anziehen und den weg nemen, wie e f g hievor durch mich angezaygt ist. dem von Salzpurg sol hilf beschehen, wie e f g an zweyfel zugeschribn ist, und sover die Algeischen von Memingen abgezogen und angestelt ist, pis auf XIIII tag juli, gedencke ich man werde Salzpurg helfen; deßhalben wissen sich e f g darein zu schicken.

Ich werde zwei oder drej tag alhie peleyben müessen und volgends dem hör nachziehen. diewehl ich aber gedencke, das man gegen den Algeiern in dem anstandt nichts, sondern gegen Salzpurg handlen mechte, sover dan e f g gelegen, vermaint ich mer dan pej dem hör auszurichten. darinen wollen e f g mich ires gemüets verstendigen und in all wege mir auf Nerberg ainen poten oder zwen zuschicken, das ich e f g yederzeyt schreiben mag. bevelh mich e f g in aller untertänigkeit datum pfinztags vor Johans Baptiste. aᵒ 25.

28. Juni.

VIII 22.

G f u h! anheut zu sechs urn nachmittag ist Clasel alhie zu mir khomen und hab e f g pej dem Clasel und nachmals zwir auf Ulm geschriben, wie das pundisch her ziehen werde, welches anheut ain halbe meyl wegs fur Nerling auf Lauingen werds das leger geschlagen, werden morgen still ligen. denn man ain strengen zug herabgethan hat und nachmalen stracs auf Lauingen oder Ulm, darzu man drey tag haben mueß und furter den nechsten fur Memingen ziehen. zudem so haben die Heffischen reuter nit mer reyten wollen und sein ligen plieben. pey denen pin ich und ander nechten geweft und wider aufpracht, das sy hernach ziehen. so sein auch e f g reyter zum tayl und nemlich pis in L pferd abgangen, die müssen e f g ersetzen, und die andern sein pej margraf Casimir in der Rotenburger landmer, also das ich gedencke, es mechte sich mit dem zug pis gen Memingen in acht tagen verziehen.

Zum andern ob der stilstandt von der versammlung zu Ulm auf den XIIII tag july bewilligt, khan ich nit wissen, den ich nit zu Ulm geweft pin. ich acht aber, sy haben bewilligt. doch wollen e f g sich pej denen zu Ulm erfaren.

Ob e f g mir schreiben, wollen dasselb auf Ulm schicken, davon es mir yederzeyt zuchomen mag, eylends auf den XXVIII. tag junij zu Nörlingen um VI ur nachmittag aᵒ 25.

10. Juli.

IX 277.

Gnediger fürst und herr! als ich von e f g. dergleichen irer f g
prueder meinem gn. herren herzog Ludwig abgescheiden pin, pede e f g
die Salzpurgischen handlung zu berichten und solchs zum fürderlichsten,
so hat doch docter Ribeysen das anpringen, wie e f g weyß, piß an sampstag
nechstverschienen nachmittag verzogen, also daß die antwort darauß auch
spat ervolgt und nämlich, das peden e f g in pester form geschriben
werden soll, das e f g ainer in aygner person, oder wo es denselben nit
gelegen sei, durch ire haubleute mit irem kriegsfold den pischof zu
Salzburg retten sollen, das man auch solches dem erzherzogen und dem
salzburgischen bischof anzeigen soll, wie dann in München e f g angezaygt ist; aber noch in zeyten etliche knechte e f g zu schicken, das haben
die pündischen räte nit bewilligen, sondern haben wollen, das die Al-
gäuer erstlich gestraft werden sollen. bieweil ich aber bedacht, je zeit-
licher der anzugl in den stift beschehe, ye pesser und furtreglicher solchs
sein möchte, und so Ribeysen auf heut widerkhomen soll, will ich den
handl gar helfen . . . . . . ¹) und e f g zum fürderlichsten berichten.

Zum andern haben der erzherzogen allher geschriben und haben
den handel hochbeschwerlich gemacht und gepeten, das gegen den Algeiern
stilgestanden, piß der erzherzog herauskhomen mechte. er hat auch herrn
Jorgen geschriben und ernstlich an ine begert stilzesteu. wo er aber solchs
nit thuen, werd er der erzherzog verursacht ine und das Osterreychisch
kriegsfold abzefordern. aber das alles unangesehen, zeucht man für und
für, ist auch dem erzherzogen all sein begern abgeschlagen.

Item denen von Füssen ist gepoten, das sy den bischof von Augspurg in 12 tagen den nechsten erbhuldigen, wie vor, und sich in der
stende des punds gnad und ungnad ergeben sollen. dergleichen ist dem
erzherzogen geschriben, die von Füssen an dem, so inen verschafft, unver-
hindert zu lassen. und wo die von Füssen ungehorsam sein wurden, das
man sy mit gewalt darhin pringen wolle.

E g welle verordnen, das die reuter, so zu dem pundischen her
stossen und gen Landsperg verordnet werden, von danen auß auf Mindelheim und Memingen und zu den pundischen ziehen.

E f g wolle mir die auforderung an die Algeyer alher schicken.

Den kaufleuten zu Augspurg wirdet das glayt ausgeschriben und
e f g und andern fürsten verkhündet werden.

Datum auf montag den 10. tag juli aᵒ 25.

¹) Das Verbum unleserlich. etwa: end zu machen.

11. Juli.

IX 278.

Genediger fürst und herr! ich hab e f g an geſtern zugeſchriben, was mein torhayt ſei, mit dem erzherzogen der Salzpurgiſchen halben fürzenemen. und ſo Ribeyſen alhie geweſt were, wolte ich frue genug all ſachen gewendt haben. aber anheut ſchreybt man dem erzherzogen und zaygt ime an, das der pundt den cardinal retten, und das ſich der erzherzog der Salzpurgiſchen landſchaft darauf nit annemen, ſchützen, ſchirmen, noch den ſeinen zu thun geſtatten welle, wie gleicherwayß e f g auch geſchriben wirdet, damit die Oſterreychiſchen nit gedencken, e f g hettu ſolhs ſchreyben practicirt.

Zum andern ſchreybt man der Salzpurgiſchen landtſchaft und wirdet auf morgen ſolh ſchreyben auf München und Salzpurg pei der poſt geen, zaygt inen au, das man dem piſchof helfen welle. dieweyl aber plutvergieſſen gern vermiten wurde, ſoder dan die ſachen auf die pundsſtende khomen, welle man daſſelb und ſy mitler zeyt, damit ſy von niemants beſchebigt. in ſchutz und ſchirm annemen, wo ſy aber ſolhs nit thun, welle man von ſtund an anziehen.

Der anzug und rettung ſolle e f g bevolhen werden in aygner perſon oder durch ire oberhaubtleut zu ziehen, desgleichen wirdet e f g XVᶜ knecht zugeſchickt und herr Jorg von Fruntſperg alhie behalten werden.

Der erzherzog hat an geſtern ſpat alher geſchriben und angezaygt, er welle auf pfinſtag ſchirſlens zu Jnſpruckh auſſein und gen Kaufbeuren ziehen und man ſolle im Vᶜ pferd und Iᴹ knecht unter augen ſchiden. iſt ime abgeſchlagen. wil ich e f g ſich allenthalben darnach haben zerichten nit verhalten. datum Ulm auf den XI. tag juli umb III ur nachmittag aᵒ 25.

11. Juli.

IX 279.

Gnediger furſt und herr! angeſtern umb IV ur nachmittag iſt mir von e f g ain ſchreiben und daneben der ſalzpurgiſchen landſchaft pitten, an e f g und des erzherzogen rät mit der ſchutz und ſchirm halben beſchehen, zuchomen, hab ich untertänglich vernomen, und gleich davor e f g bericht und zugeſchriben, wie es in den Salzpurgiſchen und andern ſachen alhie ſtet.

Und nachdem e f g mein gutbedüncken ze wiſſen begern, pin ich ſchulbig, thue es auch unterlengllich gern, was ich gutes raten und

helfen mochte, das hierinnen furgenomen werden mechte. doch wellen
e f g dises mein schreiben in offnem rat nit lesen, wie e f g geprauch
ist, denn ich fercht, e f g rat sei pisher und noch so weytleuftig gewest,
das dises lasts nit ain klaine ursach darauß erstanden sein mochte.
dan hätte e f g die coadjuterei haimlich und stil gehalten, so were die
unlust nimer erstanden. das lass ich aber auf das mall berven. es
khan nimmer gewendt werden. doch ist erstlich mein rat und gutbe-
dencken, e f g lassen sich offenlich mercken und nit anderst heren, dan
das e f g die coadjuterei nit nachfragen oder sonderlich darnach stellen,
e f g tragen auch fürsorg, ob e f g gleich die in händen hellten, e f g
pruder mechte dieselb nit anemen, und das darumb, ob dise sorg auß
des erzherzogen und der Tirolischen gemüet khomen mechte. dan wirdet
dem bischof zu Salzpurg geholfen und er seine wort hallten und herzog
Ernst die coadjuterei anemen, so tragen e f g gar khain sorg, wie die-
zu erlangen sei, dan solhs an dem erzherzogen, der grafschaft Tirol, noch
auch an der Salzpurgischen landschaft nit gelegen ist. darumb gehert
ain ander finanz darauf. aber ye so lassen sich e f g dieser zeyt nit
anderst mercken. wo auch e f g diesen meinen brief oder manung herzog
Ludwigen meinem gn herrn zuschicken oder anzaygen wolten, das dan
sein f g auch pei ir behalle und niemants vertraue.

Zum andern und auf der Salzpurgischen ansuchen, das sy sich
in des erzherzogen und e f g schuz geben wollen, acht ich nit, das der
erzherzog e f g außschliessen werde; und deshalben, so gedünckt mich gut
und ratsam, das e f g auf den tag, so in bedacht angenomen, widerumb
gen Salzpurg und zu den Österrehchischen rät verordnen und erstlich mit
denselben sich bereden und dergestalt mercken lassen, das e f g den schuz
sambt dem erzherzogen annemen welle. und so der erzherzog e f g zulassen, so will alsban von noten sein, von der sachen zu disputiren und
ain tag oder vier außzuziehen auß ursachen, wie e f g nachmals hiemit
von mir vernemen werden. wie aber solhs schreiben furzenemen sei, gedünckt mich e f g habe gute ursachen auß irem furschlag ze nemen und
nämlich ze fragen und sich zu erinnern, wie erstlich ir pede, die fürsten,
der erzherzog und e f g, wie die Salzpurgischen geschüzt werden solen,
ainander helfen, wer den costen darlegen wolte, item was die lantschaft
darzu geben und thon solt. item biewehl sy die regierung dises bischofs
nit haben wellen, were erstlich mit dem pischof zu handeln, ob er gütlich
absteen und wie und mit was summa gelts er sich verguügen lassen
wolte. desgleichen mit den beschwerungen und in summa allerlei und
sovil artigll auß dem ze nemen, deren man sich, ee und die Salzpurgisch
landschaft in schuz anemen werdet, vergleichen mueß, welhs nit allein

auf 4, sondern mer tag verzogen werden mag. desgleichen ob der erzherzog etlich ursach anzaygen wolte, derhalben e e f g pei ime nit er-
leyden mechte, das er schwerlich thon oder nit so höflichen abschlag.
darauß e f g räte abermals ursach ains verzugs suchen und nemen megen,
und wie sanst in ander weg e f g den handl schieben megen, so mag
dem erzherzog eintrag und zerrüttung in seinem fürnemen beschehen.

Und nämlich versich ich mich entlich zu erlangen, das die pundischen der lantschaft zu Salzpurg schreyb und ursach anzayg. das sy sich
in des punds schutz oder schirm ergeben mit vil gnedigen worten, doch
mit dem anhang, wo sy solhs wangern, das inen daneben angezaygt
werde, was sich der pundt gegen dem cardinal eingelassen und verpunden
habe, demselben werd auch volziehung beschehen. so verhoff ich mich
auch zu erlangen, das e f g zu dem, das hievor bewilligt, das man e f g
schreybe und bevelh mit irem kriegsvolck dem cardinal zuzeziehen, noch
pis in XVᶜ knecht von gemains punds wegen zuziehen lassen werde, damit der anzug gleich neben aller handlung bescheen mag. so versich ich
mich, der erzherzog sei mit seinen paurn nit vertragen, hab auch an demselben ort khain hilf, so werden sich die Tiroler nit regen, biewehl der
pundt inen ye lenger ye nachner khumbt.

Und wie ich e f g hier oben anzayg, pei den pundischen zu erlangen, wolt ich anheut versucht haben, so ist Ribeysen zu Mindelheim,
sol aber anheut khumen, alsdan wil ich morgen nit seyrn, sondern für-
sarn und e f g zestunden aller sachen berichten.

E f g gedencken allain die sachen und den erzherzogen an dem
schutz zu verhindern, pis solang ich morgen und die zwen tag, darinnen
e f g alle bevelh und geschriften zuchomen megen, verrichte. ich solt mit
dem her zogen sein, pin aber diser sachen halb alhie peliben und derselben zu gewarten. lassen mich auch e f g wissen, wie es in der grafschaft Tirol stee, dan ye pöser es daselbs stet, ye pesser und erlicher man
den handl alhie verrichten mag. die Algeier sein angegriffen mit nam,
prandt, erstechen und andern, und als unser kuntschaft laut, sein sy
halbtobt und unangesehen des erzherzogen schicken, schreyen, piten,
schreyben, fluchen fert man fort, und wellen, ob gott will, ain erliche
bericht in wenig tagen erlangen. ir viel ergeben sich in genad und ungenad, so wil man auch irer vil nit annemen. sy haben khain trost,
dan auf den erzherzogen. was sich allenthalben zutregt, wil ich e f g
yeder zeyt berichten.

E f g halten disen ratschlag und sonderlichen die ursachen in gehaim, damit er nit ausskheme und e f g beschehe, wie albegen, das ist,
das e f g nachgee. haben e f g den verzug, wie ich geschriben hab, so

verhoffe ich allen e f g willen zu erlangen. datum in eyl erichtags den
XI. tag juli a° 25.

Zettel (281): G f u herr! In diser stund ist mir von e f g
ain schreiben zuchomen und, was der erzherzog mit e f g räten der
Salzpurgischen handlung halb geredt hab, angezaygt. nun hab ich e f g
gleich vor zwei stunden geschriben, was ich alhie auszurichten verhoff
und so Ribeysen vorhanden onzweyfel verricht haben wolte. und ist
mein rat, e f g lassen sich in handlung mit dem erzherzogen, die sachen
zu erlegen und auch sein gemuet zu erlernen und alles auf hindersich-
pringen und zu Salzpurg zu beschliessen. mittler zeyt wil ich e f g
allen bescheyd zuschicken. datum umb V ur nachmittag a° 25.

13. Juli.

IX 284.

Genediger furst und herr! hiepei schicke ich e f g zway schreyben
von den stenden des puncts an die lantschaft zu Salzpurg, darinen von
inen begert wirdet, ir sachen und zwitracht auf die stende des puncts zc
stellen, und das man sy mitler zeyt des austrags in schutz und schirm
nemen welle, und darpei ain schreyben an e f g. dergleichen ist dem
erzherzog auch geschriben. und das schreyben an die lantschaft mueß
durch ainen reytenden poten unter der punctischen puchsen, wie ich e f g
hiemit zuschicke, überantwurt werden. das alles wissen e f g wol zu
ordnen. sopald die Salzpurgischen abschlägig antwurt geben, wirdet
man anziehen oder, so es e f g gefallen sein will, von stund an. bevelh
mich e f g in eil. datum den XIII. tag juli a° 25.

15. Juli.

VIII 170.

G f u h! ich hab e f g schreyben und, was sich e f g mit dem
erzherzogen veraint haben, empfangen und than nit gedencken, das e f g
diser zeyte ander antwurt geben heten mogen; in mitler zeyte, so wirdet
dem erzherzogen zukhomen, das er sich der Salzpurgischen nit annemen zc.,
wie e f g auch zuchomen ist, nit auß der notturft, sondern gleichzeyt zu
halten und das sich e f g entschuldigen und aufhalten mechten. so
wirdet auch die Salzpurgische landtschaft gewar, wess sy sich gegen den
stenden des puncts versehen sol. und gleich in diser stund schreybt der
erzherzog gleiche meynung, wie e f g räten angezaygt worden ist, das

sich die Tirolischen der Salzpurgischen pauren annemen mechten. man
hat es aber geschryben lassen sein.

Ich schicke e f g hiepej den bedelh anzuzichen, den lassen e f g
pej ir peleyben, pis die antwort und abschlag von der Salzpurgischen
landschaft ankhombt.

E f g wollen sich auch entschliessen, wie vil volcks und auf was
strassen e f g von dem punbischen volck passiren lassen wollen, wie ich
e f g an nechsten geschriben hab.

Unser her und die Algeischen, so sich in V* starck versamelt
haben, sollen pej Kemplen pej ainem dorf Schraleubach gegen einander
ligen und die paurn in ainem grossen vortayl; darinen an gestern hart
geschossen worden. versehen uns all stund neuer zeytlung. bedelh mich
e f g. datum sambstag ben XV. tag julij a° 25.

16. Juli.
VIII 171.

G f u h! als unser punbisch her gegen ben Algeischen paurn
gelegen und etlich scharmützel gehalten und aber dieselben in ainen so
starcken vortayl gelegen, das man sy stattlich nit angreyffen megen; und
aber entlich entschlossen gewest, sy die paurn anzugreyffen und den vortayl zubegeben. also sein die paurn in der nacht an gestern haimlich
aufgewest und flüchtig wegzogen, das man pei dem abnemen mag, dan
sy vier falckonet und etlich hacken hinder inen verlassen, und sagen etlich
paurn, so gefangen worden, das ire haubleut entloffen sein. also ist
man auf jenecht inen stracks nach; was sich weyter zutregt, wil ich e f g
pei tag und nacht berichten.

Der paurn halb, so zu Landsperg geschatzt, ist unnot an den punb
ze bringen, dan dieselben e f g gefangen haben, auch die schatzen mogen
und werden die punbischen e f g darinen khain irrung thun, e f g
pringe das gelt von inen ein.

Die in der herschaft von Schwabeckh rc. die lassen e f g auch
schatzen. man khombt albegen ans widergeben; wiewol ich verhoff, man
werde an e f g nichts fordern.

Rubeysen ist nechten wider alher khomen und vermaint ye, h Jorg
von Fruntsperg welle sich nit abschieben lassen. nun hab ich e f g an
gestern ain schreiben von den punbischen zugeschickt und wil auch handln,
das e f g oder wene dieselben ordnen werden, sollen der oberst und alles
anders kriegsvolck e f g und demselben obersten gelobt und geschworen
sein und das all gewalt e f g gegeben würde. und so das beschicht,

khan man ander practicen wol abwenden. in suma ich wil nit feyern, alles das so e f g zu guten khomen mag zu sollicitiru. ich versich mich auch, der Algeisch zug habe pald sein entschaft.

Item ich acht nach gelegenheyt der ort, so muß das pundisch kriegsfolck zu Landsperg über Lech und auf Wasserburg oder Rosenheim und nachmals den In ab pis gen Öting, der enden thuet es den wenigisten schaden. das wellen e f g darauf bedacht sein. datum sonntag nach Margarethen der VI. stund vormittag a° 25.

17. Juli.
IX 333.

Genediger fürst und herr! als ich an gestern e f g angezaygt hab, das die Algeuer gewichen, also sein sy durch unser her erzogen und haben ain sprach begert, welche inen durch pede herrn Jörgen zugelassen und gehalten und peigelegt artigtl zugestelt sein. darauf sy ainen bedacht genomen, dieselben anzenemen oder nit, der inen pis auf V ur frue an gestern zugelassen. was aber ergangen, khan ich e f g noch nit schreiben.

Verrer ist mir an gestern von e f g auf mein vorig schreyben den anzug auf Salzpurg betreffend (antwort) zuchomen und dieweyl ich davor e f g mein gutbedunken zugeschrieben hab, ist unnot, e f g verrer mit schriften zu beladen.

Der spieß halben, so von Passau den Instrom in die grafschaft Tirol geen sollen, gedünckt mich, e f g fürnemen gut und auß ursachen wol gehandelt sein. sech mich auch für gut an, sover es des erzherzogen sonder bevelh und meynung nit sei, das e f g dieselben nit passirn lassen. bevelh mich e f g. datum den XVII. tag juli a° 25.

18. Juli.
VIII 177.

G f u h! anheut ist schriften alher khomen, das sich die paurn, so peieinander gewest, in gnad und ungenad der stende des pundts ergeben und die artigtel, e f g an gestern zugeschickt, zu schweren und zu volziehen bewilligt und zugesagt. darauf haben sich die rät entschlossen, sich auf morgen alhie zu erheben und auf Memingen, Kempten und zu dem her ze thun und den bericht beschliesslich helfen zu vollenden. deshalben was e f g noch fürter wissen lassen wollen, dieselb e f g auf angezaygt erler zuschicken.

Herr Jorg von Frunsperg und andere haubtleut, so pis in III^M
knechten an personen haben, und Saltzpurg zu gut angenomen sein, werden pej dem her pis auf verrer beschayd warten und verziehen.

Sover dieselben anziehen werden und pej dem Algeischen nit mer
zu verrichten wäre, wil ich auch (sover es e f g gefällig ist) auf München
ziehen und in dem allen wollen e f g mich irer f g gemuet wissen lassen.
datum Ulm den XVIII. tag julij a° 25.

**Capitula Saltzburg, davon mit dem Rübeysen geredt
sol werden.**

Item die alten spen und irrung des voglgerichts und schwarzwald,
aufschlag auf das saltz zu vertragen und nach e f g gefallen zustellen;
doch auch hierinen, was unpillich wäre, nit zu begeren.

Item das die coadjuterej auf das heimlichist zu practiciren und
in gang zepringen.

Item ob der pischof zu Saltzpurg in den bundt khomen wolle,
mit ime ainen außtrag aufzerichten, und das also e f g außgenomen und
in die pundisch ordnung oder gericht nit gezogen werde.

Item e f g ain namliche sume gelts zu geben und mitler zeyte
ainen flecken, es sei Titmonning, Lauff oder Müldorff einzugeben.

Item so der pischof nit zu Saltzburg und doch im stifft peleyben
und wonen welle, das er solch hofhaltung gegen dem Payrischen haben solle.

Item die fürsten von Payern zu voglherrn anzunemen.

Item der alten originalia und briefe, was von Payrn an den
stift khumen sei, copien mitzetaylen.

19. Juli.
IX 314.

Genebiger furst und herr! als die pundischen rät auf sein und auf
Memingen reyten wollen, sein von dem erzherzogen drej schriften ankhomen. in der ersten zayget er an, das er seine treffliche comissari
an die Eremberger clausen wirbet (schicken) zwischen den Algeischen und
pundischen ze handln und das man darauf stilsten sol. ist im geantwurt, sover sie comissari zu uns langen und erliche mittel furschlagen,
welle man seiner f bt zu eren gern verfolgen, aber mitler zeyt nit
stilsten.

In dem andern pit er, das man nit für Füessen ziehen, auch
sich der grafschaft Tirol nechern welle. darauf gibt man ime zu antwurt, man thene nit umbgeen, man miesse den pischofen verhelfen, aber

auf sein erpeten wege er in sechs tagen seine räte mit vollkommen gewalt zu dem her verfertigen, darauf der pischof von Augspurg auch
beschiden, unb sover man sein b unb ben bischof vergleichen mag, hab
es seinen weg. wo nit, muß man in kraft der aynung fürfarn.

In dem britten zaygt er an unb pit, sich Salzpurg nit ze belaben noch zu retten auß ursachen, daß er unb e f g in gütlicher hanblung steen unb daß bie Salzpurgischen gegen ben gesangnen vom abl
tiranisch fürnemen unb vom leben pringen, daß auch bie Tirolischen sich
in bie sachen schlagen mechten, auf diesen brief ist ime peigelegt ant-
wurt¹) gefallen, welte ich e f g in eyl nit verhallen. datum auf ben
XIX. tag juli a° 25.

19. Juli.

IX 312.

Genebiger furst unb herr! e f g habe ich diese tag geschrieben,
wie es allenthalben in bem Allgeu stee, acht e f g seien dieselben meine
schreyben zuchomen. unb an gestern ist abermals alher geschrieben, baß
ber erzherzog ainen erehold zu herrn Jorgen Truchsessen geschickt unb
peten hab lassen stilzusteen, welchs ime aber abgeschlagen. unb haben
bie IIIᴹ paurn im velb wer unb harnasch von inen legen miessen, auß
inen sein auch etlich piß in bie XXX genomen, bie man an leyb strafen
unb sunst mit ben anbern bergleichermassen fürfarrn wirbet, wie ich
e f g von Meningen ober Kempten auß. bahin ich anheut mit anbern
punktsräten rayten werde, anzaygen wil.

Ter Ribeysen wirdet auf morgen zu e f g thomen, mit beme
mege sich e f g ber capitl vergleichen, bavon ich e f g hierinen ain
gedenkzetl,²) was mir zugefallen unb soviel ich ber wissen gehebt hab,
zuschicke unb onzweyfel pei e f g baß unb mer bebacht sein. -- In
solchem meinem schreyben sein mir von e f g bie copien ber schriften
meinem g h herzog Ludwigen von Reychenhal durch ben Weysenwelber
zugeschickt, was auch e f g vom punb geschrieben unb baß ich e f g mein
gutbebunben anzaygen soll, zuchomen. nun kann ich e f g nit raten, ban
bieses thon stet pei e f g. ich gedenke aber, baß e f g an biesem hanbl

<hr>

¹) Ter Bundesbeschluß Salzburg zu helfen sei unter Zustimmung der österreichischen Räthe gefaßt worden. Ter Bund könne also nicht mehr zurückgehen. Tes-
halben möge F. Tt. sich der ungehorsamen salzburgischen Lanbschaft nicht annehmen,
noch sie gegen ben Bund schützen. Ter Bund hoffe, mit Gottes Hilfe auch bie Salzburger zum Gehorsam zu bringen.

²) Zu vergl. Brief vom 18. Juli.

merllich gelegen und der handl nit darauf stet, dem carbinal, sonder
e f g selbs zu helfen; dan solte der erzherzog an diesem ort einkhomen,
was e f g darauß erdolgen und das sich e f g mit der zeyt gar in das
hauß Osterreych ergeben und villeicht etlich ire stet verlassen mieß. dann
e f g sehen yzt dor augen, das weder trau noch glauben vorhanden und
was sich der erzherzog mit seinen nachpaurn unterstet.

Zum andern bedencke ich, obgleich e f g den stift Salzpurg mitsambt dem erzherzog in schuß und schirm nemen, wurde er doch des stetts
drei zipfel haben. und so ime deshalben widerwärtigkeit zustiende,
mißten e f g halben oder ganzen costen tragen und leyden, und sopald
die sach richtig gemacht, ime in die hende sehen. zudem wer wayß, was
practica er auch yzt der zeyt unter e f g landdolckh machen mechte.
dan hat er seinen unterthanen vil nachgelassen, als man sagt, und
sonderlich mit wilpret und vischen, so wissen e f g, was sich in diesem
fall e f g unterthanen beschweren, wurden villeicht solch don e f g
auch haben oder auch ainen unluß erheben und an den erzherzogen ergeben wollen, das wurde er nit abschlagen.

Zum britten so bedencke ich, das yzt der punbt in die sachen
khombt und so der dem pischof zu Salzpurg hilft, so ist e f g geholfen;
gedencke ich demnach, der erzherzog und seine lantschaft werden sich der
handlung wider den punbt nit annemen noch mit den Salzpurgischen
pundnus machen, des sich e f g wol erfaren megen.

Zum vierdten, wo ye die lantschaften sich all zu einander ver-
pünden wollten, das ich doch nit glaub, auch sich e f g überfalls von
Tirol oder Osterreich besorgen miesten, so mögen sich yede e f g mit
iren personen der sachen enthallten und von gemains punbts wegen handlen
und fürfaren lassen. es werden auch e f g an volckh khainen mangl
haben, und bedünckt mich ye, das der handl nit so beschwerlich sei, als
daron e f g land und leuten gelegen ist. dan erlangt der erzherzog und die
Osterreychischen diesen vorstraych wider den punbt und e f g, und das
man nit dem ersten widerschwal fürchombt, khan ich nit gebenken, das
e f g und derselben erben pey Osterreych wol sizen werde, so er yzt also
kleiner (?) gebenkt e f g nach seinem gefallen zu haben. doch biewetyl
e f g den handel so beschwerlich erwegen, so ist e f g durch mich nit
zu raten; e f g welle den handl pei ir selbs erwögen, was iren erben,
land und leuten darauß künftigklich erste, und so sich ye e f g ainsmals
erweten oder ir stet und landt verlassen miesten, ob es nit pesser sey,
yzt dan zu einer ungelegnen zeyt.

An dem pündtischen volckh wirdet khain mangel seyn. ich acht
auch, wellen e f g mer dan IIIᴹ haben, Ribeysen sei zufrieden mer an-

zunemen und zu bezalen. sparen e f g in ains andern seckel nichts. es
sein vil guter weg, das e f g sich mit anderer leut gelt und darlegen
sicher machen. doch stet es alles pei e f g wolgefallen, dem ich mich
unterthänigklich bevelh. datum mittwochs den XIX. tag juli a° 25.

P.S. lassen e f g die punbischen und Tirolischen ainander wol ab-
wehsen, so ye die Tirolischen so gehl weren, stet doch der handl in e f g
hende zethon und zulassen und allein zezesehen. das aber e f g ir
kriegsfolck darlehchen, das hat ain gute verantwortung, dan dergestalt ist
es e f g zugelassen. in dem khan man auch sehen, wes sich e f g pei
Tirol versehen mag. es ist khain handl so klein, er ist auf yede wege
disputirlich, fürträglich oder beschwerlich, ist auch nit zu erraten. stet
alles pei got! e f g thünen auch nit mer, dan was menschlich ist zu bedenken furnemen. auf morgen werde ich zu Memingen sein.

22. Juli.
IX 347.

Genediger furst und herr! anheut umb VIII ur vormittag ist mir
die Salzpurgisch handlung zuchomen, und biewehl sich e f g räte verrer
mit den Osterreichischen räten in handlung eingelassen, so ist mein rat
auch, darinen zu erfaren und den bischof dahin zu bereden, das er bennoch
ainen freuntlichen willen pei e f g spüren und sich hernach gegen e f g
frum und nachparlich erzehgn mege. und so der handel so weyt rauchen,
das alba gar khain ander trost oder hilf wäre, so lassen e f g das lezt
sein, das der erzherzog mit dem schuz und schirm allain nit fürdring,
sonder e f g geber yetzt mitgee und in der sachen peleyb, wie ich und
ander zu München e f g auch geraten hab. mechte aber mit fueg der
pischof frei erlebigt und in des punds namen e f g sich in der sachen zu
irem vortayl rehmen, das gebend mich were e f g zum pesten. auf morgen
oder zum lengsten auf übermorgen werdet das leger alhie aufprechen und
auf Oberdorf ziehen und daselbs liegen, pis von erzherzogen antwurt
kumbt Fuessen halb. e f g lassen mich zum eylebisten (eiligsten) wissen,
welche paurn Staingaden verprent und von (wo?) auß solchs beschehen
sei. in der Salzburgischen sachen weiß ich den anzug, desgleichen was
e f g pei dem pischof und der lantschaft zu Salzpurg erheben wol, zu
erteybingen und e f g pests ze handln, wie ich schulbig und darinen
nichts sparn wil. datum Kempten auf sanb Maria Magdalenentag a° 25.

24. Juli.
IX 343.

Genediger furst und herr! anheut hat der erzherzog Fuessen gemainen
punbtstenden zugestellt. genediger herr! als ich von München jüngst ab-

geschiden, haben mir e f g mer dan zu einem mall geschrieben zu verfügen, das Jerg von Frundtsperg mit seinem volck aufgehalten werde,
dan e f g seien in handlung mit der Salzpurgischen landtschaft, so wolle
e f g mich wissen lassen, wann und wohin das kriegsfolck auf Salzpurg
ziehen soll. und in jungsten zweyen schreyben, so mir von e f g alhie
geantwortet sein, hab ich e f g gemüet dahin verstanden, das dieselben
mer zu den furgeschlagnen mitln, dan zu tätlicher straf genaygt sein;
und wiewol viel ursachen, ob solchs gut oder nit, auf yede seyten zu
disputirn und doch die Tiroler und Salpurg nit pas gestraft werden
(mögen); dan yzt were die straf pei und in e f g henden mit ains andern
verlegen und uncosten und in einem solchen ansehen als des pundts
namen gestanden; dawider die Tirolischen, wiewol sy rässer wern, nit
gedencken hetten bederfen. nichts destoweniger hab ich auf e f g bevelh
herrn Jergen von Fruntsperg aufgehalten und wider etlicher vil räte
willen und gutsbedüncken das geraten und hindurchpracht, das derselb
auf verrer mein anzaygen aufgehalten worden were, mich auch herrn
lassen müssen, ich warte täglichs beschayds von e f g ꝛc. nun hat aber her
Jerg von Freuntsperg und die, so wider mich gewest sein mit dem aufhalten, ainen brief e f g mir zu schimpf und nachtayl und mit ainem
grossen gelechter lesen lassen, darinen e f g hern Jergen von Freuntsperg
schreyben, sopald er mit fueg von dem pundischen her abziehen, das er
auf Landtsperg ziehen soll. darauf ihme auch bevolhen ist, von stund an
denselben wege anzenemen. hab also mit allen meinen anzaygen und
handlungen in spot und schimpf vor gemeiner versamlung steen miessen,
und raycht mir dahin, das ich pei den räten meinen trauen und glauben
verlier, welchs gleichwol nit mir, sondern e f g zum nachtayl, wo ich
verrer in den pundt gepracht (geprauchst) werden solte, raichen mechte.
darzu hab ich e f g hievor und vorlangst angezaygt, das ich pei den
pundischen furkhomen und practiciren welle, das her Jerg pflicht thon
miesse, welcher gestalt er ziehen sol. welchs nunmals auch zum tayl
verlaßt. und zum dritten khan ich nit gedencken, das solher beschayd und
das gestrig e f g schreyben pei einander besten oder mit fueg gehandelt
werden mag, ainen bericht anzunemen und das kriegsfolck anzichen ze
lassen. dan solte der pischof den bericht anemen und den zug haben
wellen, wegen e f g bedencken, mit was fueg e f g solhen durchzug nit
gestatten oder was e f g darauß ervolgen und mit was gelimpfen ich
e f g entschuldigen mechte. wie mir e f g an gestern auch bevolhen
haben, und wiewol ich e f g hierinen khain maß noch ordnung geben
sol noch wil, pit ich doch e f g wollen Jergen Puschen von stund an schreyben
und anzaygen lassen, das er sich alher, oder wo die pundischen rät sein

ben, thun und den pundstag auswarten wolle, damit ich abrahten
¿. was auch e f g in der Salzpurgischen sachen fürter pei den stenden
punds ze thun haben, inen solchs selbs zu schreiben, damit ich nit
vernern spot khome und doch nichts erhebe, dan mir mechte darinen
ñig glauben gegeben werden. verhoffe ich mich ganz untertäniglich,
g werde mir solh mein schreiben, das ich auch mich, fürter ze handeln
r pei dem pundt ze sein, nit unpillich beschwären und entzichen sol in
ñaden nit bedenken. ban was ich pisher e f g zu eren und wolfart
: dan ain mal pei den pundischen erhebt, das mechte hinfür nit erlangt
ben, so ich den trauen und glauben pei inen verliere und also all
n handlung als weren dieselben wider e f g gemuet auch mir selbs
hehen verdacht werden. datum auf sandt Jacobi abent a.° 25.

24. Juli.
IX 345.

Genediger furst und herr! ich hab e f g schrehben und was mit
ßpurg gehandelt worden verstanden und mechte sein, das dem pischoffn
dißer handlung mer vortahls dan nachtahls steen mechte, dann da-
ch were er des kriegs und merklichen costen und schadens überig. er
e auch der XLVⁿ fl, so er dem pundt lehhen und schenken mueß,
sig. und zum dritten macht er sich damit lebig und mag dennoch
der zeit thun, was er will und nit passiren sol. herwiderumb so
re auf die grasschaft Tirol und die landtschaft Salzpurg wenig sorg
agen, und obwol e f g stilsessen. denn der pundt ist dermassen gefast,
man inen peden ainen widerstand then und strafen mecht, welchs
ns achtens die pest und erlichest weg sein, ban solle dise ungeschickte
ndlung der paurn ungestraft peleyben, das es zu nichts anderm reicht,
: das sy sich zu irer gelegenheit widerumb emperen und e f g unter-
nen auch ursach geben mechten.

Das her zeucht auf Oberdorf und alspald man Fuessen und
ßpurg halb antwurt hat und an peiden orten vertragen, wirdet man
: kriegsfolck urlaub geben. datum auf sandt Jacobs abent. a° 25.

P.S. anheut und in dieser stund werden etlich mit dem schwert
icht.

24. Juli.
IX 363.

Genediger furst und herr! anheut hat mir e f g pueb der Golader
en pünkl mit schriften zupracht, hab ich empfangen, und als e f g

mir bevelhen, das ich den püntl die Tirolischen handlung betreffende
Jergen Pusch zuschicken soll, wayß ich nit, wo er ist. ich hab mich
aber auf e f g gestrig schreyben verhofft, Pusch solte alher khomen und
pei den raten peleyben. so dem also, ist unnot ime solch schriften zuze-
schiden. sopald ich aber erfaren mag, wil ich e f g bevelh geleben und
ime die briev zuschiden.

Den cardinal betreffend hab ich gleichwol ab e f g jüngsten
zwayen schreyben aus vil ursachen nit wenig verwundern empfangen,
diewoyl aber e f g pei ir sich dermassen, wie e f g geschrieben, entschlossen,
hat mir nit gepurt e f g ir furnemen zu verschlagen, aber mich gedenkt
ye, e f g wolle ir selbs glüch und ere nit erkennen und die Tiroler zu
ser bewegen, so sy doch allein mit worten rauch und innen doch nit er-
benden werden, wider den pundt zu handln, ob auch der cardinal sällig
sein wolte, das e f g fueg hetten ine mit guten worten und wo dieselben nicht statt haben wolten mit den werken dahin zu vermögen, das
er seinen zusagen nachkomen müßte. ich acht aber, man sitze abermals
ob e f g und tragen dieselben rät 'org, sy missen sterben, davon doch
woyt ist. wiewol die Tirolischen entschlossen gewesen sein, Fuessen nit
wieder ze geben, sondern zu behalten, sein sy doch fro, das man Fuessen
von innen annimbt. mir gepurt nit mer zu schreiben. e f g begern auch
meins rats nit. aber über etlich jar werden e f g befinden, was e f g
yzt ausschlecht. datum auf sandt Jacobs abent a° 25.

29. Juli.
VIII 189.

G h u f! ich hab die schriftn mir izt durch den Mathesen zu-
gesandt verlesen und daraus, auch aus seinem mündtlichn anzaigen e f g
ratschlag verstanden. und wiewol das pundisch kriegsfolckh, ehe ich e g
gemüts bericht worden, geurlaubt, hab ich doch sovil practicirt, das man
noch funf senlen knecht und zwai hundert pferd auf gemains punds costn
erhalten wirdet. sollich kriegsfolkh soll alhie zu Kaufpeuren und zum
tail zu Landtsperg zeligen geordnet werden. und ob von den Tirolischn
oder Salzpurgischn landtschaften etwas fursil, mag man sollich kriegsfolkh dagegen gebrauchen.

Und ist mein underthenig guetbedunckhn, e f g lassen alles ir
kriegsfolckh fürderlich anziehen und zesamenbringn und alsbann in der
sachen end zemachen.

E f g wollen auch mit dem Ribeisen handln, das er zusambt herr
Jorgn von Fruntsperg und burgermeister von Kempten knecht, der in

IIII^m sind, noch mer knecht bestellen lasse. und ob e f g durch den Eteckl und Ramhng sollichs zubeschehen bestellte, damit man tapfer gefaßt sei und nit lenger feir.

Ich wolt anheut alhie verritin sein, so sind des erzherzogen rete an gestern ankumen, die habn mich verhindert. anf morgen wil ich auf- sein und e f g aller handlung und was sich noch heut zuträgt selbs berichten. thue mich damit e f g in unterthenigkhait bevelhen. datum Kemptn um X ur vormittags an sambstag nach Jacobi. a° 25.

16. August.

X 192.

Genediger furst und herr! anheut um drei ur nachmittag ist mein gn. herzog Ludwig für Salzpurg khomen und auf morgen zeytlich würdet sein f g sich nachher zu der stat legen und schiessen. wiewol sein f g das geschütz anheut vorbaren hat lassen, zu der pauern leger und polwerckh geschossen, und man hete gleichwol er für die stat khomen megen, aber die pauern haben ain pruch an der stell abgeworfen, haben wir wider machen miessen und sein dadurch zwo oder drei stund aufgehalten worden. her Jörg von Freuntsperg hat bevelh, sopald dieser krieg sein endtschaft erraych, die knecht in welsche land ze füren. ub deßhalben ist meins gn h herzog Ludwigs art und gedencken, das e f g iren hauptleuten khainswegs in Italia zu ziehen vergennen welle. verner so acht mein gn herzog Ludwig, das sein f g auf XIIII. tag auf das kriegssold mit gelt verfaßt sei, aber solte sich der krieg verziehen, müste sein f g merer gelt haben. darauf wollen e f g gedacht sein. datum den XVI. tag augusti umb 8 ur nachmittag im veldlager vor Sal:- purg a° 25.

18. August.

X 191.

Genediger furst und herr! an gestern hab ich e f g geschribn, wie es umb Salzpurg stet. nun ist man an gestern mit dem geschütz vor ain kirchen und pfarhof geruckt, und gleichwol heftig geschossen. dann so derselb erobert, versicht man sich, der handl were auß. und als aber an dem geschütz kugel abgen mechtu, so bit mein gn herr e f g pruder, das e f g von stund an so tag so nacht II^C quartaunkugel und IIII^C fingerinkugl, I^C centner pulver und, sovil pley e f g haben mag, auf Reychenhall schicken. dann sollte an pulver, kugl oder plei abgeen, so were es den veinden ain grosse sterkung und wurd ainen grossen spot

31*

und cosſen gepern. suſt was ſich neuer zeţlung zutragen, soll e f g
eţlends und fürderlichen zugeſchidt werden. datum im velbleger vor
Salţpurg auf den 18. tag auguſti a° 25.

26. April 1526.
VIII 378.

G f u ħ! ich ſchid hiepej ain urgicht ains gefangen zu Inſpruch,
Hans Gaţsmaţr, welcher ain anſechlicher man und der Michel Gaţsmaţr
iſt der ſchreţber, der den von Prichſen vertriben und ſein gehaimer
ſchreţber geweſt iſt. pej diſem Hans Gaţsmaţr iſt auch peigelegte ſchrift
und ordnung gefunden worden und iſt ſich auch nichts guts zu den Inn-
talern zu verſehen, welche handlung e f g in groſſer gehaim haben, nit
vil leuten anzaţgen wollen, damit die, ſo noch nit zu handen gepracht,
durch dergleich außgeben gewarnet oder auch, bie e f g zugehören, dergleich furnemen und inen gefallen laſſen. ich ſag und ſchreţ tag und
nacht, e f g ſollen pej gueter warung ſein. wie es geſchicht, haben ſich
e g wol zu erfordern, und meinen gutbedünden nach ſollen e f g nochmals elliche raţſige zu ir erfordern, das man doch leut hete, auch ire
ſchloſs und ſtet wol verſehen und ſonderlich das geſchüţ, welchs e f g
wol malen laſſen, aber die knappen und weber zu München ſeien
dest gewaltiger, dan e g. es wirdet warlich an einen groſſen ſtrauß
nit zergern und in draien tagen iſt es gleich überhandt genomen, ſo man
nit geſchidt iſt dagegen.

Der reţchstag iſt ab, und thaiſer hat herauß geſchriben, den tag
in aţgner perſon zu hallen, welchs ich e f g wol vergeun. dann ich
hab wol gemerdt, das e f g nit vil luſt darzu zu reţten gehabt haben.

Die Tiroliſchen zu Inſpruch haben thainen paſs durch die graf-
ſchaft in dem ſtift Salţpurg bewilligen wollen, dan allain auf Roſen-
haim, von danen durch das groſſen tall unter Marquartſtain hin und
über den Jochperg. doch ſollen ſţ ſtarch ſein.

G ħ! e f g welle diſer zeţt mit irem pauen an dem garten und
andern luſtpeuen in rue ſteen und gedenden umb leut und gelt. dan ſo
man ſicht, wohin die ſachen ſich wenden, megen e f g albegen vil pauen.
man legts auch e f g nit zu guten. das wellen e f g genediger meţ-
nung und, wie ich es gegen e f g main und mein gemuet iſt, verſteen,
und in all wege gedenden und trachten, das e f g und derſelben pruder
gelt und leut zu inen pringen. was geſchehen wil, wirdet in ainem
monat geſchehen, und iſt ſach, das die Salţpurgiſchen paurn nit geſtraft
aber das ſţ ainen vortaţl erlangen ſollen, ſo iſt es ſchir am ende. das

schreyb ich nit auß klainmütigkait, sonder das ich sehe den ernst und
wahß, das e f g iren sachen, wie wol pillich beschehe, nit nachgedencken.

Der Fugler hat mich gepeten e f g zeschreiben, das er mir das
gelt des Reblers halben geben welle und er ist anheut gen Schmihen geritten und mich gepeten, e f g zu schreiben und zu piten, den Rebler
nichts destweniger auß danknus zelassen. bedeucht mich, e f g liessen den
Rebler auf sein urfehd mitler zeyt auß fangknus und das sich der Mah-
ting und Ehellenberger verschrieben, mit solch gelt von stund an alhie
in drei oder vier tagen zu bezalen. wollen aber e f g den Rebler, piß
ich bezalt werde, behalten, so lassen e f g solchs der freuntschaft sagen
und mit ainen sundern brief schreiben. e f g haben mein schreiben vernomen und, so palb ich solch gelt alhie von e f g wegen entpfahen und
ich solchs e f g zuschreybe, in derselben stund solle Rebler frei, ledig und
auf sein urfehd auß fangknus gelassen werden.

Ich versich mich uber zwen tag nit hie zu pelehben, soder anderst
mein practica und merere oder andere hilf in dem stift Salzpurg iren
furgangk erlangt. bevelh mich e f g. datum pfingstlags nach Georgi a° 26.

29. April.
X 161.

Gnediger furst und herr! anheut umb die V. ur nachmittag hab
ich eur f g schreiben die teler so gein Reychenhall gehören betreffend
empfangen, und ist darauf mein gutbedünken, das e f g von stund an
dem von Salhpurg, den haubleuten und kriegsräten wie e f g angezahgt
schreyben lassen, die beiden teler in gemainer stende des punds gnad und
ungnad anzenemen und darüber nit zu überziehen. und das e f g dem
pischoffen gut ursachen anzahg und sonderlichen, das die paurn damit
getrennt und zum andern, das man durch sy ainen offen paß zu den
andern ungehorsamen paurn hat. solchs wellen e f g pischof ratsweyß
anzahgen und den andern bevelhen. e f g wellen auch die gesandten ver-
massen abfertigen und bereden, das sy sich nit wieder dergestalt ergeben. so wellen demnach e f g sovil imer müglich ab inen halten, das
allain die ufwigler gestraft, und sy nit überzogen noch verderbt werden.
und biewehl e f g daran nit wenig gelegen, und ob es gleich dem pischof
nit gefall (als ich dennoch nit acht), so sein e f g mit iren haublleuten,
kriegsräten und andern verwanten starkh im veld, das e f g das und
anders erhalten mögen. und so solchs geschicht, werden die pündischen
nicht darein reden. ich wil aber gleichwol nach meiner gelegenheit mit
den pündischen morgen auch handeln und e f g auch morgens ires wil-

lens berichten. doch fertigen e f g die armen leut von stund an ab und schreyben wie e f g rat ist.

datum sontags cantate umb VI ur nachmittags a° 26.

29. April.
X 162.

Gnediger fürst und herr! hiepei schicke ich e f g die briebe von Salzpurg. und ist nit gut, das die kriegshaubleut ainen unlust haben, das auch der cardinal dergleichen schreyben, so ime zu guten beschehen, inen öffnen oder zustellen sol. dan darauß vil unlusts und schaden ersten mag. so befinde ich, das dise und dergleichen schriften von den punds-räten sambtlich oder sondern personen nit außgangen sein und, sofer es e f g für gut ansehen, solhs den räten zuzuschreiben, damit der unlust, so sy auß unrechtem bericht empfangen, abgelent wurde, gedeucht mich nit unratsam sein, das e f g inen solhs zuversten geben, auch daneben den bischof warnen lassen, das er solch schriften den krigsleuten nit zustelle. ich weste auch wol und vil in den sachen ze reden, aber man thue ime, wie man wolle, so es den stift und sonderlich die Pintzgauer betrifft, so sein e f g auch in der zech. bevelh mich e f g.

Ich versich mich auf morgen oder erichtag schierst alher zu verrehten, datum sontags cantate a° 26.

30. April.
XI 168.

Genediger fürst und herr! anheut hab ich den punderäten der Salzpurgischen täler, so pei e f g werbung gethan, angezaigt und biewehl ich gedacht, das e f g und derselben landstend leuten, ich geschwaig der auslender von wegen des salz, viel daran gelegen, und doch daneben bedacht, wo der handel an den pischof allain gelangen solte, das die armen leut mit seiner langsamen handlung und hoffart nit von statten khomen mechten und beshalben erlangt, das die angezeigten teler in gemeins punds gnaden und ungnad angenomen seien. und ist darauf dem pischof, haubtleuten und kriegsräten solhs zugeschriben und bevolhen, das man gegen inen verner nichts fürnemen solle, doch vorbehalten die rebleus-fürer und aufwigler. und biewehl sy also in gemeins punds gnad und ungnad khumen und, das man den fromen vor schaden und straf wol sein mag — allain die unruigen pueben und reblfürer vorbehelt, so mögen die täler solhs wol von e f g zu untertänigen dankh annemen; wolle ich e f g in eyl nit pergen.

Datum in der IX. stund vormittag montags nach cantate a° 26.

1. Mai.

XI 173.

Genediger furst und herr! nachdem die sachen zu Salzburg nach
des narren des pischofs übersehen sich nit wol zutragen und man die
paurn an zwayen orten angreyfen mueß, also das das spil erstlich übersehen worden ist, wie on zweyfl e f g gleichermaß wie alher zugeschribn
worden ist und das sich in der graffschaft Tirol ain grosse meuterej angefangen und in diesen tagen ainer auß dem Algei niedergeworfen, des
urgicht anheut herchomen, und ist vil poser dan an andern orten, also
das die pauern an khainem ort feyern, so hab ich gedacht, das man den
handl mit ernst stillen und bei jetzt darzu thon mueß auß vil ursachen,
so ich e f g selbs anzaygen wil. darumb ist beschlossen zusambt den
knechten, so auf gemains punkts costen zu Salzpurg ligen, auch ainen
drittentayl der ganzen hilf eylends auszuschreiben und zu erfordern,
deren etlich gen Salzpurg geschickt werden sollen, den andern zug über
den Jochperg anzenemen und mit den andern sollen die raiter im Algei
und Bodensee gesterkt werden, damit man dergleichen meterei niderdrucken
und etlich reblfürer mitler zeyt rechtfertigen möge. neben dem ist abermals ein geltanlag beschehen uf ainen man 1 fl, thut e f g II M fl, also
das e f g auf das ausgeben gelt auf die knecht auch XIII C fl zalen
müessen, desgleichen so ist verlassen, das e f g iren drittenteyl in VIII
tagen in Salzpurg haben sollen. demnach so wellen e f g iren britten-
tayl von stund an annemen und bestellen lassen. nämlich zu fueß IIII C
und etlich und LX knecht zu roß pei LXIII pferd, damit pej e f g khain
mangl weder an gelt noch an leuten sei. den sol man lang hinhalten
oder das die paurn den vorstreych haben, so ist gewiß, das der herzog
von Wirtemberg und alle paurn so hievor aufrurisch gewest ainmals
in das spil khomen und abfallen, ist vil pesser, man were pej zeyln.
hab ich e f g in eyl nit wollen verhalten. datum Philipp und Jacobi
um 1 ur nachmittag.

2. Mai.

XI 195.

Genediger furst und herr! die hilf des brittentayls ist ausge-
schribn und also, das e f g mit irem brittntayl auf den X. tag diß
monats zu Salzpurg sein sollen. des angelegten gelts halben, desgleichen
die 1 C pferd halb, wil ich auf freytag morgen bei e f g selbs sein und guten
beschayd gebn. ich acht e f g wissen, das das kriegsfold zu Salzpurg
auf Rastat verruckt und anheut zu Ratstat ankhomen sollen, wie es auch

in den pergen allenthalben stet; doch wil ich e f g allen sachen mündt-
lich berichten. datum den andern tag may a° 26.

Zettel: Wes die paurn allenthalben gegen iren obrigkeyten im
willen sein, haben e f g ab peigelegter urgicht[1]) zu vernemen. und über
disen grossen poßwichter hat man verner und weyter ze fragen geschribn.
man wirdet auch noch wunderparliche dinge pei ime finden.

3. Mai.

XI 196.

Genediger furst und herr! wiewol ich anheut e f g bei dem
Goldacker geschribn, das ich auf morgen zu München sein welle, hab ich
doch solhs auß furgefallen sachen nit thun mögen. aber auf sambstag
frue wil ich zu München ankhomen, welchs ich e f g darumb schreib,
das e f g mitler zeyt ir hilf, desgleichen meinem gn h herzog Ludwigen
seine dritteyl auf außgeschribn zeyt berayt machen und zuschickn wellen.
desgleichen so wellen e f g seiner g die anlag der II^M fl auch anzaygen
seinen dritteyl herauf gein München zuverordnen; dan das gelt so e f g
auf das fuesvolck außgeben und an diser und noch ainer unbezalten
anlag abgezogen (werden) sol, gehert e f g allain einzunemen und zubehalten, wie ich e f g berichten wil.

Der Burgermaister von Kempten Gordian Seuter reit gein Salzburg mit gelt, haben mich die pündischen gepeten, e f g ze piten, dem
gedachtn Seuter etliche pferd zuzeordnen. das wellen e f g genedigklich
verschaffen. wellen dann e f g im und ainem tentschen herrn, so auch
pei dem kriegsvold als ain kriegsrat von wegen der prelatn und ritter-
schaft peleyben sol, brod oder mit vischen und wein beretn lassen wellen,
stet pej e f g wolgefallen.

Der erzherzog sol sambt seinem gemahel auf heut gein Ulm thu-
men in willens, dieselb sein gemahel gein Linz zu verlegen und mit ir
den weg bis gein Ingolstat zu ziehen. ob demnach e f g dem nachgebenden und sy ze ern bevelh thon oder nit, wissen wol, bevelh mich
e f g. datum pfingstags den dritten tag may a° 26.

4. Juli.

VIII 381.

G f u h! heipej schicke ich e f g ainen brief von herr Balthasar
Thanhauser, darinen e f g der erzbösen schelmen[2]) furnemen versten,
darinen handeln wir heut und morgen sy zu bewegen fortzuziehen.

---

[1]) Urgicht des Hans Schmid vom Rappen (XI 191).

[2]) Die „erlosen landsknecht“ verlangten nämlich, wie Thanhauser schreibt.

Meine mitgesellen und ich pitt e f g zum unterdenigisten, die wellen her Marschaldh von Embs und sein kriegssold zum fürderlichsten alher auf Salzpurg verrücken (lassen) und nit auf Kuefstain, dann an dem handl ist nit wenig gelegen.

Wiewol er den beschaid hat auf Kuefstain zuziehen, hat sich doch die sachen dermassen geendert, das es ain grosse gefärligkeit darauf trüge, solte er auf Kuefstain rayten. darumben wellen e f g ine und sein kriegssold von stund an wenden und ernstlich wenden lassen. e f g versehe sich auf ainen monadtsold. bevelh mich e f g. datum den IIII tag julj zu Salzpurg eylendt um VIII ur nachmittag aᵒ 26.

---

nach der Schlacht den Schlachtfeld. Die Hauptleute wellten ihnen eine Bürgschaft auf 14 Tage verschreiben, allein die Knechte lehnten dies ab, „das zu erparmen ist".

VIII 360.

Verbesserungen.

S. 12 Z. 15 fehl gehen statt fehlen gehen.

S. 19 Z. 14 „als" einzurücken vor „die Hauptmacht."

S. 29 Z. 14 ist durch ein Versehen behauptet, daß die beiden bayr. Herzoge auf
dem Reichstag zu Worms waren, nur H. Wilhelm war anwesend.

S. 48 Z. 25 hinter „säumte" ist „nicht" einzuschalten.

S. 76 Z. 28 Macht statt Rechten.

S. 84 Z. 16 ist Ed mit der Aeußerung über die 12 Artikel belastet worden, sie gehört aber Weissenfelder an, der den Brief vom [22. März 1525 geschrieben hat.

S. 93 Z. 16 ist „So" zu tilgen.

S. 93 Z. 32 statt „Ende März" zu lesen „im März."

S. 157 Z. 9 „förderlichsten" statt „förderberlichsten."

S. 173 Z. 9 ist „ein" vor statt nach „selber" zu setzen = sie waren es selbst, die
einen anzeigten.

S. 256 letzte Z. ist A. 22 statt A. 21 zu lesen, das Zitat befindet sich auf der folgenden
Seite unter Nr. 22.

S. 321 Z. 17 Nordian Senler statt Senler.